地名の世界地図

21世紀研究会編

文春新書

147

はじめに

一つの国の運命が、すでにその地名のなかに予言されていることがある。

東ヨーロッパの中央部に位置するポーランドとは、古スラブ語で「平らな大地」を意味する。それは、平和時であれば、農耕に適した平坦な土地をあらわす名前にすぎないのかもしれない。しかしヨーロッパのように、いくつもの国と国とが国境をせめぎあう世界にあっては、「平らな大地」とは、その国がどこからでも侵入しうる地政学的地点におかれていることを意味する。

一九三九年九月一日、国境を越えて突如攻め込んできたナチス・ドイツ軍、そしてソ連軍によって、ポーランドはたった四週間で占領、分割されてしまった。「平らな大地の国」は、一七九五年に次いで二度目の亡国を経験したのである。

古代ギリシア人は、言葉の通じない異国の野蛮な民族のことをバルバロイとよんだ。現在、北アフリカに分布するベルベル人は、そうよばれた人びとの歴史を、民族名として受けついでいる。そしてこの蔑称ともいえる言葉は、三～四世紀の絶世の美女と伝えられる殉教処女バルバラの名になる。異国に布教する困難の物語が、この美女によって演出されたとも考えられる。しかも、この名のたどる道筋はそれだけでは終わらなかった。キリスト教がヨーロッパに、海を越えて新大陸アメリカに伝わるうちに、野蛮人がいつしか美しい聖女のイメージに転化したのだ。そしてこの名は、さらに意外なものの名前として今日にいたっている。バルバラという女性名の愛称でよばれ、子どもに夢を与えるおもちゃ、バービー人形である。

また、マダガスカル島や西インド諸島のように、マルコ・ポーロの聞き違いや、誤解によって、そう名づけられてしまった所もある。さらには、オーストラリアがもともとは古代ギリシア時代の想像上の大陸名だったこと、しかもこの国がある時期まではニューオランダとよばれていたことを思うと、地名は歴史についての不思議な感慨を私たちによびおこしてくれる。

地名はまた、ときには、楽しいタイムトリップでもある。たとえば、「フランスのパリをリムジンに乗って旅した」といえば、オシャレな街を優雅に観光旅行した、というイメージであろうか。ところが、これが二千年前だとしたら――「槍を巧みに使う種族が住む国の野蛮人の町を、頭巾をかぶったリモビス人の車に乗って移動した」ということになってしまう。(なぜそうなるのかについては、四六、四九、五五頁をごらんください)

日本にとっても、地名は思いがけない意味をもつ。

ウラジオストックは、ロシアが広大な国土の東岸に建設した最大の港湾都市であり、シベリア鉄道の東の基点でもあった。そして、ウラジオストックと名づけられたこの都市名の意味するところは、「東方を征服せよ」なのである。明治時代の日本人がこの都市名をどう受けとめたか、そのことに少しでも思いをめぐらせれば、日本はやはりロシアと日露戦争を戦わざるを得なかったのだ、という理解も生まれてくるのではないだろうか。

地名は、道路のかたわらに立つ単なる標識ではない。それは何千年にもわたる人間の営みのすべてが眠るタイムカプセルである。

ストックホルム（杭で囲んだ島）、モスクワ（沼沢地の川）、クアラルンプール（濁った河口）、カイロ（勝利の都）、ティグリス川（矢の川）、オーストリア（東の辺境地）、そして七回も名を変えた北京……。何千年も前にその地でおこった民族の興亡、栄光と悲劇の物語をいまに伝えてくれるもの、それはただ一つ――地名である。

地名の世界地図　目次

はじめに　3

第1章　地名は古代地中海から……11

フェニキア人と地中海　古代ギリシアは生きている
二千六百年前の「ニュータウン」　イスタンブールとは？
陽に灼けた人の国　七十もあったアレクサンドリア
古代ローマ人の温泉さがし　東と西　オリエントとオクシデント
アス（東）とエレブ（西）のその後　アトランティスの伝説

第2章　地名を変えたゲルマン民族の大移動……43

ケルトの遺産　プリンス・オブ・ウェールズの不思議
ゴート族とゴシック　フランスとは「投げ槍がうまい人の国」
入り江の民バイキング　「新都」という名のもっとも古い都市

マジャール人と人喰い鬼　「白い土地」から「黒い山」へ

第3章　スラブ人たちの故郷 …… 69

「平原」という名の国の悲劇　モスクワとは「沼沢地の川」
なぜ白ロシアなのか　ロシア革命で変えられた地名

第4章　大航海時代が「世界」を発見した …… 83

カサブランカは「白い家」　象牙海岸と奴隷海岸
嵐の岬が喜望峰に　アメリカ命名秘話
架空の地名だったカリフォルニア　木の名前がブラジルに
「よい風」という都市名は？　ハワイとは「神のおわす所」
もとはニューオランダだったオーストラリア

第5章　モンゴルが駆けぬけたユーラシアの大地 …… 107

日本に残るアイヌの地名　ソウルとは都のこと
大きな平野―平壌　高句麗とは「神都」

旅館だった板門店　釜山―鉄釜の山　薊から北京までの四千年史
中国にもベトナムにもあった東京　ラサとは「仏陀の地」
フビライはなぜ「元」と称したか　インドの魔力
インドから地名とともに移住したマレー人

第6章 ユダヤの離散とイスラムの進撃……141
ユダヤの名はこうしてはじまった　バビロンとは「神の門」
イエスが歩いた地名　聖戦によって拡大したイスラム帝国
なぜカイロは「勝利の都」か　アラビア人の北アフリカへの侵攻
アルハンブラとは「赤い城」　ペルシアがイランになった理由は？
「スタン」の名をもつ国々

第7章 アメリカ――新しい国の古い地名……165
州は「立つ」ということ　首都ワシントンが決まるまで
ロシア人のアメリカ　シカゴとは「野生のタマネギがある場所」
ピーターの町とルイの町　アメリカにはモスクワもカイロもある

第8章　アフリカ——「黒い大陸」の伝説……185
黒い人の国　「人きな石の家々」という国
勝手に線引きされた国境　マルコ・ポーロの誤解からマダガスカルに
第9章　「自然」が生み出した地名……197
すべては川からはじまった　太平洋の発見　紅海と黒海
死の海とソドム　「山の民」となったバスク人
「迷い込むと出られない」　サハラ沙漠は緑の大地だった
世界で一番高い場所の名前
大索引　国名・首都名でわかった地名の五千年史……215
北アメリカ 217　中央アメリカ 224　南アメリカ 230　ヨーロッパ 235
CIS諸国 251　アジア 258　アフリカ 275　オセアニア 292
索引(五十音順) 305　主な参考文献 306

第1章

地名は古代地中海から

アレクサンドロス大王、神託の神殿（アメン神殿）　シーワ（エジプト）
大王はここで神託を受け、東征をはじめた。シーワは古代エジプト語でセケト・アメン「最高神アメンの野」または「西の野」が、ギリシア語、ベルベル語、アラビア語で転訛したものと考えられる。

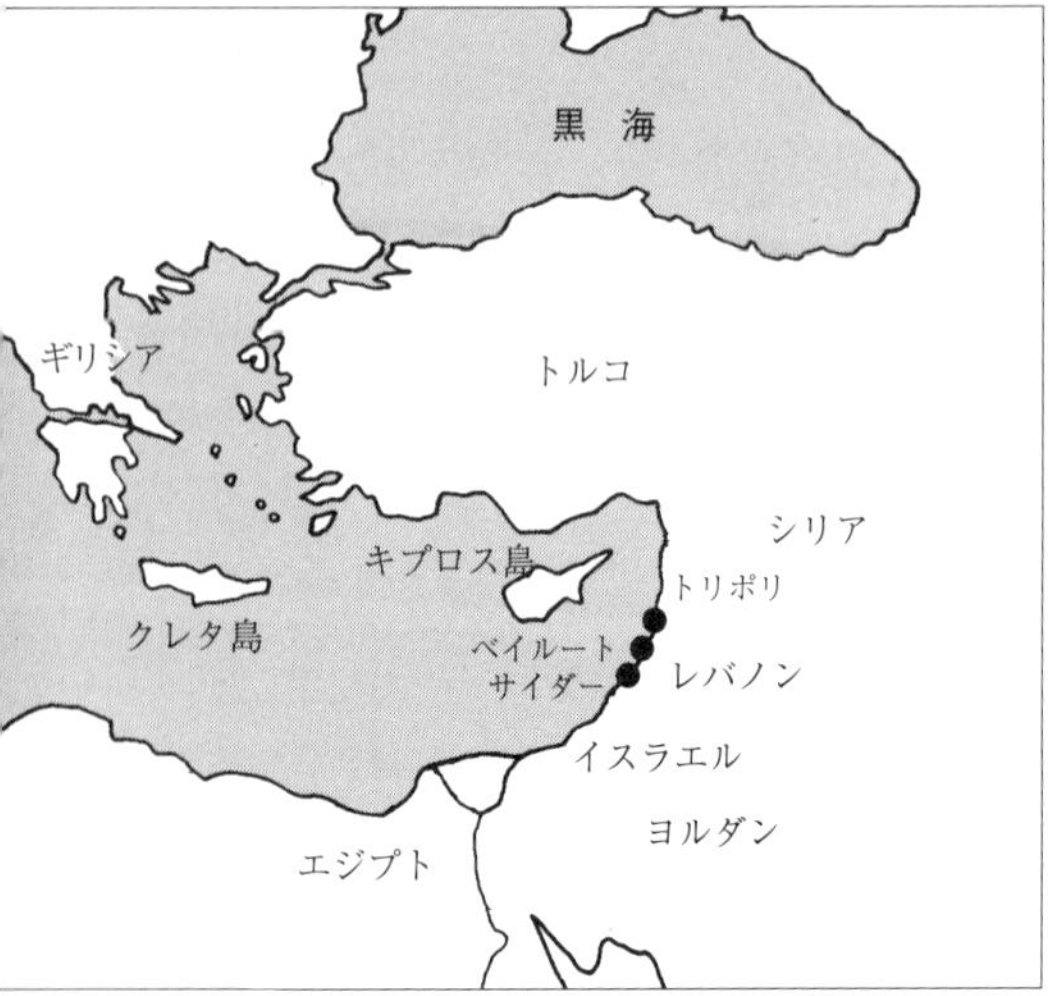

フェニキア人と地中海

紀元前十世紀頃の古代地中海世界は、エジプトの勢力が後退したこともあって、さまざまな民族が勢力拡大にのりだしはじめていた。そうしたなかで、覇権を握ることはなかったものの、航海術を武器として成功をとげたのが、現在のレバノンに拠点をおくフェニキアだった。

フェニキア Phoenicia の語源は明らかではない。古代エジプト語で、ケペニィあるいはケベンとよばれていたものが、ギリシア、ローマと経るにしたがって転訛し、ラテン語の地名接尾辞 -ia がつけられてフェニキアになったと考えられている。現在の首都ベイルート Beirut（井戸）やトリポリ Tripoli（三つの町）、サイダー Sayda（漁場）といった都市を設けたように、彼らが東奔西走して建設した地中海の主要な地域、都市には、フェニキア起源の名前をみることができる。

まずフェニキアにもっとも近い島キプロス Cyprus とは「イトスギ」のことだ。イトスギの産地だったこ

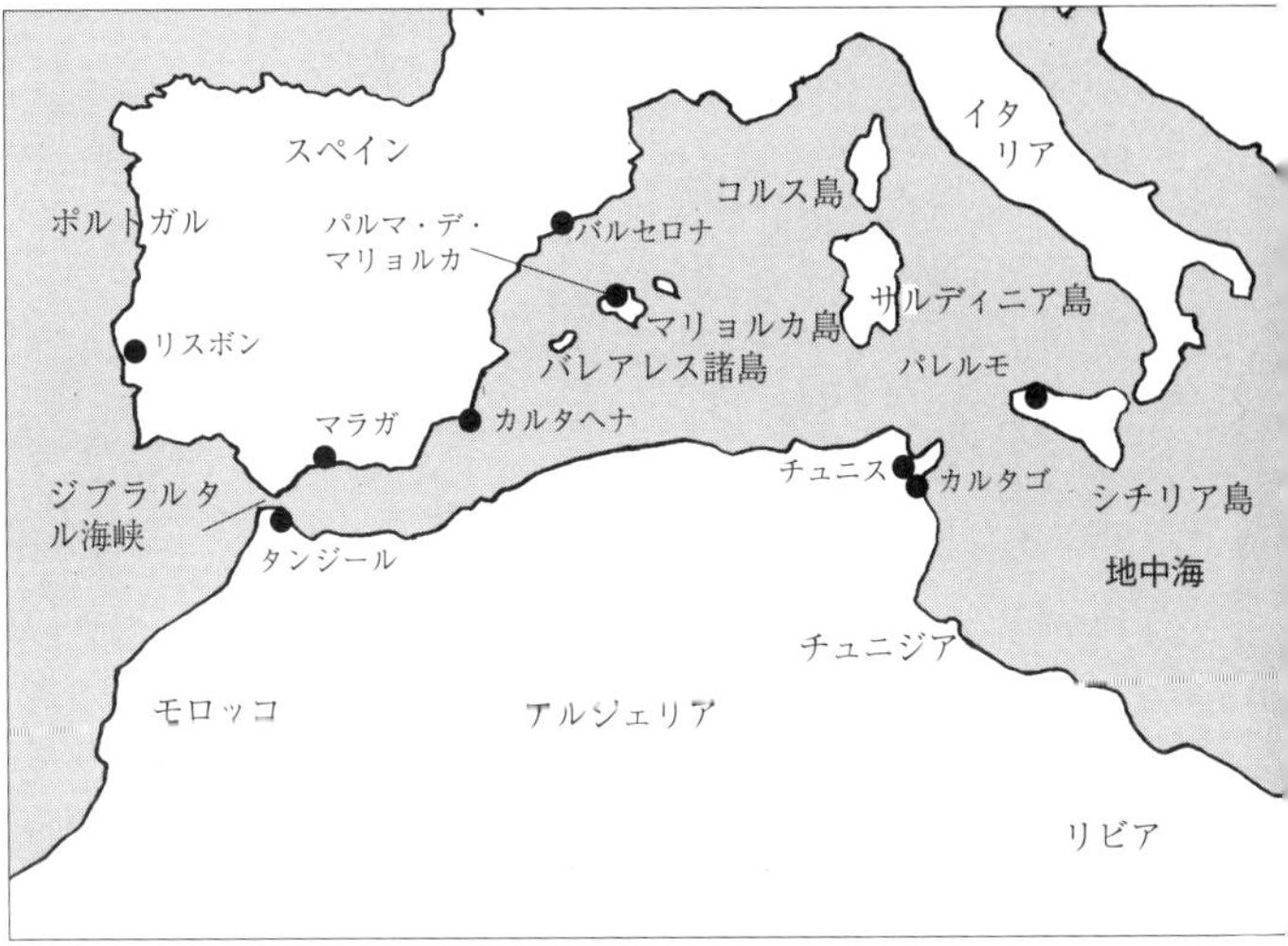

とからこの名が生まれたらしい。木材のないエジプトでは、レバノンスギやここのイトスギを利用していた。もうひとつ、キプロスで有名なものが銅である。地中海世界の各地で、キプロス産の銅が珍重されていたため、英語のコッパー copper（銅）は、キプロスの地名をその語源としている。

キプロスの西に位置するクレタ島は、フェニキア人が活躍しはじめたときには、すでに過去の土地になっていた。クレタKritiの語源は明らかではない。フェニキア人が次に行き着いたイタリア半島の南のシチリア島Siciliaは「シクリ（鍬をもつ人）の地」で、先住民の暮らしぶりがわかって面白い。現在の首都パレルモPalermoは、古くはパンホルムス。パン（すべての、万能の）とホルムス（碇泊地）で、「万能の港」とよばれていた。

その南のマルタ島Maltaは、岩の多い海岸線をもち、船の待避、避難所に適した地形をしていたことから、マルタ（避難所）とよばれた。さらにその南、現在のチュニジアの首都チュニスに近いカルタゴCarthagoは、前九世紀にフェニキア人が建設した都市で、フェニキア語のカルトkalt（新しい）とハダシュトhadasht（都市）を合わせて、カルトハダ→カルタゴ「新都市、ニュータウン」となる。チュニスTunisはフェニキアの美の女神タニスにちなんだものだ。

また前二二五年頃には、地中海世界に勢力を拡大しつつあったカルタゴがスペイン沿岸の各地に都市を建設するようになった。そうした町のひとつに、ラテン語でカルタゴ・ノバCarthage Nova、英語でいうとnew new townがあった。それは現在、カルタヘナCartagenaの名で知られている。さらに約千七百年後、今度はスペイン人が、その名前を新大陸にもちこんだ。一五三三年、南アメリカのコロンビアにカルタヘナが建設されたのだ。フェニキア人には思いもよらなかった場所であろう。

さて、カルタゴを中継基地としたフェニキア人は、次にコルシカ島（コルス島）Corsica、サルディニア島Sardegnaにいたる。コルシカはイタリア名、コルスはフランス名で、いずれにも

「森林の多い」という意味がある。二七〇〇メートル級の山々がそびえ、かつてはその名のとおり密林の島だったという。サルディニアはサルド Sardo（足跡）、その島に初めて上陸したことを記念した名がつけられた。またサルディニアでのイワシ漁は古くから有名だったのだろう、サーディン sardine（イワシ）の語源はこの島の名にある。

スペイン領に入ると、バレアレス諸島 Baleares がある。「西アジアの豊穣神バール Bale の島々」の名が示すように、フェニキア人たちはここに故郷の神を持ち込んだのだ。このバール神信仰はフェニキアの植民地を通じてヨーロッパの民間信仰に広まっていった。

オリンピック開催地として一躍有名になった、スペイン北東部の港湾都市バルセロナ Barcelona は、ギリシア人が建設した都市だったが、前二三〇年、カルタゴのバルカ将軍が占領し、新しい都市を建設した。そして、その都市の名をバルシノナ（バルカ家の町）としたのだった。

ラテン語で「大きな島」を意味するマジョルカ（マリョルカ）島の都市パルマ・デ・マジョルカも植民市として建設されたが、ここにはきっとシュロの木が生い茂っていたのだろう。「大きな島のパルマ（シュロの木）が茂ったところ」との名がつけられた。ジブラルタル海峡に近いスペイン側の都市にはマラガ Malaga がある。マラカ（仕事、塩）が転訛したもので、交易のための都市、あるいは製塩所のことだろうか、これは明らかではない。モロッコ側には、やはりフェニキア人によって、タンジール Tangier が建設された。これは海峡をあらわすベルベル人の言葉アンジ（水路）が語源と考えられている。

フェニキア人たちは、ジブラルタル海峡の外でも活動していた。ポルトガルのリスボン Lisbon も、前一二〇〇年にフェニキア人が建設した都市である。フェニキア語のアリス・イボ alis-ibbo（良港）が、ローマ時代に Olisipo に転訛し、Lisbon になったとの説が有力である。

フェニキアは前一二〇〇年頃におこった国だが、現在のレバノンのあたりは、前三〇〇〇年頃からすでに良質のレバノンスギの集散地としてさかえ、その中心地ビブロス Biblos（パピルスの原料となるカヤツリグサを意味する古代エジプト語が転訛したもの）は、メソポタミア、エジプト、エーゲ海の国々の使節で大いなるにぎわいをみせていた。当然、その地の人びとは造船にも、航海術にも長《た》けていたわけであるが、ペルシア帝国の支配を受けたあと、アレクサンドロス大王の東征によって、ヘレニズム世界に組み込まれた。

また、ローマ人からポエニ Poeni とよばれたカルタゴ人は、前一四六年、ローマとの数度にわたる戦いののちに滅びた。ちなみに、ポエニとはラテン語でフェニキア人のことであり、そのフェニキアも、ポエニにラテン語の地名接尾辞 -ia がつけられたもので、「ポエニ人の地」を意味する。

古代ギリシアは生きている

紀元前三十世紀頃におこったエーゲ文明は、クレタ文明、ミケーネ文明と繁栄を続けたが、古代ギリシア人たちが認識していた世界は、エーゲ海とエジプトや西アジアとの交易を通じて知っ

た地中海東部、そしてギリシアの西のイオニア海とイタリア半島南部だった。陸地に囲まれた海を意味する地中海を文字どおりMediterranean（地中海）とよぶようになったのは、「世界」の範囲が大きく広がったローマ人の時代になってからだった。

そうした地域で、古代文明の名残りをのこす地名をさがしてみよう。

まずギリシアだが、こうよぶようになったのは、古代ローマ人たちであり、古代ギリシア人は自国をヘラスHellas、自分たちをヘレネスとよんでいた。それは、自分たちがギリシアにもある洪水伝説で、唯一、生き残ることができた人間の息子ヘレンの子孫であるとの信仰があったからだ。

古代ローマ人が、このヘレネス（ギリシア人）と出会ったのは、ギリシアの西、靴の形をしたイタリア半島のかかとの部分で、その地でグライコイとよばれていた人びとを、ローマ人は（ラテン語で）グレーキGraeciとよんだ。この人たちは、いわゆるヘレネスを代表する人びとではなかったが、この名前が「ギリシア」の由来になったという。

イオニア海 Ionia も、ヘレンの三人の息子のひとりイオン Ion の名に由来する。首都のアテネは、ギリシア神話の「オリュンポスの十二神」のひとつ、知恵、芸術をつかさどる女神アテナの名による。アテナイは高度な教育を受けるために、各地から青年が集う場所となり、アテナイ的 Attic とはいつしか知的で高雅なものを意味するようになった。

近世、欧米ではパルテノン神殿に代表されるような、古代ギリシアの建築を真似た三角屋根の建物が人気をよんだ。この三角屋根の壁は装飾を施す部分で、初めは古典的ということからアティック Attic とよばれていた。しかし当然、この内側には空間ができてしまい、物置として使われるようになった。そのため、いまでは他人には見せたくない空間部分がアティック attic（屋根裏部屋）とよばれている。

オリンピア Olympia（オリュンポス Olympos）は、四年に一度のスポーツの祭典、オリンピック発祥の地である。この地名は、ギリシア語ではないがインド・ヨーロッパ語族のものとわかっているので、太古に、はるか東の文化が影響したと考えられるものの、意味などはわかっていない。この地は、ギリシアの最高神ゼウスの聖地、「オリュンポスの十二神」が集う場所として、ローマ時代にいたるまで神聖をたもち続けた都市だった。

苛酷な環境に耐える軍人教育で有名なスパルタ Sparta は、神話上の先祖ラケダイモンが妻とした女性の名に由来する。スパルタ教育の一環として「無駄口をたたかない」ということも有名だった。スパルタが最初に支配下においた地域はラコニアだったが、それに由来する英語の

laconicは「口数が少ない」である。

コリントスという町は、人陸とペロポネソス半島を結ぶ地峡に面し、物資の中継地として栄えた。そこは、船乗りや商人たちがくつろぐ場所であり、贅沢で、ハイカラで、それでいて道楽者が集う町というイメージがあった。英語でコリンティアン（corinthian）といえば、道楽者、粋人の意味がある。またコリントスの有名な産物のひとつ、小さな種なしの干しブドウがここから船積みされていったため、種なしブドウを「コリントスのブドウ」、現代ではカーラント（currants）とよばれている。

マラソンの起源となったマラトンは、都市国家シキュオンの王子マラトンが、父の悪政から逃れるために自身の名をつけた町をおこしたことにはじまる、といわれている。面白いのは、現代では、Marathonの-thonが他の語の語尾にもちいられ、忍耐力を要する競技のタイトルにされていることだろう。ミュージックソン（musicthon）といった長時間番組の名称が身近なところだろうか。

二千六百年前の「ニュータウン」

前七五〇年頃から約二百年の間に、ギリシア人は当時の「世界」であった地中海の沿岸各地に船出し、その地に定住するようになる。東は現在のトルコ、シリア、レバノン、イスラエル、エジプト、西はアドリア海沿岸、南イタリア、フランス南部からスペイン東岸、北はボスポラス海

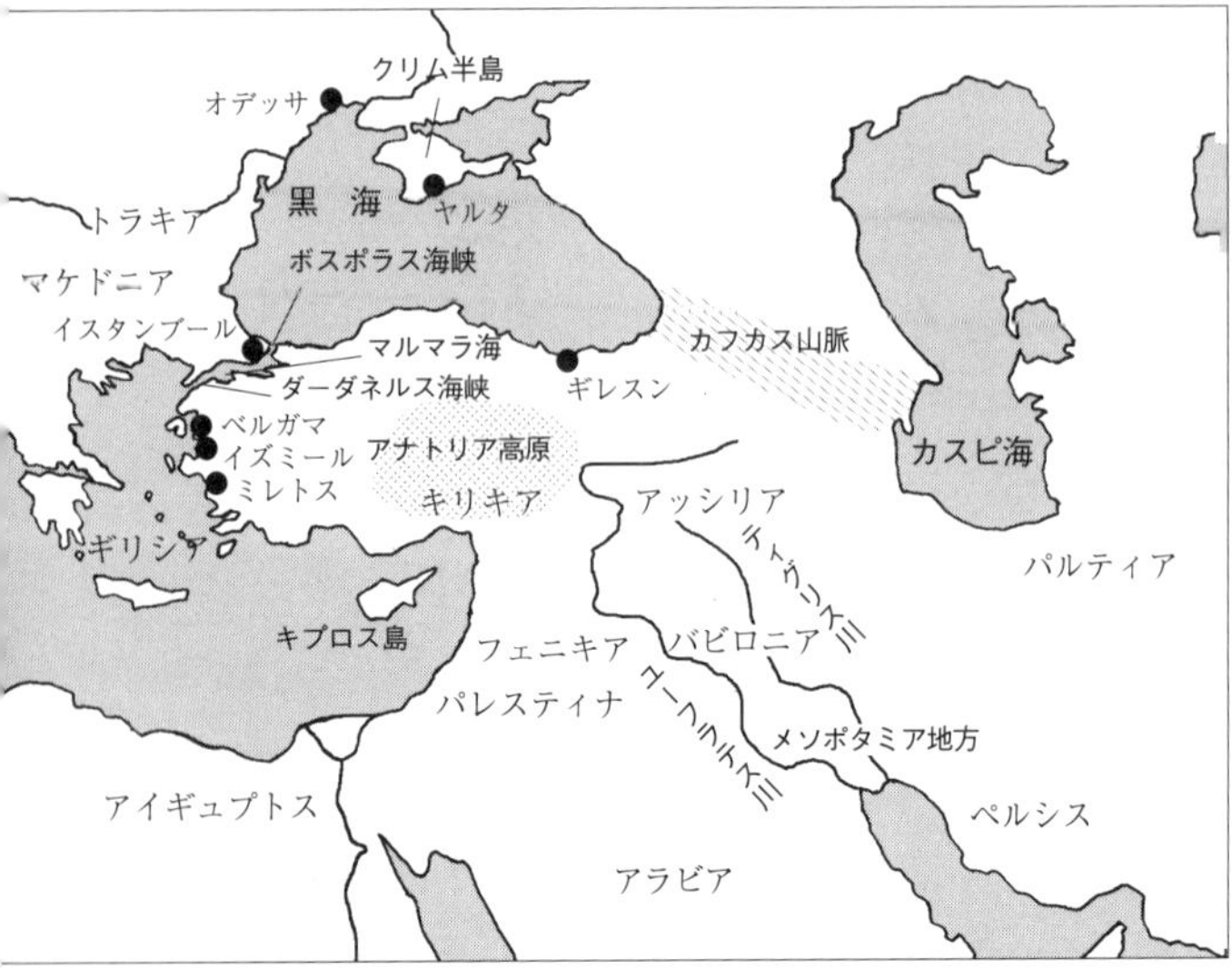

峡を抜けて黒海沿岸、南はリビアにまでいたった。

これらの植民都市は、本国のギリシアから独立していたため、保護はないかわりに、干渉もないので、大きく発展する可能性もあった。都市建設の目的は、基本的には金属資源の獲得、交易の拡大とその都市を養うための農地の開拓だった。このののち、大ローマ帝国に発展するイタリアも、ギリシア人が多く住みついたため、一時は半島南部がマグナ・グラエキア（大ギリシア）とよばれていたこともあった。

ナポリは、英語読みではネープルズ Naples。ネアポリス Neapolis（ニュータウン）が Napoli に転訛したものである。建設されたのは前六〇〇年頃だから、以来二千六百年間、今も「ニュータウン」を名乗り続けていることになる。同じ意味では、チュニジアのナブル Nabul も、ローマ時代にネオポリスと名づけられたものがアラビア語

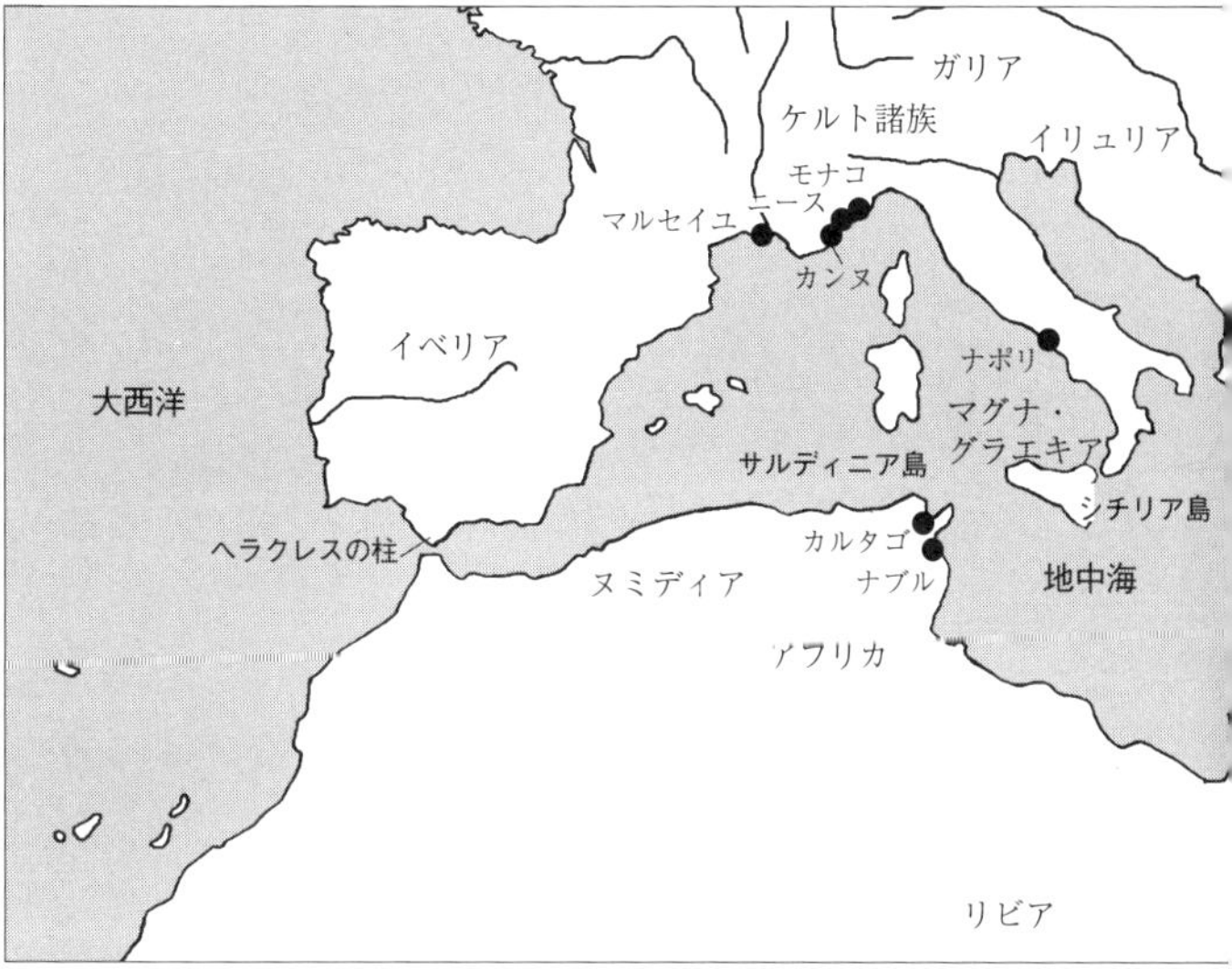

に転訛し、現在にいたったものである。
今も残る地名で、彼らがもっとも関心を寄せていたアジアについてみてみよう。
シュリーマンが発見した「トロイの木馬」伝説の都市遺跡トロイア Troia は、ギリシア人がこの町の伝説の創建者トロスにちなんで名づけたものだ。現在ではベルガマ Bergama とよばれるこの町の郊外には、その名の起源となったペルガモン Pergamon という王都の遺跡がある。
ペルガモンは、当時、繁栄の極みにあったエジプトのアレクサンドリアにならって、学芸の振興に力を注ぎ、わずか百年のうちに、アレクサンドリアが脅威に思うほどの図書館を築き上げた。当時は、エジプトの独占市場だったパピルス紙がこうした図書の材料だったため、エジプトはペルガモンにその輸出を禁止したほどだ。そのためペルガモンでは、ヒツジなどの動物の革をなめして両面が使える羊皮紙を発明し、その図書館はアレクサンドリア図書館に次ぐ規模にまで発展した。このときの筆記用の革を、ギリシア人はペルガメネ、ローマ人はペルガメナスとよぶ。羊皮紙を意味するパーチメント（perchment）は、こうしたペルガモン以来の歴史に由来する。

イズミール Izmir は、古代ギリシアの伝説で、ミルラという没薬（樹脂）を得るための香木に変身させられたミュラ（スミュルナ）という女性の名にちなんだ町といわれている。一説では、ギリシア神話の女戦士アマゾンの女王スミュルナが建設したからともいわれる。当時、トルコ北部には、アマゾンの国があると考えられていた。イズミールの北にあるレスボス島は、女性の同性愛がさかんだったというのでレスビアンの語源になったが、本来の意味は「森が深い」である。

ミレトス Miletus は、前十一世紀頃の古い町で、音楽、預言などを司る神ミレトスが建設したといわれる。前八世紀から前七世紀には、港湾都市としてさかえ、エーゲ海を北に向かって黒海にも入り、その地をミレトス人の植民地とした。哲学ではミレトス学派が生まれるなど、芸術、文化の町でもあった。またミレトスはマイアンドロス（ラテン語ではメアンデル）川の河口の町である。この川は大きく蛇行している特徴が、町の名とともに有名になり、英語の「曲がりくねって流れる」「そぞろ歩く」を意味するメアンダー（meander）の語源となっている。

イスタンブールとは？

ギリシアの東、トルコのアナトリア高原 Anatolia は、ギリシア語のアナトレ（日の出、東）に

ヘカタイオスの世界図をもとに描いた、古代ギリシア人の世界観
地中海が世界の中心にあり、アフリカ大陸もアジアの陸続きだったことがわかる。

由来する。さらに東の「メソポタミア」もギリシア人の命名による（一九八頁）。また、バビロニア、アッシリアなどの大国が存在したこともすでによく知られていた。ちなみにバビロニアの名は、バブエル Bab-el（神の門）に由来、アッシリアは、「（最高神）アッシュールの地」を意味する。

ギリシア人の興味はエーゲ海の北にも向けられた。北には幅二〜六キロ、長さ六〇キロのダーダネルス海峡 Dardanelles（ゼウス神の息子ダルダノスの名にちなむ）があるが、当時はヘレスポント（ギリシアの門）とよばれていた。ここから先はギリシアの外というイメージだったのだろうか。

ダーダネルス海峡を抜けたところにはマルマラ海が広がる。マルマラとは「大理石」のことで、このあたりがその産地であることからつけられた名だ。その先はボスポラス海峡 Bosporus である。狭いところでは七五〇メートルしかない。ボース（雌牛）とポロス（渡し場）で、「雌牛の渡し場」。これは、ゼウスが妻ヘラの嫉妬から逃すために恋人のイオを雌牛に変身させてこの海峡を渡らせた、という伝説による。

ボスポラス海峡に面するイスタンブール Istanbul も、ギリシア時代からの町だ。古くはビザンティウム Byzantium といった。前六五八年、ビュザスという男を中心とした入植者の一団がここを開拓したことによる、といわれている。黒海とマルマラ海、エーゲ海を結ぶ交易路であり、アジアとヨーロッパの出会いの場として繁栄した港湾都市だった。三三〇年には、ローマ皇帝コンスタンティヌスが、政略的な目的で都をローマからビザンティウムに遷したことからコンスタンティノポリス Constantinopolis（コンスタンティノープル）となり、その名は一四五三年、オスマン・トルコがここを占領するまでもちいられた。

しかし、トルコの占領によってイスタンブールと改称され、一九二三年にトルコ共和国が独立したあとも、この地は、対外的にはコンスタンティノープルとよばれてきた。イスタンブールが正式名称となったのは独立後七年たった一九三〇年である。イスタンブールは、ギリシア語のアイス・テン・ポリン eis ten polin: to the city（都市へ）がトルコ語に転訛したものである。ちなみに、この言葉は、もともとは他の地方からイスタンブールへ行くときにしか使わない特別な言い回しだった。

　ギリシア人の足跡はロシアの黒海北岸にまでおよんでいる。一九四五年に第二次世界大戦の戦後処理が話し合われた会談の地ヤルタは、二世紀に彼らが建設した町である。これは「海岸」というしごく単純な意味だ。ヤルタのあるクリム Krym（英語名クリミア）半島の西側には、港湾都市として栄えたオデッサ Odessa（ギリシアの英雄オデッセウスに由来）がある。ただ、この地名は、エカチェリーナ二世によるギリシア化政策の一環として名づけられたもので、もともとのオデッサは黒海東岸のブルガリアに建設されていた。

　ギリシア人たちは黒海東岸の雄大なカフカス山脈も知っていたが、これは古代スキタイ語のクロウカシス（白い雪）という名によってカウカソス Caucasus とよばれていた。白人、ヨーロッパ人を意味するコーカソイドの語源である。

　黒海沿岸には、この他にも、古代ギリシア時代に由来する興味深い町がある。現在はギレスンとよばれているが、当時はケラスス Cherasus（赤い実）とよばれていた。この地方特産の甘くて赤い実のなる林があることで知られていたからである。だからこの木の実も、ケラススとよばれるようになった。それを前七四年、ローマの将軍ルクルスがたいそう気に入り、ローマに持ち帰って栽培するようになって以来、ローマではこの実はケラシア、のちにフランス語でスリーズといった。さらにノルマン系フランス語でシェリーズ、そう、英語のチェリー cherry（サクランボ）である。

南フランスで、ギリシア人が開拓した地名をみてみよう。マルセイユ Marseille は、すでにフェニキア人が建設していた町を、前六〇〇年頃、ギリシア人が奪い取ったものである。フェニキア語で「植民地」を意味するマサリアに由来するといわれている。

モナコも、フェニキア人の入植によってはじまったといわれる。それをギリシア人が吸収して、ヘルクリス・モナイコス・ポルトス（ヘラクレスの隠者の港）とよばれたが、のちにモナイコス（一人だけのすみか）だけが使われるようになり、モナコとよばれるようになった。ニース Nies は、古代にはニカイアで、「勝利の女神ニケの都市」を意味する。国際的な観光保養地、国際映画祭などですっかり有名になったカンヌ Cannes は「葦」だから、おそらく当時は葦原が広がる浜辺だったのだろう。

陽に灼けた人の国

古代ギリシア時代の初期、世界は、エーゲ海と、その海岸線沿いにあるフェニキア、そしてその先にあるエジプトであり、アフリカという「大陸」があることは知られていなかった。

しかし前一二世紀には、エーゲ海から地中海を南下してエジプトへ侵入しようとした「海の民」という武装難民集団があった。その海の民のなかには、ペリシテ人も混じっており、彼らが現在のイスラエル南部沿岸地帯に定住したことから、パレスティナ Palestine の地名が生まれた。

現在のリビアを、古代エジプト人はチェヘヌウとよんでいた。エジプト人はリビアから西の地域をほとんど意識していなかったが、それはギリシア人も同じだった。ただギリシア人は、その地を海神ポセイドンの妻リビュエにちなんで、リビア Libya と名づけた。ポセイドンが支配する海の向こうに居ます女神というところだろうか。当然、陸続きのリビアの西側の存在も知っていたが、この地には文化的ではない人びとが暮らすというので、バルバリア（言葉の通じない野蛮人の国）とよんだ。ちなみに、エジプトやリビアとの関係で、サハラ沙漠以南に黒人の国があることを知ったギリシア人は、そこをアイトスオプシア（アイトス「陽に灼けた」とオプス「人、顔」に地名の接尾辞 -ia をつけて「陽に灼けた人の国」）とよんだ。これがのちにエチオピアと転訛し、現在も国名として残っている。

「アフリカ」の名も古くからあったようだ。アフリカはギリシア人から野蛮人とよばれたベルベル人が自分たちよりさらに奥地に住む人間をアフリ（洞穴に住む人びと）とよんだことによるというが、その起源は明らかではない。あるいは、ギリシア語で海の「泡」をアフロスというが、「泡」の浮かぶ海の向こう側という想像でアフリカ Africa とよんだのかもしれない。

それはそうと、アフリカを大きな大陸と意識したのはいつ頃からだろうか。実は、これも文献から推測するほかないが、前六一〇年、エジプト王として即位したネカウ二世の命令で航海に出たフェニキア人によるのではないか、と考えられるのだ。

当時のエジプトでは、地中海と紅海、インド洋を結ぶ大運河の試みがなされるなど、船による交易が重要な事業として認識されていた。そこで王は、あらたな交易先を求めて、フェニキア人の船団を紅海から南に向けて出航させ、地中海の果てにある「ヘラクレスの柱」を通って、再び戻ってくるように命じた。「ヘラクレスの柱」とは、ヘラクレスが妻子を殺したことで十二の難業を課せられ、地の果てに出かけることになったとき、地中海と大西洋の間に二本の柱を建てたという神話による。現在のジブラルタル海峡である。

前五世紀のギリシア人歴史家ヘロドトスの記述によると、紅海を南下した船団は、南の海（インド洋）から、まる二年、各地に立ち寄りながら航海し、三年目に「ヘラクレス」の柱を通ってエジプトへ戻ってきた、とある。

そこで彼らが不思議に感じたこととして報告しているのが、周航中は太陽が常に右手にあった、ということだ。インド洋を南下した船団はまもなく南半球に入るが、南半球にあっては、太陽はいつも右手に見えることになる。うそではないのだ。

この話が真実であれば、フェニキア人こそがアフリカが海で囲まれた大陸であることを確認した最初の人びとということになる。

「アフリカ」という名が初めて歴史上に出てくるのは、前二世紀頃で、現在のチュニジアにあったカルタゴの周辺部をそうよんでいた。しかし、やがてカルタゴを含めた広範な地域がアフリカとよばれるようになった。ただ、アフリカ全体が一つの大陸であることが明らかにされ、アフリカ大陸とよばれるようになるのは、はるかのちのルネサンス以降になってからだった。

七十もあったアレクサンドリア

前三五七年から前三三六年にかけて、マケドニアのフィリッポス二世は、ギリシア全土を支配下におさめた。王はその後暗殺されてしまうが、王の息子、二十歳になったばかりのアレクサンドロス三世があとをつぎ、広大なペルシア帝国の征服に向かった。彼の勇敢な進軍は各地で勝利し、三三歳で没するまでに、古代史上最大の領土を獲得した。

彼の征服事業のなかで特徴的なことは、ペルシア領土内を進軍しながら、要所要所に七十を超える都市を建設していったことである。この都市建設は「全人類は同朋である」という彼の世界観によるものであり、ギリシア人とアジア人の混住、融和をはかるためだった。その一環として、ペルシアでは、一万人の部下をペルシア人の女性と強制的に結婚させたりもしている。都市建設にあたっては、交易ルートとしての位置、外敵からの攻撃を防ぐための地の利も考慮された。そして、そのほとんどすべての町に自分の名をつけたのである。東の地域では、現在、アフガニスタンのカンダハール Qandaḥar（Alexandoros の xandoros が転訛したもの）を残すだけだが、かつてペルシア、イラン高原の東には八つものアレクサンドリアがあったのだ。

アレクサンドリアのなかでも、もっとも有名なのが、前三三二年、エジプトのナイル・デルタ地帯に建設されたアレクサンドリアである。大王亡きあとも、大王に仕えていた将軍プトレマイオスがエジプトをおさめ、そのままプトレマイオス朝の首都としたことから、以後、約七百年間、学芸の中心地として栄えた。六四〇年には、アラブ人がアレクサンドリアに侵攻し、その名をアラビア語化してイスカンデルとした。現在も、通称はアレクサンドリアだが、正式にはアル＝イスカンダリーアである。

古代ローマ人の温泉さがし

風呂の歴史は古い。古代文明では、インダス文明（前二三〇〇〜前一八〇〇年頃）のモエンジョ・ダロ、ハラッパーといった遺跡から、長さ一〇メートルを超える矩形のプールのような共同沐浴場が発見されている。古代エジプトでは、神殿に冷水浴の施設があって、神官が利用していた。

地中海にさかえたミノア・ミュケナイ文明でも、宮殿から現代の西洋式バス・タブの原型ともいえる浴槽が発見されている。ホメーロスの叙事詩『オデュッセイアー』にも、老いた者の楽しみは湯に入って食事をしてから柔らかなベッドに横になること、という描写がみられる。

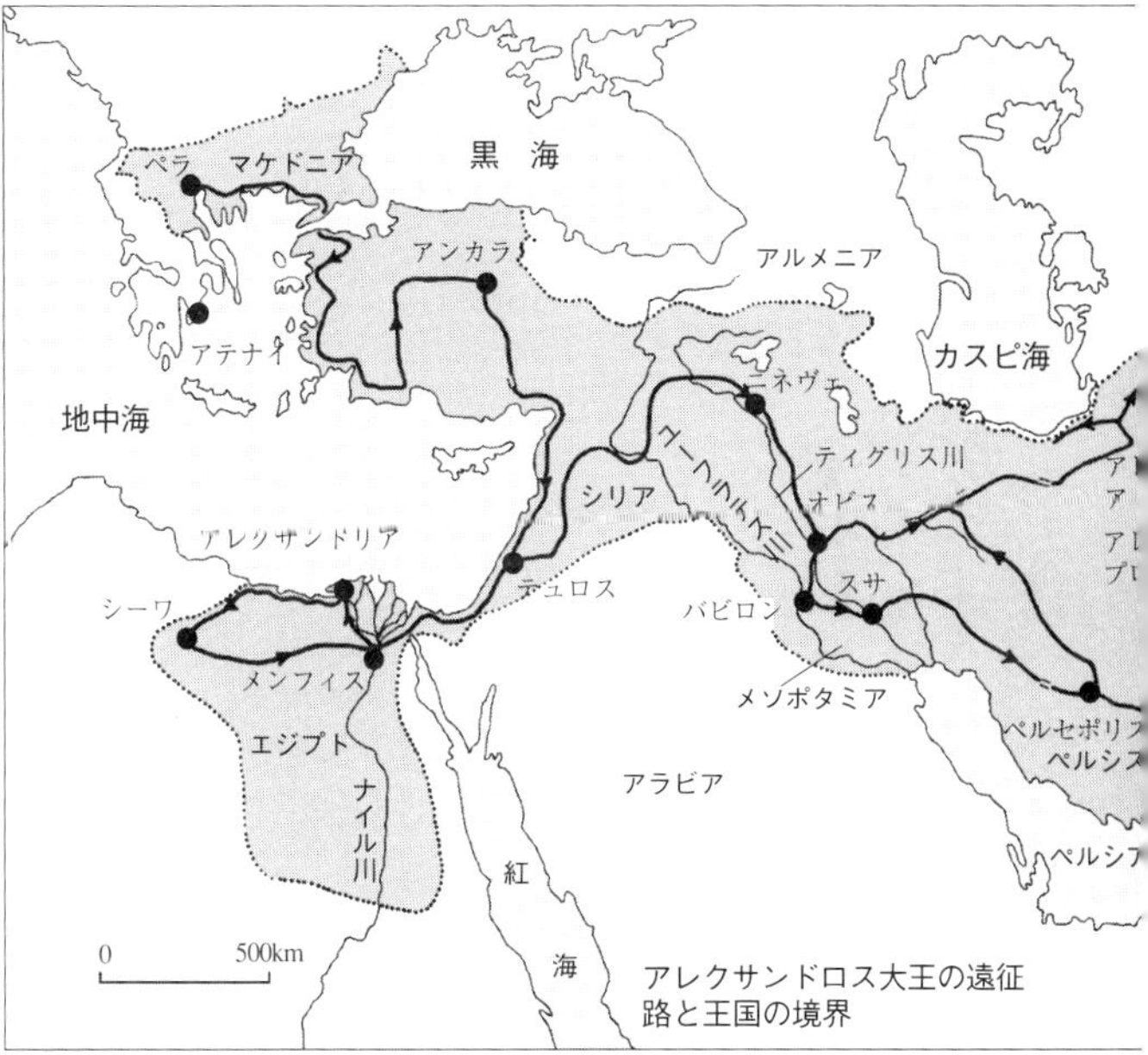

アレクサンドロス大王の遠征路と王国の境界

入浴の習慣は古代ローマでもさかんで、前一世紀頃から各地で公衆浴場の建設がはじまり、四世紀頃には、ローマに四百もの浴場があったといわれている。浴場には冷浴室、温浴室、サウナを兼ねた熱浴室、マッサージ室、運動場、図書室も備わっており、ローマ市民の憩いの施設、まさに健康ランドだった。

そんな習慣をもっていたローマ人が遠征に出たときの楽しみのひとつは温泉さがしだったようだ。ロンドンから西へ一五〇キロほどのところにバスBathという町がある。前四三年、ローマ人はここに浴場を建設し、アクアエ・スリ

前133年頃までのローマ帝国

ス（スリス温泉）と名づけた。ここは現在も、温泉保養地として人気を集めているが、文字どおり「風呂」という地名である。

　このように、ローマ人が「温泉」「風呂」と名づけた地名が、彼らが去ったあとも、現地の言葉におきかえられた例は他にもある。

　西暦五〇年頃、現在のドイツ南西部を流れるライン川上流で発見した温泉に、ローマ人たちは、時の皇帝アウレリウスの

名にちなんで「アウレリウスの泉」と名づけた。世界的にも有名な温泉保養地バーデン・バーデン Baden-Baden である。バーデンとはドイツ語で「風呂」だから、「風呂の中の風呂」という感覚だろうか。この都市を含めてライン川東岸一帯は、一八七一年、ドイツ帝国に併合されるまで、バーデン大公国としてさかえていた。

オーストリアにも、古代ローマ時代にさかのぼるバーデン（温泉）がある。一九世紀にはハプスブルク家の夏の離宮が置かれていたことで有名だが、現在の正式な名称は「ウィーン近郊の温泉」という意味で、バーデン・バイ・ウィーン Baden bei Wien という。

また現在のドイツ南西部、ベルギーとの国境で、ローマ人たちは鉱物の含有量が多い温泉をみつけ、ここを「粒の多い水」が噴出するということでアクエ・グラニとよんだ。グラニとは英語でgrain、植物などでもいわれる粒のことである。しかしこの地方では、バーデンではなく、「グラニ」でもなく、古代名の「アクエ」（水）だけが残り、町はドイツ語でアーヘン Aachen とよばれるようになった。

フランス、マルセイユの北約三〇キロには、アクエ・セクスティエがあった。ここでは、このローマ名が「エクス」と略され、現在では、エクス・アン・プロバンス（エクサン・プロバンス）とよばれている。

ローマに限らず、人は温泉に療養の効果を求めてきた。そのため、「温泉」という意味をもつ地名は世界に多い。イタリアのアクイテルメ（温泉の水）、古代ノルマン語の「噴き出す、間欠泉」に由来するアイスランドのガイザー、ポルトガルには一四八四年にレオノール王妃が発見したというカルダス・ダ・ライニャ（カルダス温泉）がある。「温泉町」そのままの意味で、スパ（鉱泉）は、先のアーヘンから南に三〇キロ離れたベルギーにある一六世紀からの療養地、国後島のセルノボドスク（硫黄泉の町）は旧地名も東沸、中国ではラジウム泉のある湯崗子《タンガンツー》（温泉のある小山）が有名だ。また、アメリカでも、カリフォルニア州にパームスプリング（ヤシの泉）があり、グルジアの首都トビリシとは「熱い泉」のことだ。

東と西

前八世紀から前七世紀にかけて、古代オリエント地方では、ティグリス川上流域に拠点をおくアッシリアが勢力をほこっていた。

当時、現在のレバノンにはフェニキア人が住んでいたが、操船術に長けていた彼らは地中海世界の交易によってアッシリアに仕えていた。その頃の航海は、現在のトルコの地中海沿岸の諸港をたどるもので、エーゲ海に入ってからは、エーゲ文明はなやかなギリシア人の島々に立ち寄りながら、ギリシアに到達するというものだった。

　巧みな航海者であったフェニキア人は、やがてエーゲ海の西にある地方をエレブ ereb、東側をアス assu とよぶようになった。

　もともとは地中海沿岸だけの小さな地域での呼称だったが、この感覚は、その後に地中海世界の覇権を握ったギリシア人たちにも受けつがれた。そしてローマ時代、前一三三年にトルコ西部のペルガモンがローマに降伏したことで、ペルガモンを中心としたトルコ西部が属州「アシア」（東）とされ、はじめてアジアの名につながる行政上の地名が登場する。東（アス）にラテン語の地名接尾辞「イア -ia」がつけられ、アシア（東の地）とされたわけだ。地域的にも、沿岸部から内陸へ三〇〇キロほどは拡大しただろうか。

　ちなみに、このラテン語の接尾辞「イア -ia」が地域名にもちいられる伝統は、時間、地域をこえて残り、いまもミクロネシア、メラネシア、ポリネシアなどにもみられる。

　その後、ローマ帝国の拡大によって、アシアとされる地域も広がっていった。エーゲ海東部から地中海東沿岸までもがアシアに含まれ、さらに東への知識が深まっていくなかで、「アジア」の地域名も大陸が東で極まるまで広がり続けた。現在では、アジアは、地球上の全陸地面積の三分の一を占める地球上で最大の地域名となってしまったのである。

　しかし、あまりにも広範になってしまったこの地域を細分化する必要がでてきた。そこで、身近な極東、東南アジア、インドと、その周辺の南アジア、中東諸国の西アジアというように分けられた。スポーツの「アジア大会」などに、通常、中東、中近東とよばれている国々が参加することに違和感をもつ日本人も多いようだが、実はその地域がアジアだったのである。もっとも古く「アジア」とされたトルコは、今では小アジアとよばれるようになってしまった。

ところで、エーゲ海の西側エレブ ereb は、やがてエウロペ Europe となり、のちにヨーロッパとなった。ギリシア神話では地母神、豊穣神とされるエウロペが、牛に化けたゼウスにさらわれ、エレブの地に着いたからといわれている。

地名としては、エーゲ海と黒海を結ぶボスポラス海峡でアジアとヨーロッパが分断されたわけだが、人びとの知識が北へと広がるにつれて、黒海の北部でアジアとヨーロッパがしっかりとつながっていることがわかってきた。つながっているどころか、ヨーロッパは、アジアの西端に突き出した大きな半島のようなものであり、結局のところ、東と西という分け方では区分できないことが明らかになったのだ。

そのため、方角をあらわす言葉としては相反する「東西」という言葉を結びつけて、この大陸を Euro-Asia、ユーラシア大陸 Eurasia とよぶようになったのである。

オリエントとオクシデント

アジア（東）という地域の位置が、古代の地中海世界をもとにして名づけられたことは前述したとおりだが、そのアジアには、もうひとつ近東 NearEast、中東 Middle East、極東 Far East

という分け方がある。

こうした地域分類は、そのときどきに覇権を握っていた国がつけてしまうものだが、この三つの「東」は、十九世紀に、世界の陸地の四分の一を支配し、七つの海を制覇した大英帝国が自らの国を世界の中心と考え、他の国を自国からみて東とか西としたことによる。

「東」についていえば、イギリスは、自国の東にある国々を、英国との距離にもとづいて三つに分けたのである。

近東は、当初、一八〇〇年頃にオスマン・トルコの支配下にあったバルカン半島の国々（ブルガリア、ユーゴスラビアといったヨーロッパ南東部）から、エジプト、サウジアラビア、イラクまでをも含むものだった。ちなみに、バルカン半島のバルカンとは、トルコ語で山脈を意味する。

これらの国々のなかでも、ギリシアからエジプトにかけての地中海東部沿岸の国々、とくにシリア（現在のトルコ南東部からレバノン、イスラエル、ヨルダンを含む）については、レバントLevantとよぶようになった。レバントとはフランス語で「(太陽が）昇る」ということ、つまり地中海の東にある地域ということから名づけられたものである。

そして中東は、イラン、アフガニスタン、インド。

東南アジアから中国、日本までのアジアの国々については、極東と称した。

ところが第一次世界大戦後、オスマン・トルコ帝国から独立したヨーロッパ南東部の国々は、みずからがアジアに抵抗し、ヨーロッパ風の文化を育んだ国であることを主張し、近東に含まれることを拒んだ、という歴史があった。そのためユーゴスラビア、ブルガリアなどには、「近東」という言葉はもちいられなくなり、中近東あるいは中東といえば、トルコからエジプト、スーダン、イエメン、アフガニスタンまでの国々をさすことが多い。

さらに今日では、中東という言葉は、東はイランをも含めたイスラム諸国をさすために使われるようになったため、いまではエジプト、スーダンはもちろん、リビアから、イギリスよりも西にあるモロッコなど、北アフリカのすべてのイスラム地域をさすようになったのである。

またしばしば、トルコからエジプトまでの地中海東部沿岸の国々、東はイラン、南はイエメンまでの国々については、オリエント Orient とよばれる。これも「(太陽が) 昇る」というラテン語オリーリ (oriri) から派生したオリエーンス (東) に由来する。方向性を決めるときにいうオリエンテーション、「起源」を意味するオリジンも同じ語源である。

このオリエントに対して、ローマ以西のヨーロッパや大西洋、南北アメリカはオクシデント Occident (太陽が沈む) という。大西洋という漢字表記もローマ人が名づけたオケアヌス・オクシデンタリス (太陽が沈む大海) に由来する。

アス (東) とエレブ (西) のその後

アジアの語源となった言葉アス assu は、ヨーロッパ諸語では「東」という言葉の語源になった。ドイツ語のオスト ost、フランス語のエスト est、スペイン語のエステ este、そして英語のイースト east である。

それなら、ヨーロッパにありながら「東の国」と名づけられたオーストリアは、どこからみて「東」なのだろうか。これは八世紀に、現在のフランス、ドイツを中心に勢力をほこっていたフランク王国との位置関係による。

七六八年にカール大帝が即位してから、フランク王国は積極的に東方への領土拡大にのりだし、現在のオーストリアにあたる地域に、オストマルク Ostmark（東部辺境区）を設けた。

当時は、オストマルクというゲルマン語地名だったが、ラテン語が中世ヨーロッパの公用語とされたことから、オスト ost にラテン語の地名の接尾辞 -ia がつけられ、「オーストリア」となったのである。しかしオーストリア人は、自国をエスタライヒ Österreich とよぶ。そして、一九三八年、ナチス・ドイツがオーストリアを併合したとき、わずかの間だが、ゲルマン民族の血を崇拝するヒトラーによって、再び「オストマルク」の名が復活したこともあった。

ちなみに、東部辺境区と同じように、北の辺境区として設けられたのがデンマーク、意味は「デーン人との境界」である。

古代ローマ時代、ヨーロッパの極北の地はバルティア Baltia と記録されている。したがって、デンマークの東の海はバルト海というが、中世ヨーロッパでは、バルト海はゲルマン民族の居住地の東にあったので、オストゼー（東海）とよばれていた。

エストニアも「東の国」という意味だ。自国ではエスティ Esti とよんでいる。また、ベルギーの港湾都市オーステンデOostendeには、砂浜の「東の端」という意味がある。

一方、エレブereb（西）のほうは、ヨーロッパとなっていったように、ケルトの古語ではエイルEireの語源になったといわれている。

グレート・ブリテン島に住むケルト民族のブリトン人から見て、その西側にある島、またはそこのケルト民族のゲール人は、「西に住む人」という意味でエリンErinとよばれた。エリンはやがてエールとなり、十二世紀にアングロサクソンの支配下におかれたことでケルト語地名は英語化され、エールはアイルIre、それにランドland（国）がついてアイルランドIrelandとなった。

アトランティスの伝説

人間は空想する。ましてや、前人未踏の未知の世界が広がっていた時代、人はわずかな情報から、想像をふくらませていった。

まず「大西洋」の英語表記、アトランティック・オーシャンAtlantic Oceanという言葉だが、これもギリシア神話のアトラスの名に由来する。古代ギリシアの世界観では、ヘラクレスの柱とは別に、世界の果てとされていた地中海の西端で巨神アトラスが天を支えている、と信じられていた。そこに、ペルセウスがあらわれてメドゥーサの首を見せたためアトラスが石になってしまったという神話があったため、そこが山脈となったというわけだ。大西洋は、そのアトラスの山脈の先にある海ということで、アトランティコス Atlanticos（アトラスの海）、Atlantic Ocean になった。

コロンブス以前のヨーロッパにとって、西の海は、神話、伝説によって語られる多くの島がある、と考えられていた。それは哲学者プラトン（前四二七〜前三四七）の著作によるところが大きい。

プラトンによると、かつて、ヘラクレスの柱（ジブラルタル海峡）の西に、リビア（アフリカ）と小アジアを合わせたくらいの大きな島があったという。この島は、神代の昔、神々が世界を分割したときに、海神ポセイドンのものとなった。土地は豊かで実りが多く、美しかった。ポセイドンは島の娘クレイトォと結婚して子どもをもうけ、最初に生まれた子どもにアトラスという名前をつけ、彼を王とした。そして島の名前もアトラスにちなんで「アトランティス」にしたというのだ。

そののち、アトラスの家系には傑出した人物が多く出て、灌漑用の水路を張り巡らすなど、土地を有効に活用し、自給自足していた。また金銀などの鉱物資源のほかに、炎のように輝くオレイカルコスなどといった、未知の貴石が大量に採れ、人びとの生活は豊かで、繁栄をきわめていた。

しかし、やがて不遜な王があらわれ、人びとは堕落してしまう。そして、あるとき、はげしい大地震と大洪水がおこり、一夜のうちにアトランティスは海中に沈んでしまった、というのだ。

プラトンは、その話によって人びとに教訓を与えようとしたのだろうが、これをそのまま実話として大西洋の島々はアトランティスの名残りであり、人びとはその子孫だと信じている人がいまにいたるまでいる。

大航海時代を迎えたポルトガルでも、西の海に沈んだアトランティスの伝説は根強かったようで、彼らは、その島をアンティリアとよんだ。コロンブスが大西洋に西インド諸島を発見したとき、これが伝説のアンティリアに違いないと考えたことはいうまでもない。そのため、複数の島々からなるこれらの島々を、複数形でアンティルズ Antilles（アンティル諸島）とよぶようになった。

第2章

地名を変えたゲルマン民族の大移動

ストーン・ヘンジ（イギリス）
ロンドンの西約120キロ、前21〜前13世紀のものといわれる天文観測施設。ケルト人の宗教儀式の場とされていたが、遺跡はさらに古代のもの。地名の意味は「吊り下げられた石」。

ケルト人の居住地

ケルトの遺産

ケルトCeltとは、その意味が「石おの」であるように、古代人の名称である。

彼らは、地中海世界でギリシア人が活躍している頃、現在のチェコとポーランドの国境にあるズデーテン山脈、ウクライナとルーマニアの間にあるカルパティア山脈からフランス西部のガロンヌ川にかけて、アルプスの北のあたりに広く分布していた。そこから東はスラブ人の土地であり、北海沿岸はゲルマン人の故郷だった。

ここであげたカルパティア山脈Carpathianとは、古代スラブ語のコルバトChorwat（山脈）に由来している。

しかし、アルプス山脈Alpsはケルト語のアルプalp（岩山）、スイスの観光地レマン湖Lemanもleman（ニレの木）、西端のガロンヌ川Garonneもgarw（荒々しい）とonn（川）で「急流」というように、古代ケルト語に由来をもつ地名がいまも残っている。

もともとケルト人は、ドナウ川上流の草原地帯にあって、早くから馬を飼い慣らすことを覚えた騎馬民族である。前五世紀から前三世紀には、騎馬隊による攻撃で、ギリシアやローマの領域を脅かしたこともある。前三八五年には、敗逃

するローマ人を追って、ローマの城塞まで迫ったことも知られている。ローマ人は、彼らをガリア、またはガラティアとよんだ。ゴールとよばれる人びとと、地域も同じである。

前三世紀には、小アジアの中央部にガリティアという地域があらわれる。ローマ周辺で領土が画定していくなかで、ここにケルトの末裔の一グループが集まったのだろう。その中心地はアンキュラ Ancyra（谷間の地）と名づけられた。中世、そこはアンゴラとなり、この地の周辺から産する良質の毛皮は「アンゴラ」として今日でも有名である。「新約聖書」の「ガラテヤの信徒への手紙」にあるガラテヤも、この地方のことだ。現在、ここはトルコの首都アンカラなのだが、地名の変更は第一次世界大戦に敗れた後、一九三〇年におこなわれた。また一九二二年には、敗戦国の分割を狙うギリシアに対抗するため、コンスタンティノープル（イスタンブール）からこのアンカラへ首都が移された。

前三世紀末頃、ローマがガリアの地での領土拡大に乗り出すと、ケルト人たちはアルプスの北に追いやられ、さらに前二世紀には、北と東から押し寄せてきたゲルマン人の移動によって、ライン川の西に追いやられてしまう。ちなみに、このライン川 Rhein も、ケルト語の ri（流れ）と川をあらわす接尾辞 n（川）で、ただ「川」を意味する名だ。

やがてケルトは、現在のフランス中部、北部、そしてブリテン諸島に押し込められた。

フランスの首都パリ Paris も、セーヌ川のシテ島に拠点をおいていたケルト系パリシィ族の名に由来している。シテ島のシテ cité は「市」、パリシィは「乱暴者、田舎者」という意味だから、現在のイメージとはかなりかけ離れたものだったのである。セーヌ川もケルト語の sog（ゆったり）と han（川）で「ゆったりと流れる川」を、ラテン語でセクアナ Sequana とよんだのが転訛したものだ。ベルギー南東部にあるアルデンヌ高原もケルト語の ard（高地）に接尾辞がついたものであり、フランス西部のコニャック地方（ブランデーの名称の起源となった地方）も、ケルト人の言葉に由来するといわれている。

前五二年頃、ローマ人の支配下におかれることを嫌ったケルト人たちは、ブリテン諸島を最後の砦としていた。彼らが渡ったドーバー海峡 Dover はドーバー川の名にちなむが、その意味もケルト語で、ただdobra（川）である。ロンドンも、古くはケルト語でカエルルッドCaerLudd（戦いの神ルッドの城）とよばれていたが、ローマ人がここへ侵攻したとき、ケルト系先住民ロンディヌス族Londinusがすむ土地ということから、ロンデニウムLondinium（ロンディヌス人の土地）と名づけたという。その語源ロンドlondoはケルト語で「野性的な」「勇敢な」という意味がある。イギリス国教会の総本部、カンタベリーCantaburyの大司教は載冠式の重責を担うことで知られているが、この名は、実はカントワラCantwara（ケルト人）と「城塞都市」を意味する地名接尾辞-buryからなり、「ケルト人の都市」が本来の意味なのである。

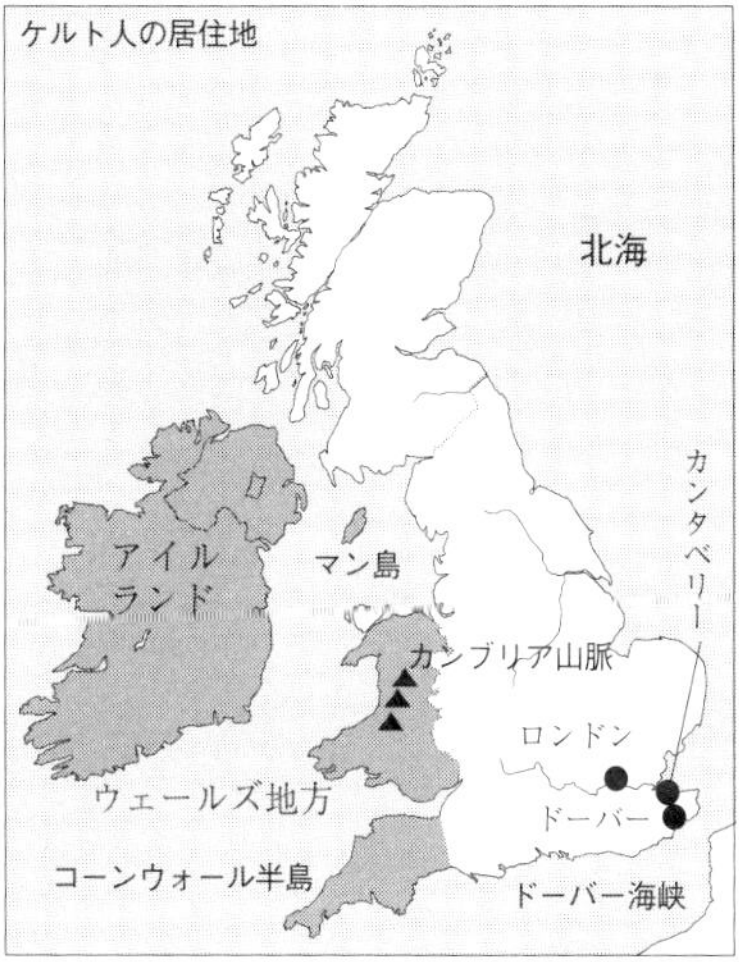

　しかし、結局、ブリテン島もローマの支配するところとなり、最後までヨーロッパ（ガリア）に残ったケルト人たちもローマ化するなどして、しだいにケルトのアイデンティティを失ってしまった。

プリンス・オブ・ウェールズの不思議

　その後、三世紀頃、ローマの勢力が衰えると、ゲルマン民族の動きが活発になった。ブリテン島にはゲルマン民族の一派アングロ・サクソン人が渡ってきて、ケルト（その頃にはブリトン人とよばれるようになっていた）と抗争を繰り返すことになる。ケルトの伝説的英雄アーサー王と円卓の騎士の物語は、この抗争のさなか、六世紀頃に成立したとされている。

最終的に、ブリトン人はアングロ・サクソンに敗れ、ウェールズ地方、コーンウォール半島、マン島、そしてアイルランドに押し込められたが、その伝統は滅びることなく今日まで続くことになった。

そのなかでウェールズ Wales とは、アングロ・サクソン時代からの地名で wealas（敵）、つまり敵地という意味だから、イギリス皇太子の称号プリンス・オブ・ウェールズ（Prince of Wales）とは、なかなか意味深長な名称なのだ。

コーンウォール Cornwall の corn はケルト語で「岬」、wall はウェールズ人だから、「ウェールズ人の岬」、ブリテン島とアイルランドの間にあるマン島は、ケルトの言葉で「小さい島」を意味する。

このようにケルトの地名を追ってゆくと、彼らのつけた地名が固有名詞ではなく、ただ「山」「川」「高原」「島」とよんでいた一般名詞を、のちに侵入したローマ人やアングロ・サクソン人たちが自分たちの言葉で記録していった経緯がわかって面白い。

前一世紀頃、ローマに征服されたガリア、今のフランスの中西部には、リモヴィス Limovices とよばれる人びとが住んでいた。そこには、現在、陶磁器の町として知られるリモージュ

Limogesという町があり、この町を含めた地域はリムーザン地方とよばれている。その地方の人びとは、頭巾をかぶる習慣があったことから、その頭巾も彼らの名称にちなんでリムーザンヌとよばれた。この頭巾をかぶるという習俗をもつリムーザン人のことは、多くの人びとの記憶に残るものだったのだろう。一九世紀末になって、フランスの自動車産業が開発した自動車は、運転席と客席の間を仕切り客席に頭巾をかぶせたような形だったことから、すぐさまリムーザン、英語でリムジンとよばれるようになり、さまざまな国の道を走っている。

「ゲルマン民族の大移動」によって、現代ヨーロッパの基本的な民族版図が決まった、といわれている。そのゲルマン民族がどういう人びとで、どこからどう移動したのか、彼らがどんな国、どんな都市をつくって、どのような名前をつけたのかを追ってみることにしよう。

まずゲルマン民族だが、その名は、特定の民族を指しているわけではない。彼らはスカンディナビア半島南部から、デンマーク東部、ドイツとポーランドの国境を流れるオーデル川河口付近を拠点とするインド・ヨーロッパ語族系民族集団の総称だった。

ちなみにスカンディナビアScandinaviaとは、ヨーロッパから眺めると、この半島が暗緑色の針葉樹の茂る大きな島のように見えたため、Skad（暗い）とaujo（島）を合わせて「暗い島」とよんだことによるといわれている。

ゲルマン人たちの移動は、広範なローマ帝国のなかで交易をしたり、領土の拡大をめざすなど、紀元前からすでにはじまっていた。そして三世紀、ローマは退廃していた。庶民の風俗習慣は乱れ、官僚は権力争いに終始し、大帝国を築いたローマの軍隊は戦いを傭兵にまかせるなど、征服時代が終わり、パクス・ロマーナ（ローマの平和）を築いたあとには、堕落が待っていたのだ。

このようにしてローマ帝国の勢力が衰退しはじめた頃から五世紀頃にかけて、ゲルマン民族が大きく動きだした。そのゲルマン民族は、大きくは北ゲルマン、東ゲルマン、西ゲルマンの三つに分けられている。

ゴート族とゴシック

東ゲルマンとされている人びとには、ゴート、バンダル、ブルグント、ロンバルドなどの集団があった。彼らはすでに紀元前から移動をはじめ、ローマ帝国と争ったり、またときには傭兵となってローマ帝国の拡大の波にのったり、小作人（コロヌス）になるなどして、しだいに南下していった。

なかでも、もっとも活発な移動がおこなわれたのは、三七六年のことだ。ローマ帝国の繁栄にも陰りがみえはじめた頃、ドナウ川から黒海沿岸にかけて住んでいた西ゴート族は、ウラル山脈の西側に拠点を置いていたフン族がボルガ川を渡って侵入し

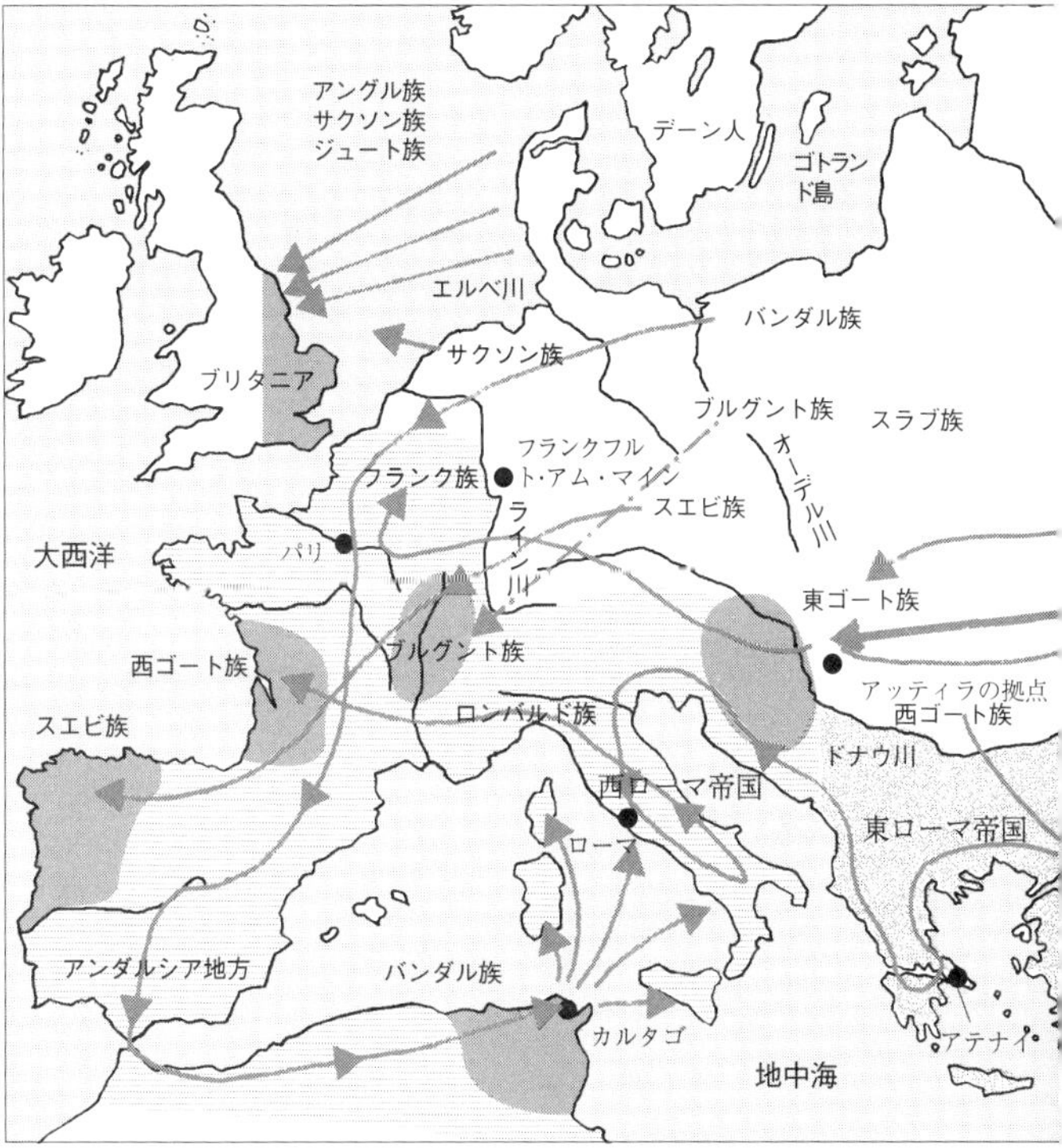

ゲルマン民族の移動
西ゴート族＝ドナウ川北部からスペイン北部、ガリア西部へ。415～711年、西ゴート王国を建国。

ヴァンダル族＝オーデル川下流域からアフリカ北部へ。429～534年、ヴァンダル王国を建国。のち、東ゴート族と合流して東ローマ帝国をおこす。

ブルグント族＝オーデル川上流域からガリア東部へ。443～534年、ブルグント王国を建国。ロンバルド族と合流し、フランク王国をおこす。

アングル族・サクソン族＝デンマーク～ドイツ北部からブリタニアへ。449～1066年、イングランド王国を建国。

フランク族＝ライン川下流域からガリア北部へ。481～843年、フランク王国を建国。

東ゴート族＝黒海北沿岸からイタリア北部へ。493～555年、東ゴート王国を建国。

ロンバルド族＝ライン川～エルベ川間からイタリア北部へ。568～774年、ロンバルド王国を建国。のち、フランク王国をおこす。

てきたため、ドニエプル川を東から西に越えてローマ帝国内に逃げ込んでいった。その動きが各地に波及して民族大移動がはじまったのである。

真っ先に動いた西ゴート族はバルカン半島からイタリア半島に進み、四一〇年にはローマを占領して、現在のフランス西部へひとまず落ち着いた。そしてのちに、スペイン、イベリア半島へと移動した。一方、東ゴート族は、四八九年西ゴートのあとにイタリアに侵入し、五五四年までローマを支配した。東ゴート族に追われた西ゴート族は、八世紀はじめまでイベリア半島に君臨していたが、アラブの侵攻を受けて姿を消した。しかし、歴史上からは消えても、世界地図の地名には、彼らがそこにいた名残りが今もみられる。彼らがもともと拠点をおいていたスカンディナビア半島の南にあるゴトランド島 Gotland は、その名も「ゴート族の国」である。地質学でいうゴトランド紀とはこの島の地層による。

ゴート族に続いて、現在のドイツ東部、オーデル川上流に拠点を置いていたバンダル族は、北海沿岸に進むと、そのままガリア地方（現在のフランス西部）へ入り、イベリア半島から北アフリカに渡り、現在のチュニジアにあったカルタゴあたりに国をおこしたあと、再びイタリア半島に向うという大移動をする。バンダル族は、四五五年にローマを占領し、四七六年には、ゲルマン人の傭兵隊長オドアケルがローマ皇帝を廃し、西ローマ帝国が滅亡する。

彼らの、こうした広範な移動の痕跡は、現在の地名のなかにもいくつか見出すことができる。スペインのアンダルシア地方 Andalusia は、古くは古代イベリア族の土地だったが、前十二世紀にはフェニキア、前五世紀にはカルタゴが植民市を建設した。そして前一九七年には、ローマの支配下に置かれるが、後五世紀、ローマの勢力が衰えたところでバンダル人の侵入を受けた。バンダルシアVandalicia（バンダル人の国）である。それが八世紀初頭のアラブの支配下でアンダルスAndalusとなり、最後に現在のアンダルシアとなった。これはもともとは、イベリア半島全域をさす地名だったのだ。

同じように、フランス中東部のブルゴーニュ地方Bourgogneは、ブルガンディア（ブルグント人の国）、イタリア北部のロンバルディアLombardiaは「ロンバルディ人の国」だった。

ただ、東ゲルマンの移動は古くからおこなわれ、やがてローマ帝国に同化してしまったために、地名にゲルマン人の特徴を残すものは少ない。

四一〇年の西ゴート族、四八九年の東ゴート族のイタリアへの侵入は、イタリアに破壊をもたらしただけではなかった。むしろ衰退期にあったイタリアに、もう一度、繁栄をもたらしてくれたのだが、ローマ人にとっては、それまで下位においていたゲルマン民族に支配されたという屈辱は、かなり大きかったようだ。

それは、ゴート族の「ゴート」を語源とする言葉をみていくと、すぐにわかってくる。ゴートGothそのものに、「教養のない不作法者」「無知な野蛮人」「文化を破壊する者」という意味があることは、いくつかの外国語辞典ですぐにみつけることができる。フランス語で「田舎娘」「自堕落な女」、ドイツ語やスペイン語でも「粗野」「野蛮」と、やはりいい意味ではもちいられていない。

五五四年には、ビザンティン（東ローマ）帝国の軍隊がローマからゴート族を駆逐したものの、ゴート人への嫌悪感はなかなかぬぐい去ることができなかったようだ。彼らが去ったあと、中世にいたっても、イタリア人はアルプスの向こう側はゴート族（実際には、フランク族なのだが）の土地だと思い込んでいたのだろう、フランス北部で発達して一二世紀から一六世紀にかけてヨーロッパに広まった建築様式は、当時としては画期的な壮麗なものであったが、イタリアでは、ゴート族のものという意味でゴシック（ゴート）様式とよばれていた。そしてイギリスでは、ゴシック建築の城や教会を舞台にした怪奇小説をゴシック・ロマンスという。

また、北ヨーロッパで使われた武骨な手書き書体はゴシック体として、本書にも使われているが、これに対して、ちょっとおしゃれに斜めに傾けた書体はイタリック *Italic* とよばれている。

フランスとは「投げ槍がうまい人の国」

西ゲルマンはフランク、アングル、サクソン、ジュートといった集団からなり、彼らは後五世紀半ば頃に移動をはじめた。フランク族 Frank の名称がそのまま国名になっているフランス、東部にザクセン（サクソン人の国）という地方名を残すドイツを形づくるにあたって、この西ゲルマンは重要な役割をになった。また北部では、アングル、サクソン、ジュートがブリタニアに移住し、イギリスを築くことになった。

現在のフランスには、三世紀頃、フランク族がゲルマニアからライン川を越えて侵入してきていた。彼らは西ローマ帝国の崩壊後、四八一年に、西ゴート族をフランスからイベリア半島へと追いやり、フランク王国をおこした。彼らはフランカ franka（投げ槍）を主要な武器としていたため、フランク族とよばれたという。同じように、ドイツ中央部、ライン川の支流マイン川にのぞむフランクフルト Frankfurt も、フランコ（フランク族）とフルト（渡し場）でフランク族が建設した渡し場ということである。いまはフランクフルト・アム・マイン Frankfurt am Main（マイン河畔のフランクフルト）とよばれている。

フランドル地方 Flandre は、フランス北東部からベルギー西部、オランダ南部にかけての地域だが、この名はゲルマン人が、北海からの強い海風にちなんで flanderen（強く吹く）とよんだことによる。オランダ語ではフランデレン、英語ではフランダース。イギリスの作家ウィーダの『フランダースの犬』の舞台である。

イングランド England は「アングル人の国」を意味する。ゲルマン民族侵入以前からの住人ケルトからすれば、移住してきた者は、ゲルマン民族のどの集団であろうと、すべて侵入者、異民族である。そんな侵入者のなかでも、アングロ人が侵入異民族の代表格だったようで、ゲルマン民族全体をケルト語でアングリー Anglii、アングリア Anglia とよんだ。これが、やがて Englise となって、一〇〇〇年頃にはエングラランド Englaland という地名が生まれた。

イギリスには、いくつかの民族による波状的な侵入があったため、ロンドンのようなケルト語

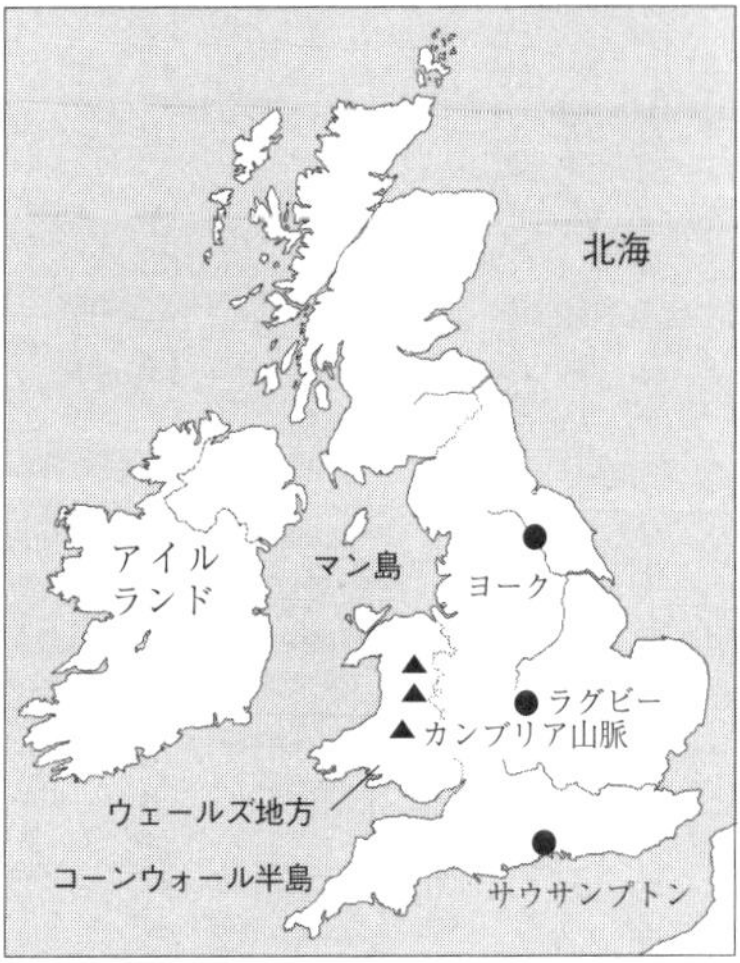

の地名のほかに、侵入者であるアングロ・サクソン人による地名も少なくない。そのなかでもイング（-ing）、アトウ（-atowe）、ステッド（-sted）、トン（-ton）という語尾の地名は、いずれもサクソン起源とされている。

その後の侵入者、バイキングによる地名には、ビー（-by）、ビック（-wick）、トゥロープ（-thrope）、トゥエイト（-thwaite）、トフト（-toft）、スケール（-scale）で終わるものが知られている。

サクソン人による有名な地名は、ピューリタンがアメリカ大陸に向けて出航したサウサンプトン Southampton がある。South（南）とホムトン humtun（開拓地、領地）で「南の開拓地」である。

ラグビー発祥の地とされるバーミンガム南西の都市ラグビー Rugby。一二〇〇年頃の記録ではロケベリ Rockeberie、またはロケビ Rokebi とあり、その意味するところは「ローク人（ケルト諸族のうちの一族）の城塞都市」であった。そのロークがバイキングによってラグ（Rug）となり、語尾も彼らが「城塞都市」をあらわすときにもちいる by に変えられて、ラグビーとなった。

ウェールズは、ローマの属州時代、ケルト系ブリトン人キムブル族が住む地方というので、キムブルにラテン語の地名接尾辞 -ia がつけられてカムブリア Cambria（キムブル族の国）といわれていた。ローマ人がこの地方につけた最初の名前カムブリアは、カムブリア山脈として今も残っている。そしてこの山地では、五億七千万年から五億年前までの三葉虫の化石を多く出土したことから、地質学の世界では、この地名にちなんで「カムブリア紀」とよばれている。

ところが、なかには、イングランド北東部の都市ヨーク York のように、歴史に翻弄された名前もある。

一世紀にイギリスがローマの属州となったとき、この地方は先住民ブリトン人のなかでもエブロスという名がもっとも多かったので、ローマ人たちはそれを彼らの集団の名前だと思い込み、そのままエブロス Eburos と記録した。その後、サクソン人がここに侵入してきたとき、彼らはローマ人の名づけたエブロスを彼らの発音でエオボルビク Eoforwic（エブロス村）とよんだ。そして、九六二年以降のバイキング支配時代には、イオルビク Iorvik と訛り、さらに縮まってイオルク Iork となった。バイキングのあとは、アングロ・サクソンがふたたびここを支配するが、ここで I が Y に置き換えられ、現在のヨーク York になったのだ。この改名の間、とくに意味が変えられたわけではない。ただ単純に、エブロス Eburos が訛りに訛って York になったのだ。それがアメリカに渡って、ニューヨークとなったのは周知のとおりである。

入り江の民バイキング

北ゲルマンは、スカンディナビア半島南部からデンマークを拠点にしていた。デンマーク、スウェーデン、ノルウェー、イギリス北部、アイスランドに広がっていた北ゲルマン人たちは、八世紀末頃からは、バイキング Viking（入り江の人びと）とよばれるようになる。ノルマン人が正しい名称だが、彼らは、九世紀半ば頃から、活発にヨーロッパの沿岸各地で交易をしたり、海賊となるなどして勢力を拡大していった。

まずデンマークは、北ゲルマン民族のなかのデーン人 Dane が、七、八世紀頃、スカンディナビア半島南部からこの地に移動して、ジュート人を追い出し、定住した。彼らは海岸沿いにフランク王国を攻めたため、フランク王国は、ゲルマン人に対してオスト・マーク Ost Mark（東部辺境区・現在のオーストリア）を設けたように、デーン人に対しても、辺境区デーンマーク Dane Mark を設けた。それが今日のデンマークの国名の由来となったことは前述した。

当初、ヨーロッパ大陸に住んでいたゲルマン人にとって、バルト海の向こう側は異土と感じていたらしいが、彼らのなかのスベリ族は海を越えてスベリエ Sverige 王国を建国した。このスベリ族は、北ゲルマン民族のなかでも、白い皮膚、金髪、長身という身体的特徴を有する、もっともゲルマン的な特徴を保ってきたといわれる。ただ、世界的には、スベリエ王国という正式名称より、英語のスウェーデンで通用している。

同じように、ノルウェー Norway も正式な国名ではない。彼らの言葉ではノルゲ王国 Norge

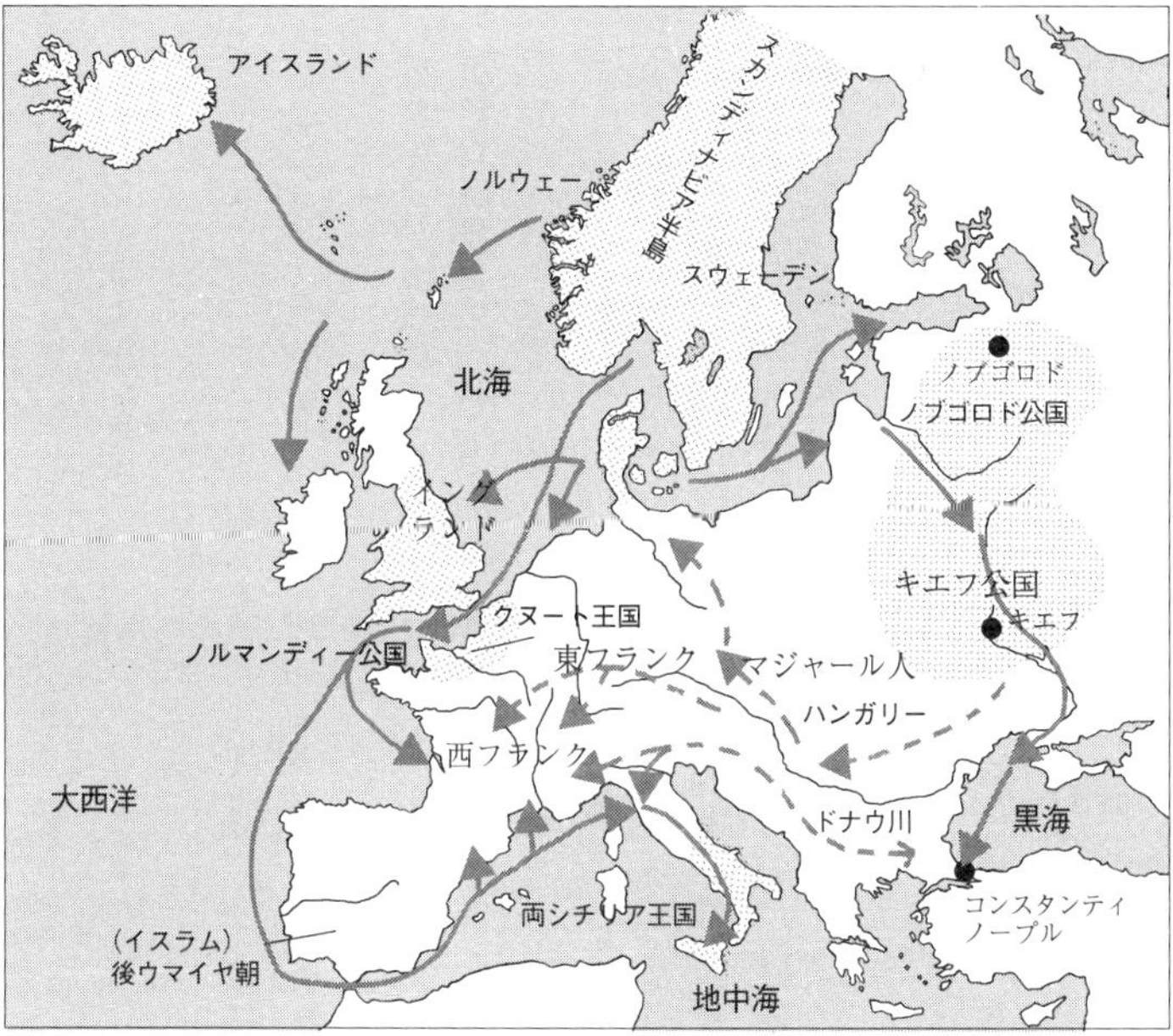

北ゲルマン（ノルマン）人の移動と建国

ノルウェー・バイキング＝アイスランド、グリーンランド、アメリカへ。ノルマンディー公国建国（911年）

イングランド征服（1066年）。11世紀以降、大西洋を経て、ヨーロッパ南部にまで進出し、イタリア南部に両シチリア王国建国（1130年）。

スウェーデン・バイキング＝スラブ人、フィン人の土地にノブゴロド公国建国（862年）。南下し、キエフ公国建国（882年）。コンスタンティノープル（イスタンブール）との交易のために黒海を南下する。

デンマーク・バイキング＝イギリス南部、フランク王国の領域に侵入。

マジャール人＝バルカン半島からフランク王国に侵入。

で、意味は「北航路の地」だ。当時、ノルマン人の航路には、バルト海を東へ向かうオストベク Ostweg（東航路）、北海を西に向かって進み、イギリスに至るベステルベク Westerbeg（西航路）、そしてスカンディナビア半島に沿って北へ進み、グリーンランドにいたるノルレベク Norreweg（北航路）があり、ノルウェーはその北航路に沿う土地ということで名づけられたのだ。

「新都」という名のもっとも古い都市

北欧の各都市名にも、ノルマン人の文化が反映している。

デンマークの首都コペンハーゲン Copenhagen は「商港」である。もともとは、ただハウン Havn（港）とよばれていたような小さな天然の港だったが、この港とスウェーデンとはわずか十数キロしか離れていない海上交通の要衝だったことから、一一六七年、城壁が築かれるとともに人も集まり、港湾都市として発展していった。数十年後、さらに発展したこの港は、キオプマン Kiopman（商人）を意味する言葉と結びついて、キオプマンハウン Kiopmanhavn（商港）となった。そして、一四四三年、ここに首都が置かれると、その名も現代デンマーク語でケーベンハウン København、英語表記でコペンハーゲンとよばれるようになった。

北欧神話に由来した名前もある。フュン島にあるオーデンセ Odense は、古代北欧神話の創造神オーディン Odin の名に由来する。ここは童話作家アンデルセンの出身地でもある。

スウェーデンの首都ストックホルム Stockholm は、スカンディナビア半島の本土ではなく、氷河によって形成されたフィヨルド（入り江）を利用して建設された。スウェーデン最古のこの町は、一二五五年、メーラレン湖の入り江にある小島に建設され、やがて都市へと発展した。ストックとは杭、ホルムは島、杭を張り巡らした城壁で島を囲んだことからそうよばれるようになった、と考えられている。

ノルウェーの首都オスロ Oslo も、大きなフィヨルドの奥に建設された。冬期でも凍らない、いわゆる不凍港で、内陸と海とを結ぶアーケルス川の河口にあった。一〇四八年、バイキングの王ハロルド三世によって建設されたこの都市の名は、アス（神）とロ（森）で「神聖な森」とよばれたことによるという。オスロは、毎年十二月十日、ノーベル平和賞の授賞式がおこなわれることでも知られている。

ノルマン人は、フランク王国が九世紀のはじめに分裂して勢力を弱めると、ノルウェー、スウェーデン、デンマークといった彼らの根拠地からヨーロッパ各地へ向けての征服活動に出た。九一一年には、現在のフランス北部にノルマンディー公国をおこす。ノルマンディー Normandie とは、そのまま「ノルマン人の国」だ。さらにノルマンディーのバイキングは、一〇六六年にエジンバラ以南のイングランドを征服、さらに一一三〇年には、大西洋から地中海に入り、南イタリアのシチリア島に両シチリア王国を建設している。

また、スウェーデンから東に向かったバイキングは、八六二年、ロシアにノブゴロド公国をおこす。ロシア語で novyj（新しい）gorod（都市）、つまり「新都」という名の、ロシアでもっとも古い都市である。

ちなみにロシアRussiaとは、スウェーデンバイキングの総称ルーシRus'とラテン語の地名接尾辞-iaからなる名称であり、意味は「ルーシ族の国」である。さらにさかのぼって語意をたどれば、ルーシとは、古くはロッツィRuotsiで「オールを漕ぐ人」、バイキングの姿をそのままあらわした言葉だった。

ドイツ北東部のプロシアPrussia（ドイツ語ではプロイセン）も語源は同じで、Rus（ロシア）とpo（近く）で「ロシアの近く」を意味する。

ノブゴロド公国をおこしたバイキングは、八八二年、オーレグがキエフ公国をおこした。キエフKievは、バイキング王の長男キイKiyが、繁栄の絶頂期にあったビザンティウム（現在のイスタンブール）と交易するために建設した都市だ。彼らはビザンティン帝国では傭兵としても活躍した。

マジャール人と人喰い鬼

九世紀、バイキングの移動が活発な時期、中央アジアから、騎馬民族のマジャール人が黒海北部に移動し、さらにフランク王国が東の境界とするためにおいたオスト・マーク（オーストリア）の東の平原までやってきた。ここは、四五〇年、フン族のアッティラが末期のローマ帝国を攻撃するための拠点としたところだ。そのため、この平原は「フン族の地」という意味で、ハンガリーHungaryとよばれていた。

しかし、そこに住むことになったマジャール人は、他からどうよばれようと、今日でも自称は「マジャール」であり、国名はマジャーロルサグMagyarorszag（マジャール人の国）である。

マジャールとは、ムガール（モンゴル人）が転訛したものと考えられ、ペルシア語で「強い人」を意味する。彼らがアジアからの移住者であることは、その名前の表記が私たちと同じように姓から書くことからもわかる。

マジャール人は、騎馬民族としての攻撃力をいかしてドイツなどに勢力を拡大したが、やがてドイツでは中世騎士団が組織され、九五五年にはドイツがマジャール人に勝利した。しかし、彼らの別称ウイグールUigurs（おそらくウイグル地方からやってきたと思われていたので）が、やがてオグルOgre（人喰い鬼）という怪物の語源になるほど、ヨーロッパ人に強い恐怖心を与え続けた。

「白い土地」から「黒い山」へ

アルバニアAlbaniaという地名を辞書で引いてみると、トルコ語で「山脈」を意味するバルカン半島北東部にある国名であるとともに、かつてはイギリスのスコットランド地方の北部ハイランド、またはハイランドの人びとのことをいう、とある。また前三世紀には、カフカス（コーカサス）山脈の北、カスピ海に面した地方にアルバニアという地名があったという。

アルバニアとは、雪の色であるアルプス albus（白）とラテン語の地名接尾辞 -ia からなる言葉である。ちなみに、もっとも古いアルバニアのあったカフカスも、一説では、前六世紀から前三世紀にかけて黒海沿岸でさかえていた遊牧国家スキタイの言葉クロウカシス（白い雪）に由来するという。

現在、アルバニアという国には、前一〇〇〇年頃、先住民のケルト人に替わって移住してきたインド・ヨーロッパ語系の人びとが住んでおり、古代ギリシア人、古代ローマ人は、彼らをイリュリアとよんでいた。地中海世界にあっては常に脇役の国で、古代ローマ時代には海賊行為を働く蛮族として、前二二九年頃、二度にわたるローマ軍の侵攻を受けた歴史がある。そののちも、スラブ人やオスマン・トルコ帝国の支配下におかれ、多くがイスラム教に改宗したが、人びとがこの地を離れることはなかった。

一九一三年、この地方がトルコから独立するとき、北部はスラブ化し、現在はユーゴスラビアのモンテネグロ Montenegro となった。この名は「白い土地」という、もとの名前とは対照的に「黒い山」という意味だ。それは、この地方をスラブ語でクルナ・ゴラ（針葉樹林の黒い山）とよんでいたからで、それがイタリア語に訳されて「モンテネグロ」となったのだ。一八七八年、オスマン・トルコがロシアに敗れたあと、モンテネグロとして一時独立を果たすが、第一次世界大戦後、その他のスラブ系の国々と合併してユーゴスラビアの一地方になり、一九八九年にはじまった東欧革命で分裂したあとは、セルビアとともに新生ユーゴスラビアを構成している。

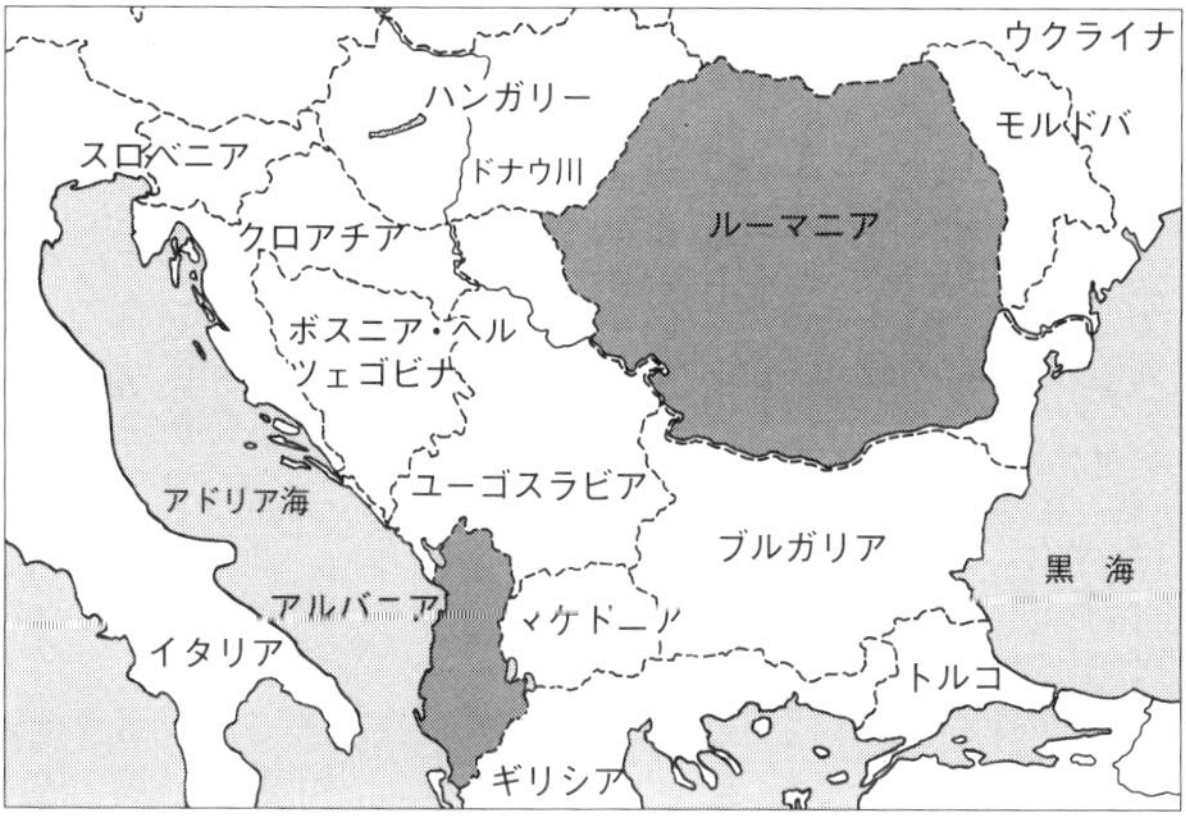

ところで、「アルバニア」は英語名で、アルバニアの人びとの自称はシュキペリセ Shqiperise（ワシの国）だ。これは、一五世紀に、二四年間、オスマン・トルコ帝国と戦って勝ったこの国の英雄スカンデルベグの祖先がワシであるという伝説による。その国旗には、赤字に黒色の双頭のワシが描かれているが、それはこの国が西洋と東洋の中間地点にあるということから、二つのワシの頭も東と西を向いているのだという。

古代ローマ時代、現在のブルガリアとルーマニアの国境を流れるドナウ川は、帝国の北限だった。ドナウ川より北はダキア Dacia という野蛮人の国とされていたのである。しかし、そのダキアが後八五年頃、ローマ帝国へ侵入するようになったため、時の皇帝トラヤヌスはダキア制圧にのりだし、一〇一年には征服してしまう。

すでにパクス・ロマーナ（ローマの平和）の時代であったため、この地方がローマ帝国の最後の征服地となり、領土も最大規模になった。領土内にはローマの文化、ラテン語が広く伝わり、その地の人々に大きな影響を与えた。しかし三世紀になると、ローマ帝国の勢力は衰え、ダキアも放棄されてしまう。そして、ローマ化したダキア人はスラブ人と混血して、ブラフ人 Vlachs とよばれるようになった。

ダキアの北は、一三世紀には、一時、モンゴルのキプチャク・ハン国の支配下におかれるが、一四世紀には、ワラキア（ブラフに由来）と、モルダビア（スラブ語で黒い川の地）という二つの公国が建設された。

ワラキアはドナウ川を利用した東西交易の関税収入でさかえたが、一四世紀末になると、オスマン・トルコが勢力をのばしてきた。ワラキアは、ハンガリーの援助もあって幾度となくトルコとの抗争を繰り返したが、結局、独立を条件に貢納の義務を負わされることになった。

トルコとの戦いでは、トランシルバニア Transylvania のブラド公は英雄だったが、捕らえた敵兵や裏切り者を串刺しの刑にかけるなどしたため、「串刺し公」のニックネームをつけられた。一九世紀末には、アイルランドの小説家ブラム・ストーカーが、バルカン地方に伝わる吸血鬼伝説とブラド公を結びつけ、「吸血鬼ドラキュラ」を創造したことでもよく知られている。

ちなみにトランシルバニアとは、ラテン語のトランス trans（越えて）とシルバ silva（森林）で、「森を越えたところの国」というロマンチックな響きがある。

一方、モルダビアは、オスマン・トルコだけでなく、ハンガリー、ポーランドの圧力にも耐えなくてはならなかったが、結局、ワラキアと同じ道をたどることとなった。これら二国はあわせて、ドナウ公国と称される。

一八七八年、ロシアがオスマン・トルコとの戦闘に勝利したことによって、かつてのダキア、ドナウ公国は独立合併してひとつの国になるのだが、このとき、彼らは自分たちが古代ローマ人の子孫であるとして、ルーマニアRumania（ローマ人の国）と名乗った。このときまで千三百年間、さまざまな民族の侵入、圧迫を受けながらも、彼らはラテン語系の言葉を絶えることなく使い続けていたのである。

ちなみに、ルーマニアの東北にあるモルドバは、ソビエト連邦時代、ソビエトに住んでいたルーマニア人が建国した国だったが、ソビエト連邦の崩壊とともに独立した。それを機に、両国の統一を求める声もあがりはじめている。ダキア、モルダビア（モルドバ）、そしてルーマニア。変わるもの、変わらないものの長い歴史が、これらの地名にも示されている。

第3章

スラブ人たちの故郷

モスクワの中心部クレムリン（ロシア）
1156年に築かれた木造の砦にはじまる。帝政時代には、ここに宮殿、寺院が建設された。現在もロシアの中枢機関がおかれている。意味は「要塞」。

「平原」という名の国の悲劇

「スラブ」というイメージは、独立、再編などの動きが活発だったこともあって、ついユーゴスラビア周辺の狭い地域を思い描いてしまうが、実はスラブ民族は、ヨーロッパの東半分を占め、人口もヨーロッパ諸民族のなかで最大なのである。

スラブ人とは、ロシア、ウクライナ、ベラルーシ、ポーランド、チェコ、スロバキア、ブルガリア、セルビア、クロアチア、ユーゴスラビア、ボスニア・ヘルツェゴビナ、スロベニアなどの国に広く分布する人びとをいう。

これは、東ヨーロッパのほとんどの国だが、マジャール人の国であるハンガリー、ルーマニア、アルバニアは民族を異にする。

これらのスラブ系の国の名は、スロバキア、スロベニア、セルビアをとってみても、すべて「スラブ人の国」という意味であるし、ユーゴスラビアも「南スラブ民族の国」である。

このようにスラブ民族であることをアピールする名前は、土地についてだけではなく、人名でも、各地の君主は接尾辞に「スラフ -slav」をつけて「ブラチスラフ」というように名乗っていた。ちなみに、人名の場合のスラフは「栄光」を意味する。「スラブ」という民族名の語源も、こうした人名が先にあったのかもしれない。

ところが一説では、ゲルマン民族が移動してスラブ民族に接触したとき、彼らが柔和で、従順なことを知り、東ゴート族の言葉でスロボ slovo（口数の少ない人）とよんだという。また、奴隷に向いているというのでスラブ Slav が奴隷 slave の語源になったという、屈辱的な説もある。

　そのスラブ人の蔑称そのままに、悲劇の運命をたどったのがポーランドである。ユダヤ人ほどではないが、百二十三年もの間、国を失い、他国の支配に甘んじるか、新天地を求めて移住するかという苦しい選択を強いられたことはあまり知られていない。一千万人ともいわれる流浪者は、ユダヤ、華僑に次ぐ規模といわれている。

　ポーランドの正式な名称はポルスカ Polska（ポーレ人の国）である。ポーレとは、中世高地ドイツ語のポーラニン（ポーレの人びと）に由来し、古スラブ語のポリエ polie（平原）という意味である。広大な平原は、農地として利用するには恵まれた環境だったが、一方で、平原とは、どこからでも入れることを意味する。そのため、この地は列強の争奪の的となり、分割、消滅を繰り返してきた。

　一四～一八世紀には、逆に地の利をいかして勢力を拡大し、ロシアを脅かす存在となったこともあったが、一七九五年にはロシア、プロイセン、オーストリアに分割され、国が消滅してしまったのである。近年では、ナチス・ドイツの電撃作戦とソ連軍の侵入によって、わずか三週間でポーランドは再び消滅してしまった。極めつけの悲劇は、アウシュビッツに代表されるユダヤ人強制収容所であろう。

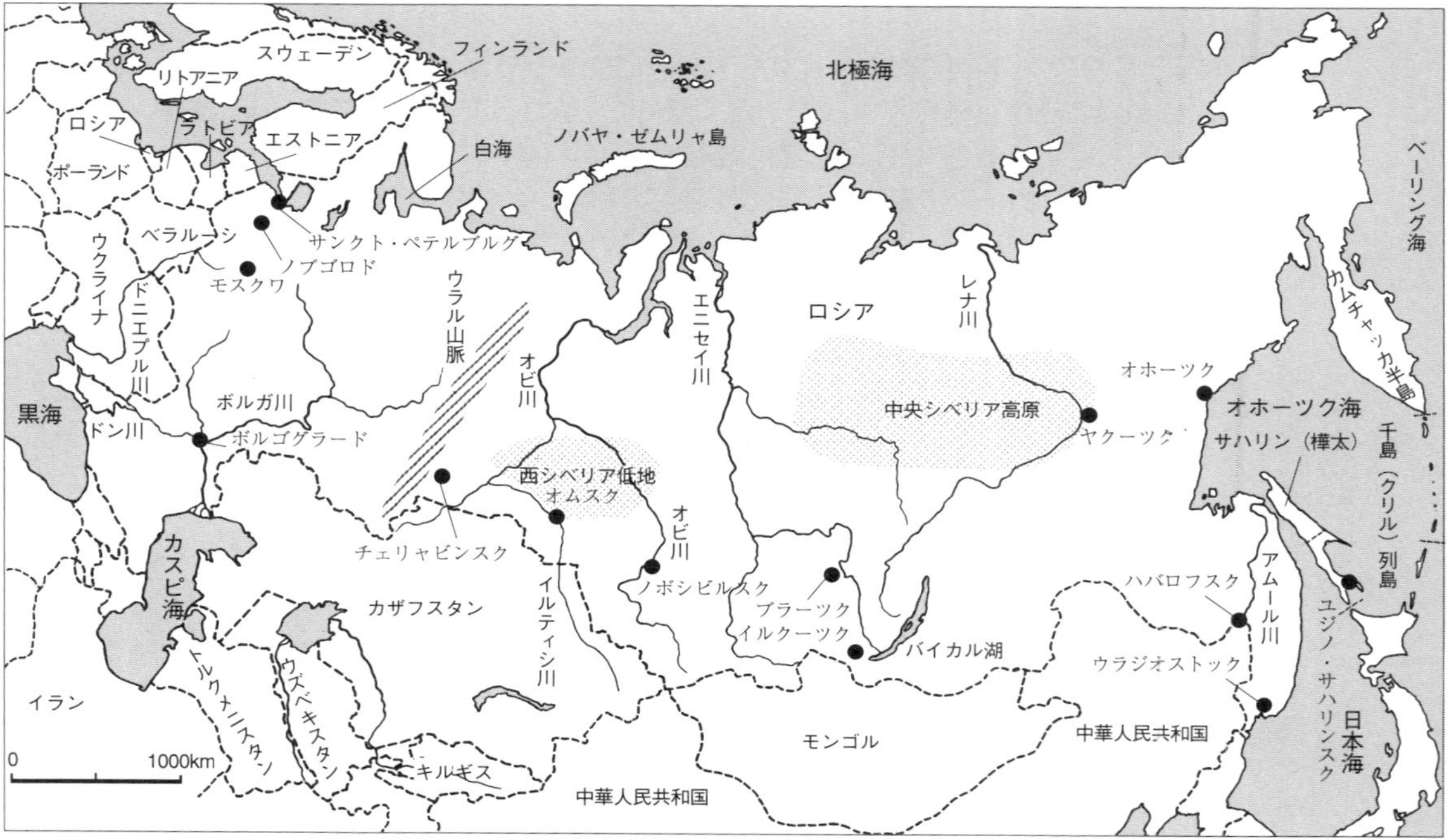
北極海
スウェーデン
フィンランド
リトアニア
ロシア
ラトビア
エストニア
ポーランド
白海
ノバヤ・ゼムリャ島
ベラルーシ
サンクト・ペテルブルグ
ノブゴロド
モスクワ
ウクライナ
ドニエプル川
ウラル山脈
ボルガ川
黒海
ドン川
ボルゴグラード
オビ川
エニセイ川
ロシア
レナ川
中央シベリア高原
オホーツク
ヤクーツク
オホーツク海
サハリン（樺太）
カムチャッカ半島
ベーリング海
千島（クリル）列島
西シベリア低地
オムスク
チェリャビンスク
オビ川
ノボシビルスク
ブラーツク
イルクーツク
バイカル湖
イルティシ川
カスピ海
カザフスタン
ハバロフスク
アムール川
ユジノ・サハリンスク
ウラジオストック
日本海
トルクメニスタン
ウズベキスタン
キルギス
イラン
モンゴル
中華人民共和国
中華人民共和国
0
1000km

モスクワとは「沼沢地の川」

バイキング（ルーシ）が、スウェーデンからバルト海を渡って東ヨーロッパの広大な土地に移り住み、ロシアという地名が生まれたことは前述したとおりだ。彼らは、スラブ人に吸収されてしまったが、ロシアの名は今日まで残ることになった。

しかし一三世紀には、ナポレオン、ヒトラーに屈しなかったロシアが、中央アジアのモンゴル人によって、東からその国土を侵略されはじめた。同時に、西からはポーランド、さらに南からはオスマン・トルコの侵攻を受けるという苦しい状況に陥っていた。

失ったロシアの領土回復に立ち上がったのは、ロシア中央部を流れるモスクワ川のほとりに住んでいた人びとだった。モスクワ Moskva とはモスク mosk（沼沢地）とフィン語の va（水）で「沼沢地の川」を意味する。

ちなみに、モンゴルが勢力をはっていたウラル山脈の東側は、一二世紀にモンゴルのキプチャク・ハン国の領域となり、オビ川とイルティシ川の間にシビル Sibir という土地が開かれた。この語にラテン語の地名接尾辞 -ia がつけられたのがシベリア Siberia である。シビルはモンゴル語で「沼沢地」を意味するから、実はシベリアとモスクワは同じ意味なのである。

一四八〇年、モスクワ人たちはモンゴルの勢力を退け、シビル地方をも支配下において、北方先住民族に毛皮を貢納させるまでになった。ロシアが、シベリアまで本格的に乗り出したのは、毛皮商人の移住によるところが大きく、交易所などが設けられたことによって、急速に開発が進んだのだった。その後、一八八〇年頃には、太平洋、日本海にいたるまでの広大な地域を支配するにいたった。

その東端が海に達しても、ロシアの東への欲望は終わらなかったようだ。一七〇〇年を過ぎた頃、ピョートル大帝は、デンマーク人の探検家ベーリングを雇ってシベリア東部を探検させ、アメリカ大陸との間にある海峡を確認した。ベーリング海峡である。この海峡の南はベーリング海、そして彼が、一七四一年に亡くなったカムチャツカ半島の東の島はベーリング島と名づけられ、その島を含む諸島はコマンドル（司令官）諸島と、これもベーリングの当時の身分をあらわした名となっている。

一八六〇年に建設されたロシア最東南の都市ウラジオストックは、その意味が「東方を征服せよ」であり、ロシアの姿勢を明確にあらわしたものだった。そして、一九〇三年には、シベリア鉄道が開通し、極東進出の戦略的な要衝となった。その後、第二次世界大戦後のソビエト連邦の時代にも、ここには太平洋艦隊司令部がおかれ、常に緊張した空気が漲りつめていた。まさにウラジオストックの意味するとおりの状態にあったわけだ。しかし現在では、新潟市と姉妹都市であり、アジアとの交易の拠点となっている。

ところで、東端から西端まで約一万キロ、時差も十時間という広大な領土では、各地に文化的な差異がみられるのは当然のことだ。ソビエトが崩壊する以前は、東部の広大な地域は「大ロシア」、トルコの影響を強く受けた南部は「小ロシア」とよばれていた。ちなみに西スラブでも端にあるということから、「辺境の国」とよばれたウクライナは、ラテン語でロシア人を意味するルテニア Ruthenia（ルス人の地）とよばれていたこともあった。

そしてもうひとつが、かつてポーランドの支配下にあった「白《ハク》ロシア」である。この名は、こがタタール人の支配を受けなかったことによる、といわれている。英語でホワイト・ロシア、ロシア語でビエロルシア Byelorussia、そして独立した現在は、スラブ語でベラルーシ Belarus「白ロシア」である。

なぜ白ロシアなのか

国名のロシア Russia には、ラテン語の地名接尾辞 -ia がもちいられているが、スラブ語の地名接尾辞についてもみておくことにしよう。

もっとも印象的なのが、前項でも紹介したように、ノボシビルスクのような「〜スク」とわが国でもよく知られているオホーツクなどの「〜ツク」であろう。

「〜スク」は、日本に近いところでは、サハリン Sakhalin（樺太）のユジノ・サハリンスク Yuzhino Sakhalinsk（南サハリンの町）がある。「サハリン」は、満州の人びとが、アムール川（黒竜江）のことをサハリヤン・ウラ Sakhaliyan、「黒い川」とよんでいたのを、ロシア人が間違えて、その河口にある島を「サハリン」とよんでしまったことに由来する。ちなみに、日本でサハリンを「樺太」と書くのは、一八〇九年、間宮林蔵によってサハリンが島だと確認される以前、沿海州まで勢力を及ぼしていた清の一部と考えられていたため唐太とよばれていたからのようで、それが明治期になって正式にあらわされる際、「唐」の文字を、繁茂していた白樺の「樺」の文字に変えて「樺太」と記されるようになった。

オホーツクもアムール川流域の町の名にちなんだものだ。

ロシア東南部のツングースの言葉オホータ Okhota（川）で、「川の町」。中国語でアムール川を黒竜江というのは、古語「鯨川」に由来する。「鯨」とは、この川に生息するキャビアで有名なチョウザメがクジラに似ていたためという。

その他「～スク」には、探検家ハバロフにちなむハバロフスク、オモ川にちなむオムスクなどがある。「～ツク」にはヤクーツク（ヤクート人の町）、ブラーツク（ブリヤート人の町）、イルクーツク（曲がりくねった川の町）などがある。

レニングラード（現サンクト・ペテルブルグ）の「グラード」も耳慣れた響きだろう。もとは山や丘のことをいったようだが、そこに築かれた城塞都市、周辺の町をさす接尾辞になった。ウラル山脈よりも西の東ヨーロッパにこの名が多いのは、都市間の抗争が激しく、城塞化した町が多かったからだろう。

ボルゴグラード Volgograd（ボルガ川の町）、ユーゴスラビアの首都ベオグラード Beograd（白い町）、ノブゴロド Novgorod（新しい町）のゴロド-gorod も同じ意味をもつ接尾辞である。

ロシア革命で変えられた地名

一九〇五年〜一七年のロシア革命は、帝政を倒し、世界で初めての社会主義国家樹立に成功した。そして、その年十一月に樹立されたソビエト政権は、帝政時代を忘れさせるための方策として、市や町の名前をさまざまに変えたのだった。

ところが、一九九一年には、社会主義が百年ももたずに行き詰まり、ソビエト連邦も崩壊してしまう。それによって、今度は、一度は改められた地名を過去の名前に戻そうとする揺り戻しがおこり、再び地図が改変された。それらの地名をみておくことにしよう。

一七〇三年、ロシアのピョートル大帝は、スウェーデンから獲得した領土のうち、フィンランド湾に面したところに、ひとつの都市を建設した。

皇帝は、新しい、西欧化した都市を目指し、モスクワからそこに首都を移すことも考えていた。彼は、みずからの名の語源が「聖書」の十二使徒のひとり、ペテロにあることから、その都市をサンクト・ペテルブルク Sankt Peterburg とした。サンクト Sankt（聖なる）ペテル Peter（ペテロ）ブルク burg（都市）で、聖ペテロの都市（ピョートルの都市）である。ちなみに、サンクト・ペテルブルクがドイツ語であるのは、ロシアが近代化の手本をドイツにおいていたからだ。

この都市が、ソビエト時代には、ソビエト連邦の最初の指導者レーニンにちなんで、レニングラード Leningrad（グラードは町）と改名された。

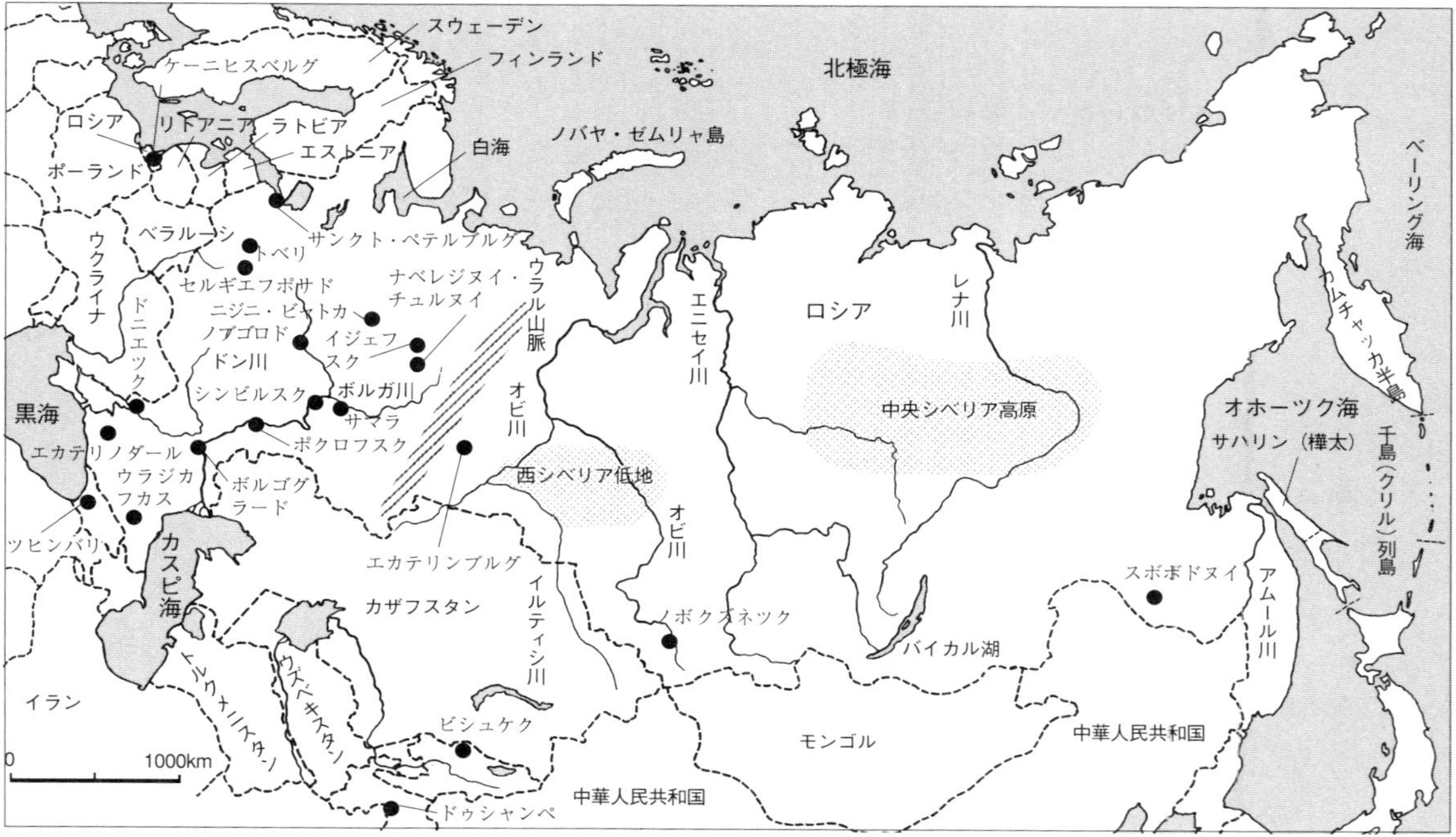
スウェーデン
フィンランド
北極海
ケーニヒスベルグ
ロシア
リトアニア
ラトビア
エストニア
白海
ノバヤ・ゼムリャ島
ポーランド
ベーリング海
カムチャッカ半島
オホーツク海
サハリン（樺太）
千島（クリル）列島
ベラルーシ
トベリ
サンクト・ペテルブルグ
ウクライナ
セルギエフポサド
ナベレジヌイ・チェルヌイ
ウラル山脈
ドニエック
ニジニ・ノブゴロド
ドン川
イジェフスク
エニセイ川
ロシア
レナ川
中央シベリア高原
黒海
シンビルスク
ボルガ川
サマラ
オビ川
エカテリノダール
ポクロフスク
西シベリア低地
ウラジカフカス
ボルゴグラード
ツヒンバリ
カスピ海
エカテリンブルグ
イルティシ川
スボボドヌイ
アムール川
カザフスタン
ノボクズネツク
バイカル湖
イラン
トルクメニスタン
ウズベキスタン
ビシュケク
モンゴル
中華人民共和国
中華人民共和国
ドゥシャンベ
0
1000km

その時代、クラシック・バレエでは世界最高峰と讃えられたレニングラード・バレエ団は、サンクト・ペテルブルクの名の復活とともに再び改名を余儀なくされたが、あまりにも旧称で有名になってしまったため、二〇〇〇年の日本公演でも、あえて「レニングラード・バレエ団」で公演したという。

社会主義リアリズムの小説家マクシム・ゴーリキーの生地として新たに名づけられたゴーリキー市も、もとのニジニノブゴロド Nizhinii Nov-gorod（下流の新都市の意）にもどされた。

サンクト・ペテルブルクとほぼ同じ時期の一七二一年、ウラル山脈の南にひとつの都市が建設された。そこは、王妃エカチェリーナ一世の名にちなんで、エカテリンブルク Yekaterinburg（エカチェリーナの都市）と名づけられたが、一九二四年、共産党中央執行委員会議長スベルドロフの名をとってスベルドロフスクとされてしまった。ここは、一九一八年、ロマノフ王朝最後の皇帝ニコライ二世一家が処刑された場所であり、ソ連崩壊後は、エリツィン大統領の政治基盤があった都市としても知られるようになった。

啓蒙専制君主として知られる女帝エカチェリーナ二世を記念した都市エカテリノダール Ekaterinodar（エカチェリーナ二世の贈り物）もダール（贈り物）だけを残して、クラスノダール Krasnodar（クラスノが赤を意味するので「革命の贈り物」の意）に変えられていた。

ロシア東南部、ボルガ川下流とツァーリッツア川（王女の意）が合流する地点に建設されたツァーリツィン（王女の町）は、水運、軍事の要衝だったため、革命に続いておこった内乱のときも、スターリンが率いる革命軍によって防衛されていた。

そのため、一九二五年、スターリンがレーニンに代わって指導者となったとき、この町はスターリングラード Stalingrad（スターリンの城塞都市）と改名された。そして、このスターリングラードは、第二次世界大戦中、侵攻してきたドイツ軍に対してソビエトが反撃に出て、ここからドイツ軍をベルリンまで押し戻す基点ともなった。

しかし、レーニンの後継者となったスターリンに対しては、その死後、フルシチョフによって厳しいスターリン批判がなされ、それと同時にスターリングラードも、もとの名に変えられてしまった。

このほかにもスターリンは、百カ所以上も自分の名にちなんだ地名をつけたが、米ソ冷戦の終わりをアピールしたフルシチョフは、これらをすべて改名していった。

フルシチョフの後継者ブレジネフ書記長の時代にも、彼らを記念した地名が残されたが、それらもペレストロイカ時代には、とくに影響力の強かったブレジネフ、ウスチノフ（国防相）、アンドロポフ（書記長）、ザゴルスキー（書記）にちなんだものから優先的に改められていった。

モスクワの西北にあるトベリ Tver は、一九三一年に死んだソビエト連邦最高会議幹部会議長のカリーニンを記念してカリーニンとされたこともあった。しかし、彼を記念した地名はここだけではなく、リトアニアとポーランドにはさまれたロシアの飛び地、バルト海に面したケーニヒスベルク（Konings「王」と berg「丘」で「王の丘」）も、「カリーニンの町」という意味で、カリーニングラードとされた時期がある。ここがプロイセンの領土だった時代には、哲学者イマヌエル・カントの生誕地として有名だった。

ペレストロイカ以降、変更された主な地名

白ロシア→ベラルーシ　カザフ共和国→カザフスタン

ウズベク共和国→ウズベキスタン　トルクメン共和国→トルクメニスタン

タジク共和国→タジキスタン

アンドロポフ→（共産党書記長）→ルイビンスク

ウスチノフ（国防相）→イジェフスク

ウリヤノフスク（レーニンの本名、ウリヤノフ）→シンビルスク（白い川の町）

エンゲルス（社会主義学者）→ポクロフスク

オルジョニキゼ（共産党運動家）→ウラジカフカス（カフカス人の占領地）

カリーニン（最高会議幹部会議長）→トベリ

カリーニングラード→ケーニヒスベルク（王の丘）

カールマルクスシュタット（カール・マルクスの都市）

→ケムニッツ（石の川）［旧東ドイツ］

キーロフ（共産党書記）→ビャトカ

クイビシェフ（国家計画委員会委員長）→サマラクイビシェフカ→スボボドヌイ

クラスノダール（革命の贈り物）→エカテリノダール（エカチェリーナ2世の贈り物）

ゴーリキー（社会主義リアリズム小説家）→ニジニノブゴドロ（下流の新しい都市）

ザゴルスク（共産党書記ザゴルスキー）→セルギエフポサド（聖セルギーの町）

スターリナバード（共産党書記長スターリン）→ドゥシャンベ（土曜から2日目）

スターリニリ→ツヒンバリ

スターリノ→ドニエツク（ドネツ川の都市）

スターリン→ブラショブ［ルーマニア］

スターリン→バルナ（黒の町）［ブルガリア］

スターリングラード→ボルゴグラード（ボルガ川の都市）

スターリン山（共産主義峰）→イスマイル・サマディ山（聖イシュマルの山）［タジキスタン］

スベルドロフスク（中央執行委員会議長スベルドロフ）→エカテリンブルク（エカチェリーナ2世の都市）

フルーンゼ（共産党運動家）→ビシュケク（ペルシア語で「太守」）

ブレジネフ（共産党書記長）→ナベレジヌイ・チェルヌイ（丸木船のある河岸の町）

レニングラード→サンクト・ペテルブルク（聖ペテロの都市）

レニンスククズネツキー（スターリンスク）→ノボクズネツク（新しい鍛冶屋の町）

第4章

大航海時代が「世界」を発見した

イースター島のモアイ（チリ）
南太平洋、ポリネシアの東端にある火山島。オランダ人が1772年4月5日、キリスト教の復活祭イースターに発見したことから名づけられた。海に向かって立つ巨石像モアイはアジア起源の遺跡であることがわかっている。

カサブランカは「白い家」

十世紀頃、イベリア半島では、イスラム教徒に支配されていた国土をキリスト教徒が取り戻し、国家の建設をはかろうとするレコンキスタ（再征服）運動がおこる。同じ頃、人びとの地中海世界に対する興味もしだいに失われていった。もはや文化的、経済的に刺激がなくなってしまったからである。

一一四三年、レコンキスタ運動に乗じて独立したポルトガルだったが、スペインのカスティリーヤ（城塞）王国に囲まれ、大西洋を背にした国土では、その支配下におかれるのも時間の問題と思われていた。しかし、カスティリーヤをフランスが支援したことに対抗して、イギリスがポルトガルを支援し、一三八六年には、大国カスティリーヤをポルトガルが破り、完全に独立を果たした。

しかし、イベリア半島内で孤立した状態に変わりはなく、必然的に海外に交易の場を求めるほかはなかった。一五世紀に入ると間もなく、ポルトガルは、砂糖栽培のために、まずモロッコに進出した。映画ですっかり有名になったカサブランカは、一五一五年にポルトガル人が海賊対策として建設した都市だ。ポルトガル語のカサ casa（家）とブハンコ branca（白）で「白い家」を意味する。カサブランコは、のちにスペインに支配権が移り、スペイン語化したためカサブランカとなった。

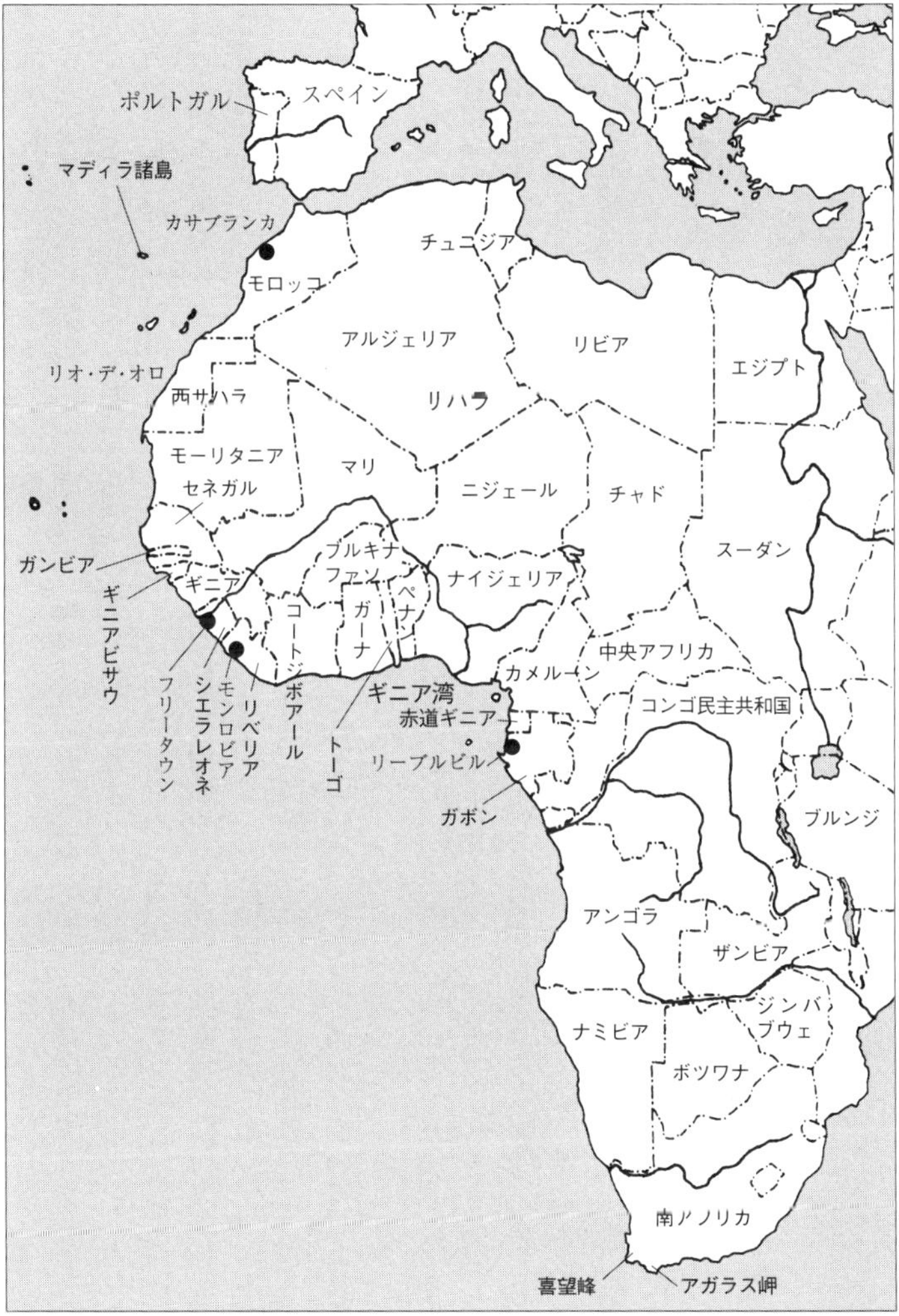

ポルトガル
スペイン
マディラ諸島
カサブランカ
チュニジア
モロッコ
アルジェリア
リビア
エジプト
リオ・デ・オロ
西サハラ
サハラ
モーリタニア
マリ
セネガル
ニジェール
チャド
ガンビア
ブルキナファソ
スーダン
ギニア
ナイジェリア
ギニアビサウ
コートジボアール
ガーナ
ベナン
中央アフリカ
カメルーン
フリータウン
シエラレオネ
モンロビア
リベリア
トーゴ
ギニア湾
赤道ギニア
コンゴ民主共和国
リーブルビル
ガボン
ブルンジ
アンゴラ
ザンビア
ジンバブウェ
ナミビア
ボツワナ
南アフリカ
喜望峰
アガラス岬

ポルトガル人は、一五世紀の初期には、モロッコ沖七〇〇キロのところに、マディラ諸島を発見した。ここは古代ローマ時代からすでに知られていたようだが、ポルトガル人のペレストレロが再発見した形になった。マデイラ Madeira は「森、木材」を意味するように、発見当初は、良質の樹木に恵まれていたが、土地は切り開かれて穀物畑やブドウ園、砂糖栽培に利用された。発酵させたブドウ果汁にブランデーを加えるマディラ・ワインは現在でも有名である。ちなみに、マディラの総督となったペレストレロの娘フエリバは、探検家コロンブスと結婚する。

ポルトガル人は、さらに南への航海を続けた。それと同時に、アフリカ西海岸沿いに北上してくる海流や風から逃れて帰還する航路探しに躍起になった。

その結果、一四二七年、デ・セゼルによって発見されたのが、リスボンの西、約一五〇〇キロの沖合に浮かぶ九つの島であった。彼はその島々にアソーレス（タカ）と名づけた。現在のアゾレス諸島 Azores である。火山島のようすから、ここが伝説のアトランティス大陸の一部かと考えられたこともあった。

彼らは金の産地にも興味をもった。イスラム教徒によって、金が西アフリカからサハラ沙漠を越えて北アフリカに運ばれていたことを知ったポルトガル人は、西アフリカの西北海岸地域をリオ・デ・オロ Rio de Oro（砂金の川）とよび、そこへと船団を進めた。かつてのスペイン領サハラ、現在の西サハラである。しかし黄金はすっかり涸れて、そこは文字どおりサハラ Sahara（荒れた土地）となってしまっていた。

ギニアとリベリアの間に位置するシエラレオネは、一四六〇年にポルトガル人が訪れた。半島と半島の背後にある山がライオンの背に似ているというので、セラ・ダ・リオア半島 Serra da Lioa（ライオンの背）と名づけられた。しかしその名が、スペインで出版された地図ではシエラレオネ Sierra Leone（ライオンの山）と記されたため、この地名が一般的になった。

象牙海岸と奴隷海岸

アフリカ大陸をシエラレオネあたりまでポルトガル人たちが南下するようになった頃、農業、産業の労働力が求められるようになり、奴隷貿易がさかんになりはじめた。それまでも小規模ながら黒人奴隷の獲得はあったが、この頃からギニア湾沿岸は奴隷貿易の中心地となってゆくのである。

シエラレオネのとなり、リベリアには穀物海岸、あるいは胡椒海岸とよばれる場所がある。文字どおり、コショウをはじめとした香料などの輸出港としてにぎわった。

その東隣、コートジボアールの沿岸は、かつて象牙、奴隷の輸出港、象牙海岸《アイボリー・コースト》として有名だった。そのフランス語名もコート côte（海岸）とジボアール d'Ivoire（象牙の）を合成したものだ。今では地図から消えているが、人類史の汚点ともいえる地名がナイジェリアにあった。旧首都ラゴスの海岸部は、奴隷貿易の中心地だったことから、かつては奴隷海岸とよばれていた。ポルトガルに続いて、一六世紀以降は、スペイン、イギリスが新世界である西インド諸島やアメリカ大陸に、ここから奴隷を送り続けていたのだ。

奴隷貿易は、一五世紀から一八世紀にかけて、大西洋に面したセネガルからアンゴラまでのほとんどの地域でおこなわれていた。

しかし、やがて奴隷解放の足跡も地名に刻まれていった。ガボンの首都リーブルビル Libreville は、一八四九年、フランスが奴隷解放の拠点とするために建設した都市であり、シエラレオネの首都フリータウン Freetown も、アフリカや西インド諸島で解放された奴隷のために、イギリスが建設したものだ。ともに「自由の町」を意味する。リベリア Liberia は、国そのものが、アメリカの解放奴隷が帰還入植するために建国された国で、国名もリバティ Liberty（自由）だ。そして、その首都であるモンロビア Monrovia は、一八二二年、アメリカ合衆国の移民協会が、奴隷解放のために建設したはじめての都市で、当時のアメリカ合衆国第五代大統領ジェームズ・モンローの名をラテン語化したものである。ちなみに、解放奴隷はアメリコ・ライベリアンとよばれ、リベリア全国民の八パーセント（約二〇万人）を占めている。

嵐の岬が喜望峰に

ポルトガルの最終的な目的はインドだった。彼らが西アフリカに沿って南下したとき、海岸線は、シエラレオネあたりから目的の方角である東に向いた。一時は、そのままインドにいたると希望をふくらませたが、海岸線はふたたび真南に向かってしまったのだ。意気消沈してしまった

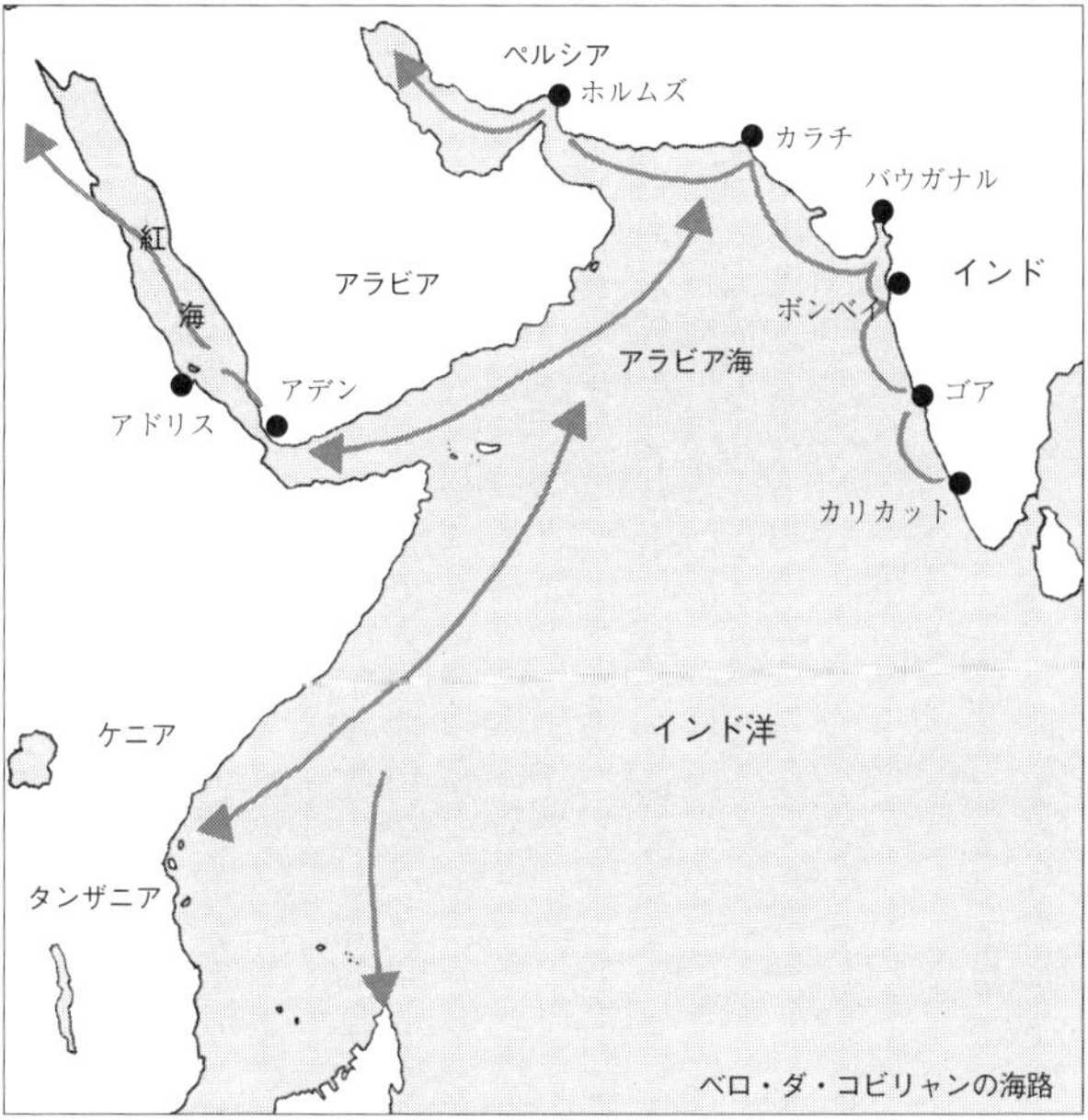

ベロ・ダ・コビリャンの海路

ことはいうまでもない。

しかし一四八一年、ジョアン二世がポルトガル王になると、ふたたび、インドを求めて探検隊が派遣されるようになる。一四八七年、バルトレメウ・ディアスは、それまでの誰よりも思い切って南下した。南に進むほど激しくなる嵐に押し流されそうになりながらも南下すると、アフリカ大陸の東に海が広がっていることがわかった。彼は、この嵐にちなんで、その岬をカボ・トルメントソ Cabo Tormentoso（嵐の岬）と名づけた。

しかしジョアン二世は、この名をよしとしなかった。その岬はきっとアフリカ大陸の最南端に違いない、これ以上南に向かうことはなく、必ずインドへ向かう、そう希望したい、ということから、「嵐の岬」をカボ・ダ・ボア・エスペランサ Cabo da Boa Esperança（希望の岬）と改名した。喜望峰 Cape of Good Hope である。

かくして、彼の命名は現実のものとなった。一四九七年、ポルトガルの航海者バスコ・ダ・ガマがこの岬をまわり、インドへ到達したのだ。彼らは喜望峰をまわって、羅針盤の針が北東に切り替わる最南端の岬をアガラス Agulhas（針）とよんだ。

ポルトガル人が最初に行き着いたインド西南海岸には、その地の人がコジコデ Kozhikode とよぶ地方があった。しかし彼らの耳には、聞き慣れないこの地名はカリカット Calicut と聞こえたという。そのため、そこはカルカッタとなり、ここで織られていた薄地平織りの光沢ある綿布はキャラコ（calico）という名で世界に広まった。

ところでバスコ・ダ・ガマは、いざインドに向けて出航するとき、現在のタンザニア、ケニアのアフリカ東海岸出身のアラブ人を水先案内人として同行している。アラビア海を熟知している彼らの航海術を学ぶ目的もあった。

一四八八年、バルトロメウ・ディアスがポルトガルを出発したのと同じ年、エチオピアへの陸路を発見するため、ペロ・ダ・コビリャンは地中海を東へ進み、エジプトからアデン（現在のイエメン）へ行き、そこから同じようにアラブ人とともにインド洋を渡り、ゴア、カリカットへゆき、そこからエチオピアへ入っている。ゴア Goa は一六世紀にポルトガル領となった東洋貿易の中心地で、地名は古代インドの叙事詩『マハーバーラタ』にでてくるゴマテック Gomantek

（楽園）に由来している。当時すでに、地中海から紅海へ抜けてインド洋へ向かうルートも探求されていたのだ。

ボンベイもポルトガル語が影響した地名である。現地名は漁師たちに信仰のあったムンバ・デビ女神に由来するムンバイム Mumbaim だったが、ポルトガル語表記でボンバイン Bombain、イギリスが支配したときにボンベイ Bombay となった。

アメリカ命名秘話

一五世紀末のヨーロッパ列強の大航海は、アジアへの航路を確実なものにするためのものだった。先鞭をつけた国がのちのちの権利を得ることができるとあって、主要国は競って探検隊を派遣していた。当時は、ポルトガル人がアフリカの喜望峰をまわってアジアへの航路を開こうとしていた矢先だったため、同じルートを取れないコロンブスは、地球は球であるはずだから、ポルトガル人とは反対方向に回ってもいずれはアジアに到達するはずだと考えた。

彼はこの考えをもって、スペイン・カスティリーヤの女王イサベルを説得し、資金を得ると、一四九二年、最初の航海に乗り出した。当時の人びとは、世界、地球を実際よりもずっと小さいものと考えていた。大陸はヨーロッパ、広大なアジア、アフリカからなるものと信じており、南北両極の近くまでにもおよぶ巨大なアメリカ大陸、そして太平洋のことはまったく想像外だったのである。

この先入観のために、コロンブスは大きな過ちを犯すことになってしまうのだが、彼のアメリカ大陸の発見は、やはり大航海史上、最大、そして最高の発見だった。彼は最初に、現在のバハマ諸島にある島（サン・サルバドル島）に着く。そのとき彼は、この周辺の島々を、アジア大陸の東端に近づいたものと考え、「インド諸島」とよんだ。次いで、ハイチ、ドミニカ共和国のある島（のちにイスパニオラ島）にいたったときに金山の話を聞き、ここがマルコ・ポーロの『東方見聞録』（十三世紀末）以来、噂に聞く黄金の国ジパング（日本）だと思い込んでしまったのだ。

カリブ海も、イスパニオラ島でカニブという凶暴な人喰いの噂のある人びとの話を聞き、「カリブ」と名づけてしまった。当時、『東方見聞録』の影響はそれほど大きかったのだろう。ポルトガル人たちは、とにかく中国沖に到達したと思い込んでいたわけで、カニブは契丹（カタイCathay＝モンゴル）のチンギス・ハンの軍隊に違いないと思ってしまったようだ。

コロンブスは、一四九三年に二度目、一四九八年に三度目の探検航海に出て、三度目にしてようやくインド諸島を過ぎて、現在の中央アメリカに到達した。

彼は、その後、一五〇四年にスペインに戻るまで、四度、大西洋を横断して探検を繰り返したが、最後まで彼はアメリカをアジアであると思い込み、新大陸を発見したとは気づかなかった。彼が名づけた「インド諸島」は、現在、「西インド諸島」とよばれている。

このコロンブスの史実がありながら、アメリゴ・ベスプッチの名前をもとにアメリカという大陸名をつけたのは、フランスのストラスブール大学で地理学を教えるドイツ人のバルトゼーミュ

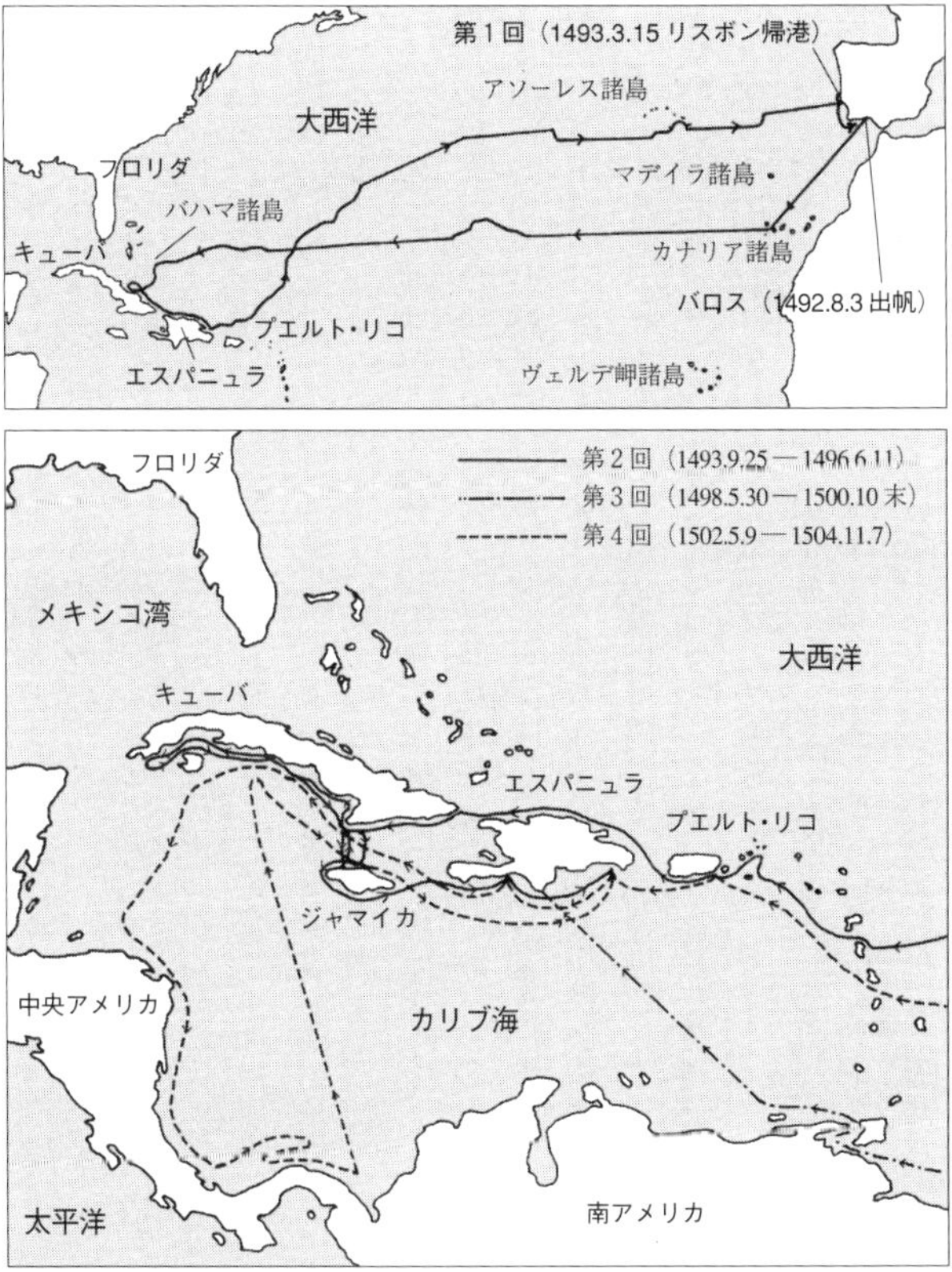

コロンブスの航海
第2回の航海で、コロンブスはキューバ、ジャマイカ沿岸を探検し、第3回の航海で南アメリカ大陸に到達した。第4回で迷走したのは、香料諸島に向かうために海峡を探したから。

ラーだった。一五〇七年、彼は『世界誌序説』をラテン語で著すにあたって、新大陸の発見者をアメリゴ・ベスプッチだとしてしまったのだ。

彼は、アメリゴの名をラテン語で表記するとアメリカス Americus だから、この大陸を「アメリカスの国」、アメリカ America とよぶことを提唱したのだった。彼は、それまで地名が書かれていなかった新大陸にこの名を書き入れて紹介したのだが、発見以来無名だったこの地に地名を求める声が高まっていたこともあって、この名はすぐに受け入れられてしまった。

バルトゼーミュラー教授が誤りに気づいて訂正した地図を出したのは、一五一三年になってからで、このとき彼は新大陸部分に「未知の土地」Terra Incognita と書き、さらに、この大陸と周辺の島々は実はコロンブスによって発見されたとしたが、すでに遅かった。この機に、コロンブスの新大陸への派遣国だったスペインはコロンブスが命名したインディース Indies を主張したが、ヨーロッパ全土で「アメリカ」の名はすでにひとり歩きをはじめてしまっていたのだ。

しかし、なぜバルトゼーミュラー教授は誤ってアメリカとしてしまったのだろうか。もちろん、新大陸の命名をアピールすることに長けていたということもあったろうが、そこに、アメリゴ・ベスプッチの才覚があったことはあまり知られていない。

アメリゴ・ベスプッチはその生涯において、一四九七、一五〇〇、一五〇一、一五〇三年の四度、アメリカ大陸の探検にでかけたことになっている。アメリゴはこの最初の航海で、コロンブスよりも一年早く大陸に到達した、と主張したのだ。しかし一四九七年の探検は、実は一四九九年のことで、それも隊長として参加したのではなかった。しかもその探検のきっかけも、コロンブスの大成功に触発されてのことだったのである。それでも彼が注目されたのは、彼のフテン語による新大陸の風土、人びとの描写が巧みだったこと、そして何よりも、当時は誰もそこが新大陸であるとは考えていなかった、ということによる。

アメリカという大陸の命名の裏には、二人の探検家の人生の綾も隠されているのである。

架空の地名だったカリフォルニア

マルコ・ポーロの『東方見聞録』以来、インド、東洋に対する西欧人の期待はさらに大きくなった。黄金の国ジパングがあり、空想の島、不老不死の泉が湧くというビミニがあるなど、人びとの夢はふくらむ一方だった。

コロンブスとともに航海し、プエルト・リコに植民地を建設したスペインの探検家ファン・ポンセ・デ・レオンは、インド諸島にまつわる黄金伝説を調査するため、カリブ海の探検に出た。そして偶然、フロリダ半島を発見した。一五一三年四月二日のことだった。ちょうど花の季節であり、スペインでは花のイースター Pascua Florida（復活祭）が祝われる日であることを記念して、彼はここをフロリダ Florida と名づけた。そしてフロリダの東八〇キロにある島々はビミニ諸島とされたが、こちらでは不老不死の泉が発見されたわけではなかった。このフロリダは、一八一九年に、アメリカ合衆国がスペインから購入し、一八四五年にアメリカ合衆国二七番目の州となった。

当時、フロリダの発見は、またひとつ新しいインド諸島の発見として受け取られた。中世のフランス詩『ローランの歌』のなかに、カリフォルヌ Californe という想像上の国が出てくる。一五一〇年頃のスペインの作家モンタルボによるこの物語では、カリフォルヌはインド諸島の奥深くにあるカリフォルニア California という島になった。そのため、アメリカ西海岸がスペイン領となったとき、その北部はインド諸島の奥にあたるとされ、その物語によって、「カリフォルニア」と名づけられることになったのだ。

現在のアメリカにあるプエルトリコは、スペイン語のプエルト puerto（港）とリコ rico（豊かな）で「豊かな港」である。一四九三年、コロンブスがここを発見したとき、インディオがさまざまな贈り物をもって海岸にやってきたので、プエルト・リコと名づけたといわれる。その後一五〇八年に、ファン・ポンセがここを治めることになり、島の名を彼の名にちなんで、サン・ファン San Juan（聖ファン）とした。しかし、この島と本国との間で貿易がさかんになると、港のプエルトリコの知名度がヨーロッパで高まり、その名が島の名に、サン・ファンは都市名になってしまった。

木の名前がブラジルに

一四九二年、コロンブスの新大陸発見のあと、ローマ法王アレクサンドル六世は、スペインとポルトガルの過熱する探検合戦を調停するため、アゾレス諸島の西約一〇〇リーグ（一リーグ＝五・五五キロ）に境界線を引き、その線の東の新領土をポルトガルに、西側（これから発見されるだろう未知の土地）のすべてをスペイン領にするという裁定を下した。地球は球なのだから、まったく意味のない裁定なのだが、とにかく世界をこの二つの国で分けるということになったのだ。

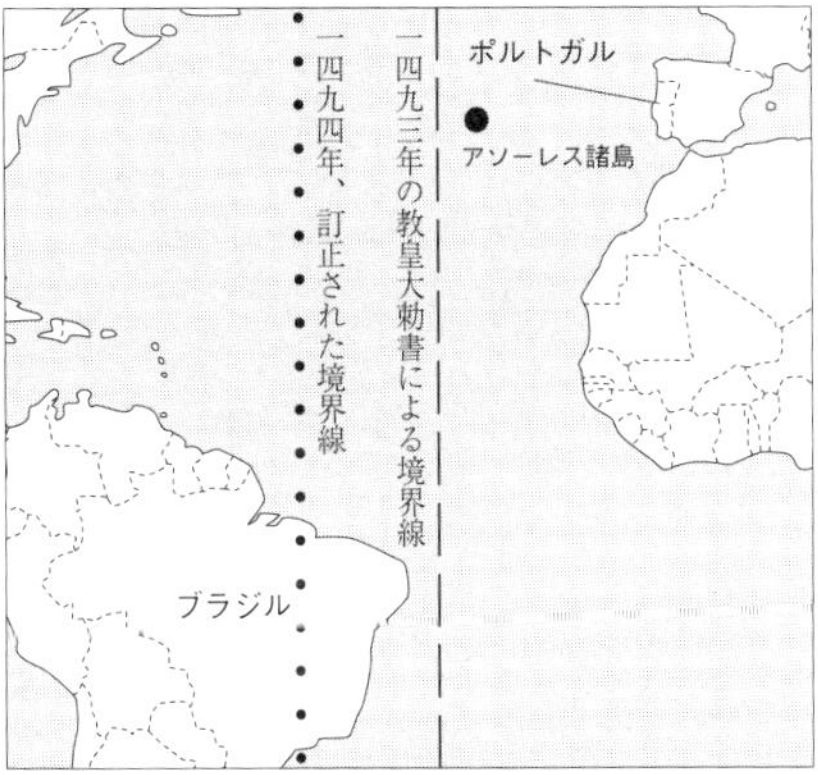

この裁定には、ポルトガルが航海術については優位にあり、正確に近い地図をもっていたことが影響したようだ。事実、翌年、ポルトガルはその線を二七〇リーグ西へ動かそうと画策した。

動かしてほしいというのだから、何か秘密があるはずなのだが、ポルトガルはこれに成功。結果として、アゾレス諸島の西約二〇〇〇キロ、西経四六度を越えたあたりで新たに線引きされることとなった。

実はこのとき、ポルトガルはすでにブラジルを発見しており、スペインはまさか南アメリカ大陸がそんな東に位置しているとは知らなかった、ということが真相のようだ。というのは、一応、ブラジルは、一五〇〇年にはじめてポルトガルのカブラルが発見したとされているからだ。

一五〇二年一月一日、彼らは南アメリカ大陸に細長い入り江を発見したが、これがあまりにも細かったので川と勘違いして、リオ rio（川）ジャネイロ janeiro（一月）、リオデジャネイロ Rio de Janeiro（一月の川）と名づけてしまった。

英語で「火鉢」はブレージア（brazier）、フランス語の古語にブレーズ braise（残り火）という言葉があるように、ブレーズという言葉には赤のニュアンスがある。濃い赤色の染料をとる蘇芳《すおう》はマメ科の小高木で、燃えるような赤色のマメのさやを使うことからブレーズ・ウッド、やがてブラジルウッド（brazil wood）とよばれるようになったという。

大航海時代のポルトガル人たちは、ヨーロッパからはるか離れたこの南米の地でこのブラジルウッドの林を発見し、その地をブラジル Brasil とよぶようになったのだ。

ポルトガル人は、当然、ここをポルトガル領と主張し、多くの開拓者が海岸線を北へ南へ、そして奥地へと進み、結局は南アメリカ大陸の半分近くを手に入れたのだった。

「よい風」という都市名は?

コロンブスによる西インド諸島発見のあとも「インド」への探検は続いた。

一五一五年、スペインの探検家バルトロメ・ディアスは、すでにポルトガルが領土を主張した南アメリカ大陸のさらに南の沿岸に到達し、広い入り江を発見した。しかし彼は、その大きさから入り江とは思えず、きっとこのまま進めば大陸を通り抜けてインドに到達できるに違いない、と考えた。期待を胸に船を進めたものの、入り江の水がしだいに淡水に変わっていったので、ここは川だと認めざるをえなかった。そこで彼は、ここをちょっとした無念さもあったのだろうか、マル・ダルチェ（淡水の海）とよんだ。

一五二六年、スペインの宮廷に仕えていたイギリスの航海士セバスティアン・カボットが、ふたたびこの入り江にたどりついた。そのとき銀の飾りを身につけた先住民に出会ったことから、彼はこの入り江をラプラタ川 Rio de la Plata（銀の川）とよんだ。

ここには、スペインの総督府がおかれ、一七七六年まで、南アメリカ大陸南部の中心地としてさかえたが、一八八三年に独立したとき、スペイン本国の圧政を忘れるため、プラタ（銀）はラテン語で同じ「銀」を意味するアルゼンタム argentum に変えられ、国名はアルゼンチン Argentina となった。

一五三五年、この地に最初に移住したのは、スペイン人のペドロ・デ・メンドーサだった。彼はその場所にシウダ・デ・ラ・サンティシマ

・トゥリニダド・イ・プエルト・デ・ヌエストゥラ・セニョラ・ラ・ビルヘン・マリア・デ・ロス・ブエノス・アイレス Ciudad de la Santisima trinidad y puerto de nuestra señora la virgen Maria de los buenos aires（三位一体祭の都市とよい風に恵まれた聖母マリアの港）というなんとも長い名前をつけた。町を建設した日が、カトリック暦の三位一体祭の日だったことと、船乗りが順風をよぶと信じていた聖母マリアに祈っての名前だった。しかしこの町は、先住民のインディオの襲撃によって滅び、放棄されてしまう。

一五八〇年、再び都市が再建されたとき、過去の名前にちなんでサンタ・マリア・デ・ロス・ブエノス・アイレスと、いくらか短い名前にされた。「よい風をもたらす聖母マリア」である。現在では、多少縮められたその名もさらに省略されて、ブエノスアイレス Buenos Aires となっている。食堂で酔っぱらった港湾労働者が、給仕の女性を相手に踊ったことからはじまったというアルゼンチン・タンゴの発祥地でもある。

ハワイとは「神のおわす所」

キャプテン・クック、本名ジェームズ・クック James Cook。一八世紀に活躍したイギリスの探検家である。クックは航海術に優れた探検家であっただけでなく、数学、天文学、測量術にも秀でていた。大航海時代の探検家たちの本音がおおむね宝探しだったのに対して、クックは科学的な探査・調査で大きな業績を上げた最初の、そしておそらく史上最高の航海者の一人であっただろう。

三回の大航海を通じてクックは、太平洋の地図に、ハワイやトンガをはじめ、おびただしい数の島名を書き入れた。また沿岸測量や天文観察をおこない、経度測定にもちいるクロノメータの有用性を証明し、壊血病についての論文を著すなど、その功績は多岐にわたっている。

クックにちなむ地名としては、まず、そのものずばりクック諸島、ニュージーランドの最高峰クック山がある。クック諸島は一七七三年にクックが発見したものだが、クック山のほうは本人の記録にはみあたらない。一七世紀半ばにオランダ人タスマンが来航したとき、はじめてここを探検したクックの業績を記念して、あらためて山の名に残したものと思われる。

クック自身が命名したのは、気象衛星「ひまわり」の観測基地があるクリスマス島や、なぜか「天国にいちばん近い島」とよばれるニューカレドニア島、ニューヘブリデス諸島（バヌアツ）などである。クリスマス島は、一七七七年のクリスマスの日に発見された。ニューカレドニアNew Caledoniaのカレドニアとは、クックの故郷スコットランドのローマ占領時代のケルト語で「森」を意味する。またニューヘブリデスNew Hebridesは、スコットランドの北西にあるヘブリデス諸島の名による。

ハワイ諸島のハワイHawaiiはポリネシア語で「神のおわす所」を意味するが、クックは発見当時の海軍総司令官の名にちなんでサンドウィッチ諸島と名づけた。この司令官とは、食事の時間も惜しんでカードに熱中したあげく、パンに具をはさんだファースト・フードを考案したといわれるサンドウィッチ伯爵である。

クックに関係のある地名をもうひとつ、フランスの画家ゴーギャンが愛した島として有名なタヒチ Tahiti（日が昇る地）を主島とするソシエテ Societe 諸島（フランス領）をあげておこう。ソシエテはフランス語だが、もとは英語のソサイエティ Society（協会）で、これはそのときの航海にクックを派遣したイギリス国王立協会の名に由来している。

ヨークシャーの日雇い労務者を父とするクックは自らの力と冒険心によって海軍大佐となり、人びとの尊敬と賞賛を勝ち得るにいたった。その冒険心の軌跡は、太平洋上に残されたいくつもの地名にいまも残っているのである。

最後に、太平洋の島々はオセアニア Oceania と名づけられているが、これは、古代ギリシア語のオケアノスを語源とするオーシャン Ocean（大洋）にラテン語の地名接尾辞 - ia をつけて「大洋州」「大洋の島々」としたことによる。そして、その大洋州はさらに細分化されてミクロネシア（小さな島々）、メラネシア（黒い人の島々）、ポリネシア（多くの島々）と名づけられている。

もとはニューオランダだったオーストラリア

オーストラリア Australia は、ラテン語で南の方角をしめすオーストラリス australis（南）に地名接尾辞の -ia がつけられたものだ。

その起源は、古代ギリシア時代にある。当時、人びとは、フェニキア人の航海を通じて高温の

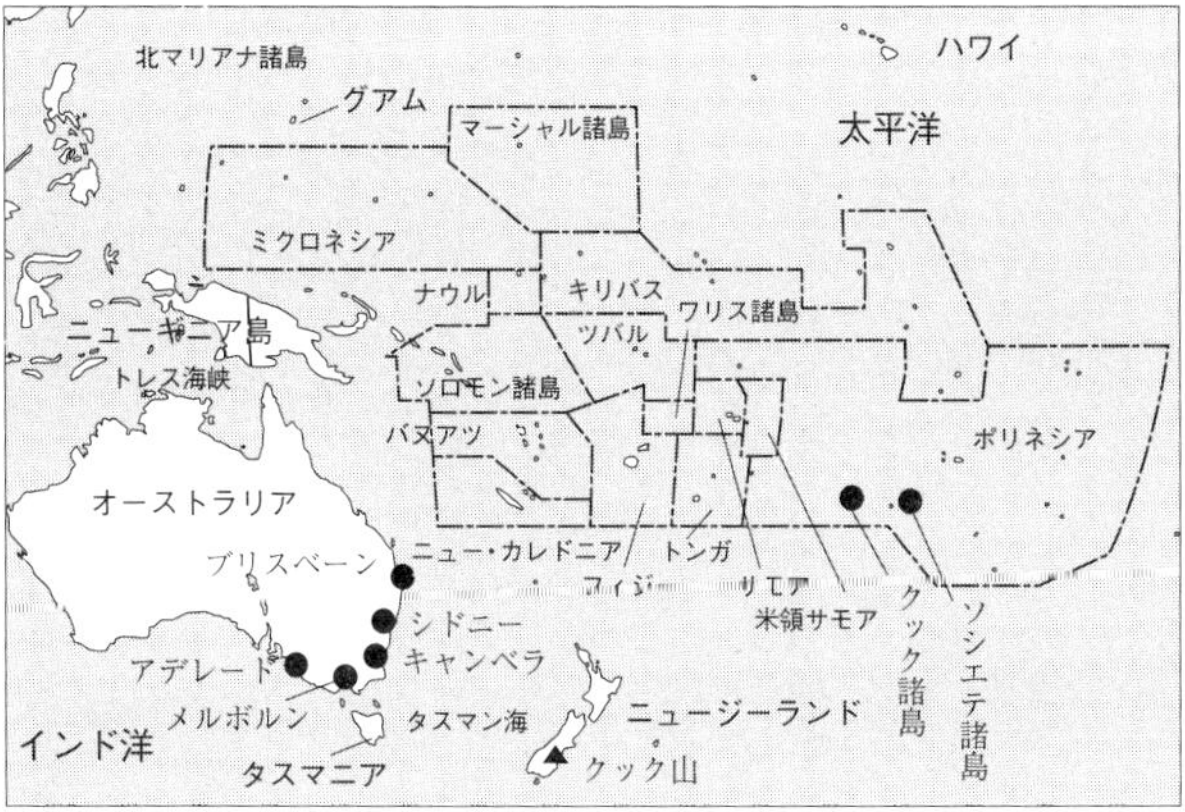

赤道地帯があることは知っていたが、ここを越えることは不可能だと考えていた。彼らが知っている国はすべて赤道から北にあったので、おそらく赤道から南には、北の世界と対称的な国があるものと想像し、その地をテラ・アウストラリス Terra Australis（南の大陸）とよんだのだ。

一五世紀に大航海時代を迎えたとき、海の冒険者たちが、幻の南大陸を求めたことは想像に難くない。しかし、やがてアフリカ、南アメリカが知られて、赤道を挟んで大陸が対称的にあるという考えはなくなったものの、未知の大陸の存在は、なお可能性として彼らの想像のなかに残っていたのであろう。

一六〇六年、スペイン人航海士デ・トーレスは、ニューギニア島を周航したが、未知の大陸と二〇〇キロほどの海峡を通過しながら発見にはいたらなかった。しかし、ニアミスしたことを記念して、その海峡は彼の名をとり、トーレス海峡 Torres Strait とよばれている。

この未知の大陸オーストラリアを発見したのは、オランダ人だった。インド洋を経由してきた彼らはオーストラリアの西岸に上陸し、そこをニューオランダと名づけた。

一六四二年には、オランダ人のタスマンがこのニューオランダを周航した。その際、この大陸の東南にある島を発見。当初、この航海の依頼者であった東インド諸島のオランダ総督バン・ディーメンの名にちなんで、バン・ディーメン・ランドと名づけたが、現在では、その島をふくめた一帯を発見したタスマンの名をとり、タスマニア Tasmania とよばれている。

彼は、タスマン海をさらに東へと向って、大きな群島を発見した。ここには、彼の故郷であるオランダ南部の町ゼーランド Zeeland（海の地）にちなんで、ニューゼーランド Nieuw Zeeland と名づけた。それが英語表記で、ニュージーランド New Zealand となったのである。

ところでオーストラリアは、その後百年以上ニューオランダという名称だったのだが、太平洋でのイギリスの支配権の拡大にともなって、オランダは完全撤退することになり、一八世紀半ばには、大陸の名も古代の伝説の地名を復活させてオーストラリアとなった。

オーストラリアの各都市名も、イギリス名士の名がつけ放題になっている。二〇〇〇年のオリンピックが開かれたシドニーは、一八世紀末のイギリスの内務大臣シドニー卿の名だ。町中にも、イギリスの各都市やロンドン市内のリージェント・ストリート、ハイド・パークといった地名がそのままつけられている。

オーストラリアの第二の都市メルボルンは、総理大臣メルボルン子爵にちなんだものだが、首都キャンベラCamberraは、首都を決める際、シドニーとメルボルンで決着がつかず、当時その中間にあったキャンベラ農場に新首都を建設することになったものだ。キャンベラは先住民アボリジニの言葉で「集会場」を意味する。

イギリス人が定めた首都でありながら、イギリスでなく現地由来の名前をとることは、オーストラリアではきわめて珍しい。

その他、ブリスベーンは、一九世紀はじめのこの地の総督ブリズベーン、アデレードは同じ頃の国王ウィリアム四世王妃アデレードの名にちなんだものだ。地名、都市名が貴族や王妃の名ではあっても、本国から遠いこの地は、シドニーやブリスベーンのように、当初は流刑地、犯罪者植民地として建設されたという歴史も同時にかかえている。

第5章

モンゴルが駆けぬけたユーラシアの大地

パガンの仏教遺跡（ミャンマー）
「(先住民) ピュー族の村」を意味する。1287年、元のモンゴル軍が破壊するまで王都としてさかえていた。10〜13世紀に建てられた小乗仏教の遺跡が多い。中央のアーナンダ寺院は釈迦十大弟子のひとりアーナンダにちなんだもの。周囲は仏塔、パゴダ。

日本に残るアイヌの地名

アイヌとは、かつて、日本の北部から北方領土、さらにはロシアの一部までを活動範囲としていた少数先住民族である。現在は混血などが進み、その定義やどこまで分布していたかなどは研究不足のまま、その文化や世界が失われつつある。しかしアイヌ語で読み解くと、その意味するところがはっきりとしてくる地名が本州にも数多くみられる。

アイヌ語の地名は、自然な状態が簡潔に表現されていたにもかかわらず、文字表記がなかったために、日本人が勝手に漢字をあてて複雑にしてしまった。北海道の地名に、難読、難解なものが多いのはそのためである。さらに、あてられた漢字に影響されてその地名そのものが変化した場合もあった。つまり、今、その発音であっても、もとの発音がわからなくなっている事態にまでなっているものもある。しかし幸いにして、アイヌ語を語源とする地名の多くが実際の地形に符合していることが多く、そこからもとの発音を導き出すことに成功することも多い。こうした問題を含んでいることをふまえたうえで、ここで簡単にアイヌ語の地名をみていきたいと思う。

よくみられる「内《ナイ》」や「別《ベツ》」、「平（ピラ、ヒラ、ビラ）」などは、地名をあらわすアイヌ語だが、ナイとベツは「川」（ナイとベツではその規模が違うとするのが定説だが、どちらを大きな川とするかはまだ議論の分かれるところである）、ピラは「崖」を意味する。有名なところでは稚内《ワッカナイ》（ヤム・ワッカ・ナイ「冷たい（飲み）水の川」のヤムの省略されたもの）、『飢餓海峡』の舞台となった岩内《イワナイ》（イワウ・ナイ「硫黄の多い川」）、また、登別《ノボリベツ》（ヌプル・ペツ「濃厚な川、濁った川」）、古平《フルヒラ》（フレ・

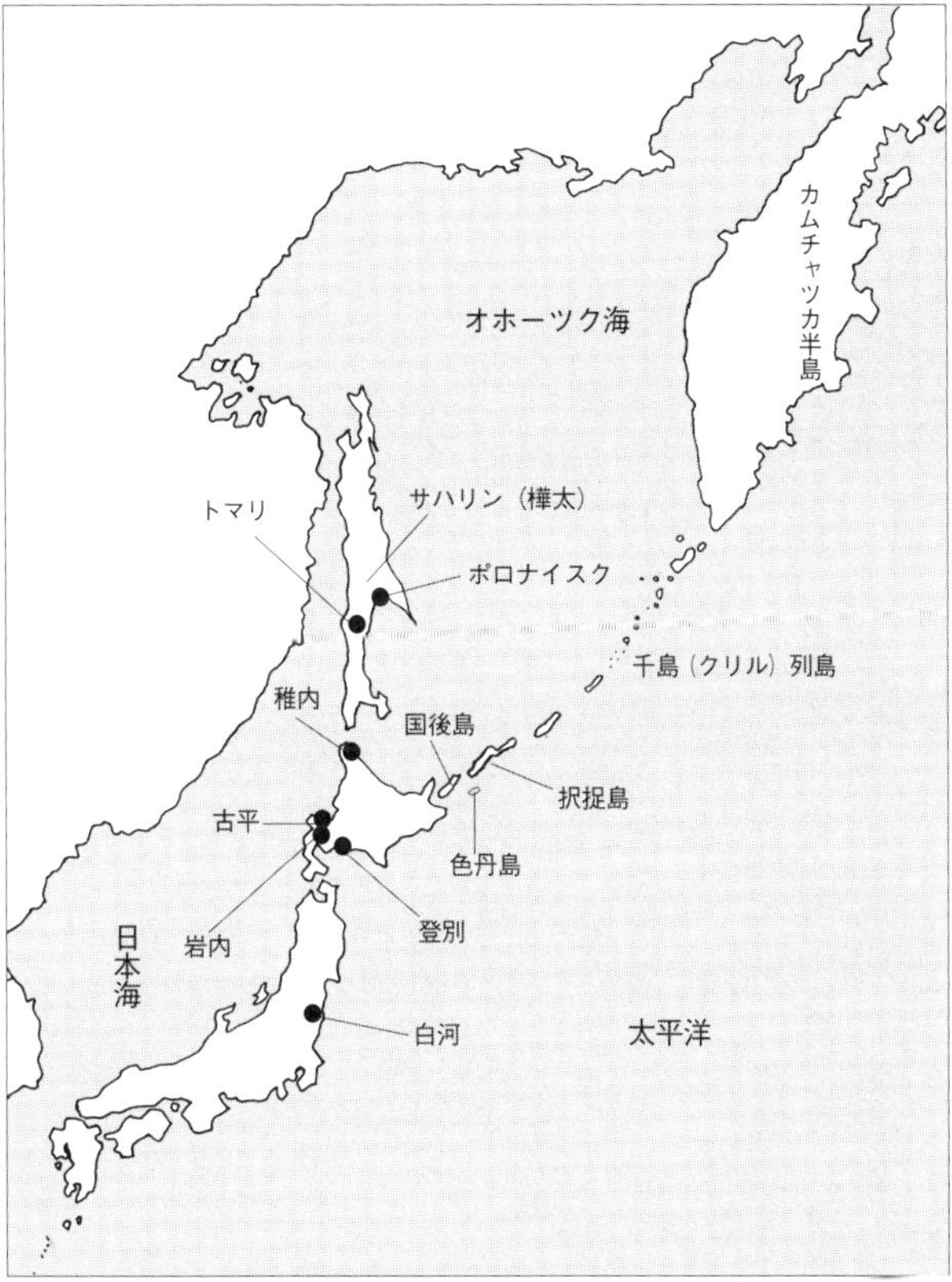

ピラ「赤い崖」、積丹半島を取り巻く断崖が赤く見えたため）などである。

古代、アイヌは北日本にも広く分布していたので、アイヌ語の地名は本州にも多くみられる。やはり東北に多いが、関東、関西にもあるとする研究者も多い。たとえば、柳田国男によれば、東日本に分布する堂満や当間（当麻）という地名もアイヌ語起源（トマム、トマン「沼、沼地」）であるという。彼のこの説によって、アイヌ語の地名が白河以南にも残っている可能性が認められるようになってきた。しかし、アイヌ語と日本語の間に相互関係があったことは確かであり、その境界を明確にすることは難しい。

　ちなみに北方領土には、今も、アイヌ語起源の地名を数多くみることができる。

　千島列島のクリル島は、千島アイヌ語のクル「人」がロシア語化したものだ。また、千島そのものも、もともとアイヌ人がチュプカ「東」、つまり「東の島々」と読んでいたものと、のちに北海道を含めて漠然と「蝦夷が千島」という名称がもちいられていたことから、列島を千島とよぶようになったと考えられる。ちなみに「蝦夷が千島」の「千島」は多くの島、といった意味であった。北方四島の色丹《シコタン》はシ・コタン「大いなる村」(シ「大きな」コタン「村」)、国後《クナシリ》はクンネ・(アン・)シリ「黒い島」(クンネ「黒いところ」アン「ある」シリ「島」)である。また、いくつか説があるが、択捉《エトロフ》はエト・オロ・プ「盛り上がる先のある場所＝岬の(多く)あるところ」、つまりエト「鼻、先端」オロ「その所」プ「盛り上がる」が有力のようである。同じく、歯舞《ハボマイ》はアプ・オマ・マイ「氷のあるところ」(アプ「流氷」オマ「ある」イ「所」)またはハポ・マ・イ「母の泳ぐところ(＝母なる所)」(ハポ「母」マ「泳ぐ」イ「ところ」)などの説がある。

　樺太では、中南部のトマリは「港」という意味で、北海道沿岸、本州沿岸にもトマリとつく地名は、いくつか知られている。また、樺太南部のポロナイスク(敷香)は、ポロ「大きい」、ナイ「川」、ロシア語のスク「渡場集落」の合成語で、「大きな渡し場のある村」という意味で、アイヌ語に起源があるといわれている。

ソウルとは都のこと

韓国の首都ソウルは「みやこ、首都」を意味する固有の韓国語であり、漢字にあてはめることはできない。

京城とよばれていた韓国の首都がソウルとよばれるようになったのは、一九四五年に日本の植民地から解放され、アメリカの軍政下におかれてからである。一九四六年に公布されたソウル憲章の第一章には「京城府をソウル市と改称し、これを特別自由市とすること」とある。そのため「ソウル特別市」は、道には属さず独立した都市となった。

現在のソウルの場所が朝鮮半島の首都となったのは、一三九五年である。朝鮮王朝の太祖である李成桂は、国号を決めるとき、「和寧」か「朝鮮」かと考えた。「和寧」は彼の出身地・咸鏡道永興の別名であり、「朝鮮」は紀元前の檀君朝鮮、箕子朝鮮などの「古朝鮮」に由来するが、もともとは「朝日が鮮明なところ」を意味する。

李成桂は朝鮮王朝をおこした際、旧高麗王朝勢力を排除し、民心の転換をはかるために、高麗王朝の首都・開城から遷都することを考えた。開城は古来から伝わっていた風水地理説においても、すでに智徳の衰えた場所であったので、忠清道鶏龍山《ケリヨンサン》の新都内《シンドネ》に遷都しようとした。そこで、仏教を厚く信仰していた彼は、無学大師という僧侶にそこが首都たるにふさわしい場所であるかを風水で占ってほしい、と依頼した。しかし無学大師は、新都内より漢陽のほうが首都とし

てふさわしいといったため、それに従ったといわれる。

漢陽に遷都するにあたっては、いくつかの伝説がある。無学大師は、李成桂の下で漢陽の都市設計にも加わった。李朝の王宮である景福宮を建てるとき、最初の礎柱を建てようとしても、どうしても倒れてしまう。それを見ていた土地の農夫が、この町は鶴が翼を広げたような形をしており、王宮を建てようとしている場所は鶴の背中にあたるという。そこに建物を建てるには、まず翼にあたる部分を押さえてからでないといけないというので、そのとおりにしてみたら、無事に柱も納まり、王宮を建立することができたという。

風水地理説とは、中国から朝鮮半島に伝えられた陰陽道であり、王朝は「背山臨水、南面山麓、山河襟帯」がよいとされてきた。

李成桂が選んだ漢陽は、北漢山の南に漢江が東西に流れ、北に北漢山、北岳山、南に南漢山、冠岳山と周囲を山に囲まれた自然の要塞であった。漢陽という名前は、風水地理によると、北漢山の南側の麓が「陽」であることからつけられた名である。そこで、李成桂は、漢陽に遷都した後、正式名称を漢城府と定めた。

漢城は、風水によって設計された都市であるが、現在まで六百年以上、政治・経済・文化・交通の中心都市としてさかえ続けている。また中国では、いまも大韓民国の首都はソウルではなく漢城と表記されている。

ソウル市内には、いまも風水にちなんだ地名が残されている。ソウル市の東部に往十里《ワンシムリ》という地名がある。李成桂が王宮を立てる場所を探していたとき、ひとりの老婆に出会い、「王宮はここから十里往ったところだ」といわれた。それが王宮の地となった北岳山麓であったため、その老婆に会ったところが「往十里」となったのだ。

またソウル・オリンピックのメインスタジアムがあった蚕室《チャムシル》は、南山の頂上が蚕の頭に似ていたため、その地徳を生かすためには桑を植えなければいけないということから桑畑をつくり「蚕室」と名づけられたのである。現在は高層マンションが林立する住宅街となっている。

大きな平野―平壌

日本では、韓国の首都というと、いまだに「京城」というイメージが強く残っている。「漢城府」は、一九一〇年の日韓併合によって「京城府」と改称された。京城には、朝鮮総督府、朝鮮軍司令部、朝鮮銀行、朝鮮神宮、京城帝国大学などがおかれ、日本の植民地政策の拠点となった。京城駅(現在のソウル駅)や朝鮮銀行、すでに取り壊された旧朝鮮総督府などは、いまでも東京駅や上野の博物館などにみられるような西洋風の建物が日本によって建設された。

日韓併合後、京城府内は、日本人が住む「町」と、朝鮮人が住む「洞」に住みわけられていた。北部が主に朝鮮人、南部が日本人の居住地となり、ソウル駅から南大門あたりを御成町、明洞は明治町、その他にも並木町、旭町、黄金町、本町などと、町名は日本風に変えられた。しかし戦争が終わり、日本の植民地支配から解放されると、ほとんどもとの名に戻された。

ただ戦後名づけられた忠武路、乙支《ウルチ》路、世宗路といった通りの名前は、英雄の名前にちなんで新たにつけられたもので、民族アイデンティティを象徴するものとなっている。

忠武路の「忠武」は、豊臣秀吉の文禄・慶長の役のときに亀甲船をつくり、日本海で秀吉軍を大敗させた武将・李舜臣の号である。ソウル中心部の光化門の前に立てられた李舜臣の銅像は、いまでも東海の向こうの日本を睨みつけている。乙支路の「乙支」は、六世紀末の高句麗の武将・乙支文徳のことであり、『隋書』によると、乙支文徳は隋軍が高句麗を攻めてきたとき、戦術を駆使して、三十万五千人の隋軍を二千七百人に壊滅したといわれている。世宗路の「世宗」は、李成桂の第三子であり、李朝の四代目国王である。朝鮮固有の文字である「訓民正音（ハングル）」をつくり、政治的にも李朝の基盤をかためた名君である。

北朝鮮の首都である「平壌」の名は、建国神話時代からみることができる。『東国與地勝覧』には「神人が太伯山の檀木の下に降りたので、国人はそれを君主に立てた。神人は檀君王倹と名乗って平壌を都として朝鮮全土の開国神となり、その後は箕子が朝鮮王に封ぜられた」とある。

『三国史記』には「平壌は『地神』王倹の屋敷があったところで、王の都という意味で王倹ともいう」とある。この地は、大同江中流域の高台で、四方を山河に囲まれ、東南に豊かな平野があるため、古くから軍事上も重要な役割を担ってきた。

平壌の意味は、字の如く「平」は大野、「壌」は平地、低地を意味することから、平壌は「大きな平野」のことをいう。

紀元前に衛氏朝鮮の王都であった王倹城は、平壌付近にあったといわれる。紀元後一〇八年に漢の武帝が衛氏朝鮮を倒し、漢四郡を楽浪郡に置いてからは、その首都となった平壌には漢の文化が流入し、楽浪文化が花開いた。その後、四世紀に勢力を拡大した高句麗が楽浪郡を統一してからも、六六八年に高句麗が滅ぼされるまで平壌は常に文化の中心地であった。

高句麗とは「神都」

古代朝鮮では、百済・新羅・高句麗が抗争した時代を三国時代（四〜七世紀）という。

その三国のうち、最初に滅亡した百済は、韓国語では「ペクチェ」と発音するが、日本では「大村」を意味する朝鮮の古語を訓読して「くだら」と読まれている。百済とは五十カ国を超える部族を統合した国家だったので、民衆（百姓）が喜んで従うという意味を込めてそう名づけられたといわれる。

百済では、国内の神聖な山、川、土地に古代朝鮮語の神《コム》と同じ音をもつ「熊」「金」「琴」「錦」などの文字を使った名をつけていた。これらは生命の源であり、繁栄の象徴とされた。その一つが、熊州（いまの公州市）である。公州を流れる錦江《クムガン》も百済時代には熊津《コムガン》とよばれていた。また「コム」の音は、日本の熊野神社にも通じるといわれている。

六六〇年に百済、六六八年に高句麗が滅亡し、最終的に朝鮮半島を統一した新羅は、四世紀後半から「三国史記」に登場する。それによると、新羅の国号は、始祖である赫居世が国を開いて徐那伐《ソラブル》と称し、後に鶏林《タクプル》、そして新羅《シルラ》となったと書かれている。「新羅」とは、「新は徳業日に新たに、羅は四方を網羅する」という意味だという。

慶尚道の古都慶州は、当時は鶏林《ケリム》とよばれていた。「三国史記」には、ある晩、王が金城西方の始林の中で鶏の鳴き声を聞いたことから、始林を改め、鶏林と名づけたとある。「鶏」はタクやトクと読み、「村落」をあらわす古語であり、「林」はプルと読み、火、伐などと同じように、部族国家名の語尾につけられる言葉である。したがって「鶏林」は、「国原」という意味をもつ。その後、高麗によって新羅が滅亡すると、鶏林は現在の「慶州」と改められた。

新羅の始祖赫居世は王都（今の慶州）を「金城」とよんだともいわれているが、「金」は蘇《ソ》や沙《サ》に音が近く、「城」は伐、火などと同じく「城邑、村落」の意味をもつといわれているので、金城は蘇伐、沙伐という古代の地名と同じようによい字をあてはめたにすぎない。徐羅伐、徐那伐や斯羅、斯盧、新羅はいずれも同音意訳である。これは現在の首都ソウルの語源にも通じる。

高句麗の「高」は高句麗王族の氏名で、国号が「句麗」になる。「三国史記」に「始祖朱蒙（東明聖王）は国号を高句麗としたので、高を氏の名とした」とある。「句麗」は、「魏志　高句麗伝」に「溝漊《クル》とは、高句麗で『城邑』をいう」と書かれているが、忽《コル》を間違えて溝漊と表記していて、クルを「句麗」と読み違えたといわれる。「高」は「神《コム》」と同じで「神聖なもの」を意味し、「句麗」は城邑を意味するので、高句麗とは「神都、神邑」ということである。

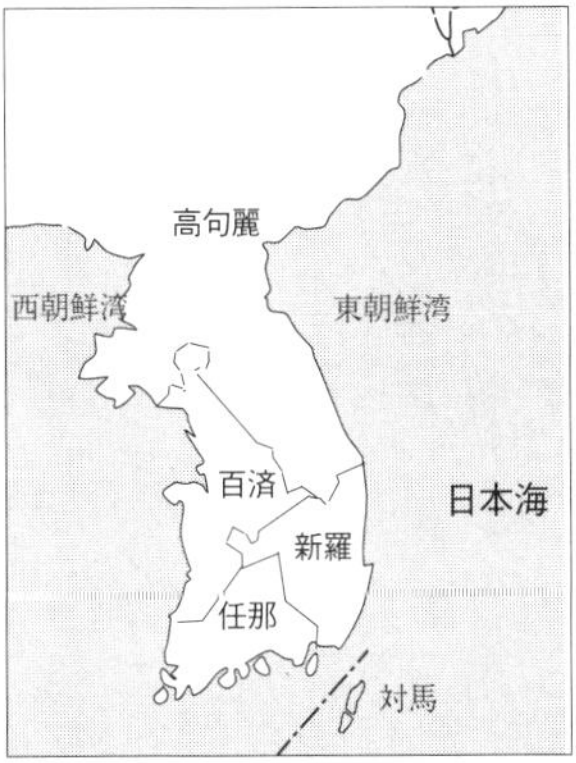

高句麗は日本語で「こうくり」と読むほか「こま」とも読む。一般に「こま」というと「高麗」だが、「高麗」とは「山高くして水麗し」から来た言葉ともいわれるが、高句麗の漢字訳と考えられる。

九一八年に建国された高麗王朝は、松岳（今の開城）の地方豪族であった王建が新羅を倒し、高句麗の後継者であるとして、国号を「高麗」と称したものである。

朝鮮半島を英語でKoreaとよぶのは、高麗王朝に由来する。もともとは十三世紀にモンゴルが日本を制圧しようとしたとき、最初朝鮮半島に侵入したモンゴルが、高麗Koryo（コリョ）をKorea（コリア）と誤って西欧に伝えたためであるといわれる。

旅館だった板門店

最近北朝鮮が、観光収入の目玉として、韓国だけでなく日本の観光客の立ち入りも許可するようになったのが、朝鮮名山の一つ金剛山である。朝鮮半島の背骨のように南北に伸びる太白山脈に属し、平面積は四〇平方キロメートルにおよぶ山水の景勝地である。金剛山には一万二千もの峰が聳え立ち、最高峰の毘盧峰は標高一六三八メートルである。

仏教の霊地である金剛山は、華厳経に「東北海中に金剛山あり。一万二千峰と称し、法起菩薩、常にその中に住す」と記されていることから、一万二千の峰それぞれに仏の名前がつけられていたという。「金剛」の「金」とは鉱物の総称であって貴さをあらわし、「剛」は強さ、固さを意味している。

金剛山は、春は金剛、夏は蓬萊、秋は楓岳、冬は皆骨と、四季によって異なる名前をもつ。「皆骨」というのは、昔、金剛山を「カイコル」とよんでいたため、山の厳然骨立している様子から「皆骨」の漢字があてられたものだ。「蓬萊」と「楓岳」は、仙界にまつわる名称である。

北朝鮮には、そのほかにも妙香山、白頭山という名山がある。

妙香山は標高一九〇九メートルで、平安道と慈江道の境界に位置し、太伯、峨嵋、熊心山ともよばれた。また略して、「香山」ともいわれたのは、コノデカシワの良い香りがするためだという。一説には、樹木の「香気」と山容の「妙」を極めているところからその名となったともいわれる。

中国と朝鮮の国境地帯に横たわる白頭山は、急な崖が多く、なかなか人が分け入れないことから、神秘の山として南北朝鮮の人びとに崇められている。朝鮮の建国神話である檀君神話はここから生まれた。白頭山は朝鮮民族にとって、南北に関係なく朝鮮半島のシンボルであり、韓国の国歌にも歌われている。白頭山は、その名のとおり、山の上部が白く見えることから名づけられた。日本の植民地時代には、抗日パルチザンの拠点であったといわれており、北朝鮮では社会主義革命の聖地とされている。

一九五三年、朝鮮戦争の休戦協定が板門店で結ばれ、現在、ここは南北の非武装地帯として両国の共同管理下に置かれている。休戦会談は、当初、北朝鮮側の開城でおこなわれていたが、会談の場であった来鳳荘という料亭をはじめ、すべての施設が北朝鮮の管轄下にあったため、国連軍側が場所の移動を提案した。そこで、南北の中間点にあり、交通の便もよい板門店が選ばれたのである。

それまでの板門店は高麗時代に「板戸の里」とよばれていた寒村であった。そこにぽつんとあった旅館の門が木の板や床板でつくられていたので「板門店」とよばれ、その旅館の名がそのまま村の名になったといわれるが、旅館の他にも居酒屋、蕎麦屋、雑貨屋であったなど諸説伝えられている。

板門店から南西一・五キロ離れたところに「自由の村」がある。正式には「台城洞」というが、非武装地帯内にあるため国連軍の管理下に置かれていて、実質的には陸の孤島である。三十世帯約二百人ほどの農民がいるが、税金や兵役は免除され、もし戦争がおこれば最前線となる危険があるということから、政府の援助金を受けている。これに対して、北朝鮮側の非武装地帯にある村は「平和の村」という。韓国側からもこの集落をのぞむことができるが、生活のにおいがまったくしないことから、宣伝用の村ではないかといわれている。

板門店の南には、南北に分断されたため、「恨みの川」ともいわれる臨津江が流れている。毎年、旧正月やお盆の時期にこの川岸では、北朝鮮に親戚のいる離散家族たちが故郷や親族を思い、祭事をおこなっている。日本でも大ヒットしたザ・フォーク・クルセイダーズの「イムジン江」は、祖国を分断された悲しみを河の流れに込めた歌である。

釜山—鉄釜の山

チョー・ヨンピルの「釜山港へ帰れ」でおなじみの釜山は、日本海（韓国では東海《トンヘ》）に面した活気のある港町である。新羅時代には「東萊《トンレー》」、高麗時代になると「富山浦」とよばれていたが、釜山とよばれるようになったのは、朝鮮王朝時代の十五世紀であった。釜山港の北にある子城台が鉄釜に似ているためである。『東国輿地勝覧』には「釜山は東平県にあって、山の形が釜を伏せたようであるのでそう名づけられた」と記録されている。

釜山からは、天気がよい日には対馬をのぞむことができる。対馬は韓国では対馬島《テマド》とよばれ、古くから朝鮮半島との交流の拠点になり、室町、江戸時代の日朝貿易は対馬の宗氏が中心となっておこなわれた。釜山はその入口であった。

朝鮮半島から南に約八〇キロ離れた済州島は、ひと昔前は新婚旅行のメッカとして有名な島であった。「済州島」とよばれるようになったのは、一二九五年の高麗時代のことである。それまでは行政的には独立した国として朝鮮半島の属国的な存在であった。高麗時代以前は「耽羅《タムラ》」「耽牟羅《タムモラ》」「乇羅《タクラ》」などと呼ばれていた。その語源は、済州島は昔から石の多い島であり、「耽」は石垣、「羅」は村を意味することから、「石垣の村」であるとか、「耽」は「島《ソム》」の相似音、「羅」は「国《ナラ》」をあらわすことから「島国」という意味であるなど諸説あるが、総じて「島の国」説が有力である。

済州島の「済」は「水を渡る」という意味があるので、「州」という行政区域の単位をつけて、高麗王朝は、「海の彼方にある州」という地理的感覚から「済州」と名づけたといわれている。

薊から北京までの四千年史

中国では、もちろん全人口の九二パーセントの人が話す中国語の地名がもっとも多いのだが、中国の地名で特徴的なことは、故事などがその由来になっている場合、過去の地名から互いの一字を組み合わせてつくったものが多いということだ。

そしてもうひとつ、興味深いのは、同じ地名が頻繁にもちいられることだろうか。

たとえば、黄山《ホワンサン》という名は、山だけで二七カ所、山ではない地名が六カ所もある。山で有名なのは、安徽省合肥県の黄山である。その峰は三百六十といい、山上には泉が湧くので呼竜泉山、または王喬山、道書にいう第一八の福地（道教の聖地）とされている。「昔、王子喬がここで採薬したので、王山《ワンシャン》とよんだが、のちにこれがなまって黄山《ホワンシャン》となった」という。この名は、黄帝がここで修行した伝説によるとされているが、山は特定されていない。ちなみに黄帝とは、伝説上の帝王で、文字、暦法、音楽、医薬などを人びとにもたらした、とされている。また五天帝の一人であり、五行説では土・中央を支配する神である。

同じく「黄山」といわれる場所は、北京市房山県にもある。秦の始皇帝を暗殺しようとした漢の張良が隠れたといわれる場所だ。また、江蘇省にある同名の山は、黄鶴仙人がそこで得道したという伝説からこの名がつけられた。

土壌が黄色であるということでは、北京市延慶県の西北の地、山東省、さらには山西省、河南省、湖北省公安県にもある。

「黄」は、中国では古くから高貴な色、皇帝しか身につけてはいけなかった色であることはよく知られているが、五方（東西南北、中央）では中央、五行では土の色にあたるという特別な色だった。

また、中国語の地名の特徴として、場所が移ることなく、支配者が代わることで、表記、読み方が同時に変わってしまうこともある。

今日の首都北京は、薊→幽州→燕京→中都→大都→北京→北平→北京という長い改名の歴史をもっている。北京は一般的には「ペキン」と発音するが、これは一七世紀の発音であり、今日、実際に中国語を学ぶと、「ベイジン」と発音する。これは日本でも中国でも、現在、公共の場でもちいられている普通話《プートンホア》を習うからである。

しかし、共通の文字をもちいていることは、便利なようでいて不便なことも多い。たとえば、先の「北京」の発音など、実際の現地の発音と、日本人が勝手に音読みしている発音とが必ずしも一致していないのに、それが正しいと誤解してしまったりすることがあるからだ。

もっと深刻なのが、同じ文字を違った意味でもちいていることに気づかない場合だろう。

たとえば「城」という場合、日本では大阪城のような城を想像するが、中国語ではこの言葉は常に「都市」である。はるか昔、外敵の侵入を防ぐために、大きな都市は高い壁でぐるりと周囲を囲っていたことからこの文字をもちいるようになった、と考えられている。

同じように「路」や「道」も、通路としての道や路ではなく、「県」や「省」「州」のように、行政区画をあらわしている。ちなみに「路」は、宋、元時代の行政区画名で、宋代の「路」は明や清代の省とほぼ対応し、元代の「路」は明や清代の「府」に対応する。また、「道」は歴代の行政区画で、漢は少数民族の多い地方に「県」のかわりにおいたもので、唐代の「道」は現在の「省」に相当したが、清末から民国初年におかれた「道」は現在の「地区」に相当する。

中国にもベトナムにもあった東京

北京の古代の名称は薊《ケイ》、春秋時代は燕の国都だった。そののち遼代に陪都がたてられ、ここは燕京《エンケイ》とされたが、金は再びここを正式の都として中都とよび、元は大都と称した。

ここが北京となったのは、一四二〇年、明の永楽帝の時代にさかのぼる。一九二七年、首都が南京に移ったとき一時北平の名が復活したが、一九四九年に中華人民共和国が成立すると首都に返り咲き、北京の名も復活する。

南京《ナンキン》は、現在の江蘇省政府の所在地。清代の江寧府城の地で、三国時代の呉、東晋、宋、斉、梁、陳、南唐、明、太平天国のいずれもがここに都をおいた。戦国時代の楚はここを金陵邑とし、秦は秣陵県、呉の孫権は建業としたが、その後、建康、金陵、江寧府などの名を経て、明代(一四四一年)には北京に対して南京となった。キリスト教を奉じる太平天国軍の時代には、天京(神の都)とよばれたこともあった。その後、一九二七年から三七年、四五年から四九年の間、国民党政府はここを首都とした。

西安《シーアン》は、隋・唐の時代には、都の長安、明・清の時代は西安府の首都であった。中華民国では西京。新中国となってからは陝西省の省都となった。ちなみに陝西省とは、河南県西端の陝県より西にあることからそうよばれた。

ところで、中国にも東京という地名があることはご存知だろうか。

発音はトウキョウではなくトンジンまたはトンチンであるが、漢字表記は東京である。しかも歴史を振り返ると、のべ八都市、路（宋、元代の行政区画）一つ、河一つ、道（少数民族の多い地域などにしかれた歴代の行政区画）二つに、この東京が地名としてもちいられている。

まず後漢（東漢）が都を洛陽においたとき、ここが漢の旧都長安の東にあたることから、長安を西京、洛陽を東京と称した。五七九年、北周は宣宋の時代、洛陽を東京と称した。隋が周を滅ぼすと東京は廃されたが、煬帝が即位した六〇四年、ふたたび洛陽を東京に改めた。しかし、五年後の大業五年に、東都と改称される。

六五七年、唐は洛陽を東都とし、同時に東京とも称し、七四二年には、東京を正式名称とした。長いものでは、五代の石晋（後晋）は、九三八年、溧州に遷都し、溧州を開封府と改めて東京をおこした。このあと、漢、周を経て、北宋（九六〇年～一一二七年）にいたるまで東京とよばれることになった。モンゴル系の契丹は、九三八年、南京を東京と改めた。その故址が今の遼寧省遼陽市にある。また、モンゴル系の遼の、五京道のひとつにも東京の名がつけられている。金は東京道を改めて東京路をおいた。

近いところでは、清王朝はじめの一六二五年、黒竜江省寧安県の西南約三五キロ、牡丹江の南岸に東京州が建設されている。現在、ベトナム北部の湾が東京湾《トンキン》とよばれているのは、ベトナムが中国の支配下にあった一五〜一八世紀には、首都ハノイの旧称が東京だったことにちなんだものだ。

ラサとは「仏陀の地」

広範な中国には、中国語（漢語）のほかに、さまざまな少数民族による、約八十種類もの少数言語がある。そうした地名の特徴としては、一般的に地形、地勢を形容し、表現している場合が多い。

満州語起源の地名では、たとえば、東北三省の一つ吉林《チーリン》省は、満州語チリンで（川沿いの地）という意味であり、吉林はあくまでも当て字である。また、「満州」という語そのものも、仏陀の左にあって獅子にのる知恵の神、文殊師利菩薩の「文殊《マンチユウ》」に由来する。日本人に馴染みの深いハルビンも満州語起源で、ハ（魚）、エル・ビン（日干しするところ）で「魚（網）を日干しする場所」。ハルビンが川辺の町として繁栄していたことをあらわす地名となっている。

逆に漢字名が先で、満州語に後から変化したものに大連がある。大連は、はじめ、青泥窪《チンニワ》とよばれていたが、満州人の進出によってダリン（港、岸）に改められた。そのため李鴻章の時代に漢字名も大連《ターリアン》とされたのだ。その後、一八九九年、ロシアがこの地を占領し、貿易港を建設したとき、ロシアの首都から遠かったという立地条件とターリアンの音がロシア語で「遠い」に近いことからタルニィとなり、それが最終的にターリエンとなった。

同じように政治的な意図で名前が変わっていった地名にフホホト（フフホト）がある。内モンゴル自治区のフホホトは、一六世紀から本営部（宮殿）とよばれてきた地域の縁辺にある都市で、モンゴル語のフフ（青い）とホト（町、城）で、「青い城」という意味である。ここは明代に漢族に征服され、「帰化城《クイホア》」と改名されて中国に組み込まれた。清代になると、近隣に新市街地が建設され、綏遠《スイエン》（遠方の地を鎮め安んじた）と名づけられ、一九一四年に合併するまで双子都市のように共存していた。しかし、合併したときに雲南二省との重複を避けるために、両者の初めの一文字をとって帰綏《クイスイ》。その四十年後（一九五四年）、内モンゴル自治区へ編入され、もとの名前、つまり民族的名称フホホトが復活したという歴史がある。

チベット自治区のチベットは、中国名は西蔵《シーツァン》。シー（西）にモンゴル語ツァン（蔵＝生息地）で、西のこの地に暮らすモンゴル人の土地であることをあらわしたものだ。チベット高原にあるギャンツェ（江孜）は、チベット語で「練土の峰」。漢字は当て字である。インドへ通じる交通の要衝にある。ラサは「仏陀の地」を意味する。

モンゴル語の地名も多くみられる。シルクロードの中継地として知られ、日本と中国が合同で調査をおこなったローラン（楼蘭は当て字）の東にあった湖は、ロプノール（ロブ湖）とよばれるが、その意味はモンゴル語で「泥土の湖」（または「多くの水の集まる湖」）ということだ。この湖は、砂丘が動くように、湖そのものが移動することから、スウェーデンの探検家スウェン・ヘディンが「さまよえる湖」とよんだ。沿岸には塩が結晶化しているため、古くは蒲昌海、塩沢、洛普池などともよばれた。

有名な敦煌の由来は明らかではない。漢字名は、土着の音に、縁起のいい文字（明るく輝く、繁栄する）をあてたにすぎない。中国名では、この地が沙漠の高地にあることから、沙州と名づけられている。

楼蘭の南、アルティン山脈は、トルコ語で「金」を意味する。新疆ウイグル自治区に多いウイグル族はもともとトルコ系の民族で、現在でもトルコ語が通用する。この地域がトルキスタン（トルコ人の国）とよばれるゆえんである。ちなみに新疆とは、清代に設定された新しい国境だったので、そのまま「新しい境」という意味でつけられた名である。

同じくトルコ系遊牧民の言葉で、チュルク語起源の地名に、ツルファン（トルファン）盆地（緑地、果実の実る地）やタシュクルガン（石の丘）などがある。タシュクルガンは新疆ウイグル自治区西南部にあり、おもにタジク、ウイグルなどの少数民族が居住する地域である。

崑崙《クンルン》山脈の西、ムスターグアータ山はカザフ語で「氷山の父」、またはウイグル語で「氷の山」を意味する。崑崙は、漢代の使者による地名で、その荘厳さから「神の山」「霊山」という意味をもつといわれている。

タクラマカン沙漠はウイグル語で「一度迷い込むと出られない」。東西一〇〇〇キロ、南北四

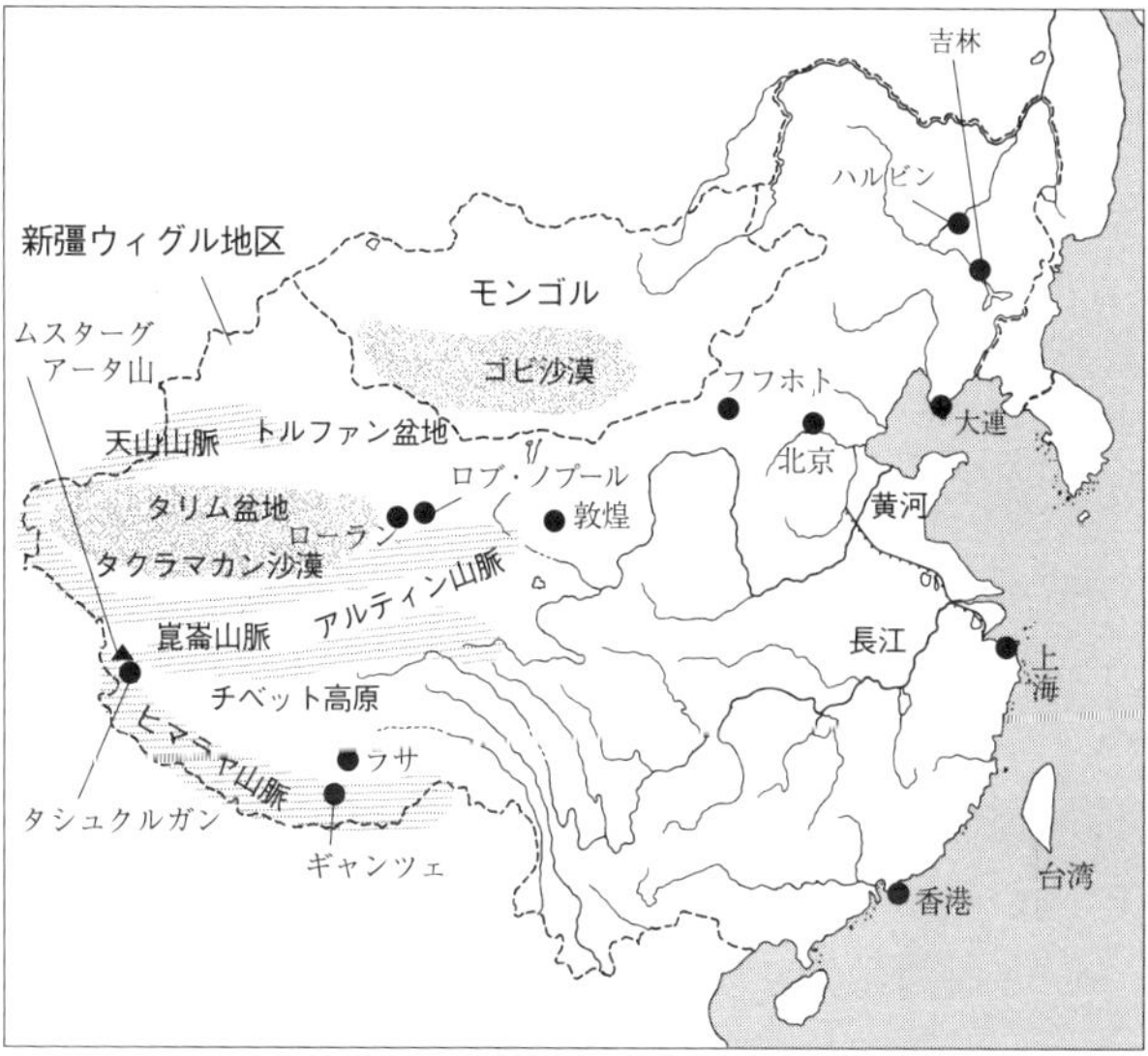

○○キロの中国最大の沙漠である。

フビライはなぜ「元」と称したか

一二世紀半ば、チンギス・ハンがあらわれるまで、中央アジアの草原は、古代には北狄《ほくてき》（北方の未開人）の土地だったが、前三世紀には、トルコ系ともモンゴル系ともいわれる遊牧騎馬民族が匈奴という国をおこすまでになった。中国人たちは彼らを「胡人」、その国を「胡国」とよんだ。つまり野蛮人、未開人の国という意味だが、「胡瓜」「胡桃」「胡麻」など、胡人によって中国にもたらされた珍品は少なくない。

その匈奴も、後一世紀には漢の武帝に敗れて南北に分裂し、北匈奴は後漢に滅ぼされ、一部は西へ、西へと逃れ、黒海北部、ボルガ川下流域あたりでフン族になったといわれている。そしてこの匈奴の西進によってゲルマン民族が刺激され、世界地図を塗りかえる民族大移動がはじまったのである（四九頁参照）。

中央アジアは、以後、モンゴル系の柔然《じゅうぜん》、トルコ系の突厥《とっけつ》、そしてトルコ系のウイグル（回紇、回鶻）などが国をおこしたが、九世紀中頃には滅び、モンゴル系諸族（タタール、モンゴル、ナイマンなど）が分立する状態が続いた。そして十世紀はじめには、モンゴル系の契丹《キタイ》族の遼となり、一二世紀はじめには、女真《ジェルチン》族の金の領域となった。

一二世紀が終わる頃、モンゴルのなかからあらわれた指導者テムジンによって、モンゴル高原は統一された。そして一二〇六年、テムジンはクリルタイ（族長会議）でチンギス・ハンの称号を受け、モンゴル帝国が成立した。モンゴル帝国の地名につく「汗」は、モンゴルの君主の称号「ハン」の当て字で、君主の名前がそのまま地名となっている。

一二二七年、チンギス・ハンが亡くなると、彼の後継者が広大な帝国を分担して治めることになった。このうち、中国を支配したフビライ・ハンは中国風に国号を「元」とした。彼はさらに東へと侵攻を試み、朝鮮半島を制圧したあと、日本へ向かった。鎌倉時代の「元寇」である。日本に対する二度の遠征は鎌倉武士の抵抗と悪天候に阻まれ、成功しなかった。しかし、日本の北の間宮海峡が「タタール海峡」と名づけられていることをみると、もしかしたらモンゴル（タタール）は、北からも日本への侵攻をはかっていたのかもしれない。

ところで国号とした「元」には、どんな意味があったのだろう。

実は、この「元」という文字の語源は、首を強調した人間の全身をあらわすものだそうだ。国家元首というように、かつては元首の首を奪うことが戦争の完全な勝利を意味した。「完全」の「完」も、首を取られずに戦勝の報告を廟でおこなう勇士の姿をあらわしたものだという。つまり元とは、モンゴル人が中国の元首となったことをそのまま漢字で表現した国名といえよう。

一方、モンゴル帝国の西、ヨーロッパでも、この騎馬民族の猛進撃が続いた。兵士が次々に馬を乗りかえて進む軍隊のスピードは有史以来はじめての速さで、ヨーロッパのどの国にとっても大脅威だった。彼らはロシア以西のヨーロッパではタタール Tatars として知られていたので、ギリシア神話の残酷なタンタロス（Tantarus）と結びつけられ、地獄の使者として怖れられたのだった。

一二三六年、タタールはキエフ公国などロシアの諸公国を支配下におき、徴税官を派遣した。その徴収は「税を払えぬときは子を、子のないものは妻を、妻のないものは首を出せ」という諺がうまれるほど厳しいものだった。タタールによる圧政は、実際には六年間だったが、旧ソ連時代には、「タタールの軛《くびき》」とよばれ、ロシアの発展は、これによって二百五十年阻害されたと強調されていた。

チンギス・ハンが亡くなり、帝国が分裂したことで東西への圧力が衰えたモンゴルだったが、一四世紀になってからはチャガタイ・ハン国も東西に分裂した。しかし現在のイラン、イラクあたりに勢力をおきイスラム化していたモンゴルのなかからティムールがあらわれ、一三七〇年にティムール朝をおこした。彼は十年ほどで中央アジア全域を支配下におさめ、さらに東アジア、

インド、中国へと軍を進めていった。しかし一四〇五年にティムールが死ぬと、たちまちティムール帝国は衰えてしまった。

一五二六年、ティムールの直系の子孫で、チンギス・ハンの血をひくといわれるバーブルはインドに侵入し、ムガール帝国をおこす。この帝国は約二世紀にわたって続いたが、

ヨーロッパからは綿を求めての来航者も多く、その代金として支払われた大量の銀がムガール帝国の経済をうるおすことになった。ムガール帝国は一八　九年、イギリス東インド会社との戦争に敗れて支配権を失ってしまうが、そのときすでにムガールの末裔たちは莫大な財産を築いていたという。その

ためか、英和辞典でこの言葉mogulをひくと「大実業家、大立者」という意味が記されている。

インドの魔力

中世のヨーロッパ人にとって、中国、日本、東南アジア、そしてインドは、絹、砂糖、綿、香辛料、香木、磁器、漆器など、ヨーロッパでは王侯、貴族しか手にできない贅沢品があふれかえっている地域だと思われていた。

当初は、ペルシア人やアラブ人の交易によってこれらの品がヨーロッパにもたらされていたため、ヨーロッパの王侯、貴族にとっても、こうした品々は大変な高価なものだった。なかでもとくに、肉料理にコショウを使うことを覚えた彼らは、その魔力にとりつかれ、香料の交易先であるインドの名は一躍有名になった。ポルトガル、オランダ、イギリス、フランスが、大航海時代に航路を争ってようやくインドにたどり着くことができたのは、このコショウの魔力によるものだったろう。

インドとヨーロッパとの最初の出会いは、前三二五年、ペルシアを越えてやってきたアレクサンドロス大王のギリシア軍がインダス川に到達したときだった。大王はサンスクリット語で「川」をあらわすヒンドゥhinduにちなんで、その川をインダスIndusと名づけた。その命名によって、この地方がインドIndoとよばれるようになったのだ。

中世では、インドが東洋の全体をあらわす名称で、広くインディーズIndiesとよばれていた

が、やがて地理があきらかになるにつれて、それぞれシナ、ジャポンとよばれるようになっていった。しかし、インドの東にある地域だけが、インドの延長にあっただけに、なかなか名前が決まらなかった。その命名について、一応の決着をみたのは一八世紀はじめで、デンマークの地理学者マルテブランが、インドとシナの中間に位置するということから、この地域をインドシナ Indochina とよんだのである。

それでも「インド」の名前から離れられないのは、コロンブスが大西洋で発見した島々をインド諸島と名づけているように、よほどインドへの憧れが強かったということだろう。インドネシア Indonesia も、その意味するところは「インドの島々」である。また事実、インドネシアにはインドのヒンドゥー教の影響が大きく、都市名、地名も、サンスクリット語で、それぞれジャワ Java（オオムギ、穀物）、スマトラ Sumatra（大海）、ジャカルタ Jakarta（勝利の都市）という意味をもつ。

一八五八年、フランスが、現在のベトナム、ラオスあたりを領有し、「仏領インドシナ」としたことで、ある程度「インドシナ」の地域が限定されるようになった。ラオス、カンボジア、ベトナムである。現在では、インドシナ半島にある国々ということで、ここにタイ、ビルマを加える。

タイ人は、古代には現在の中国南部にいたが、中国、モンゴルの勢力拡大によって南下し、一三〇〇年頃には、現在の地域に落ち着いたといわれる。彼らは自分たちをマウング・タイ Maung Thai（自由の国）とよんでいたが、イギリス人はそれをタイランド Thailand とした。

タイの西に住むビルマ人は、東のタイをシャーンsayam（浅黒い人の国）とよんだ。タイのことをしばしばシャム Sham というのは、このシャーンに由来する。西洋ではミュージカル「王様と私」の原作が『アンナとシャム王』であり、またシャム猫などのように、こちらの名前もまだ健在である。

第二次世界大戦で日本がこの地を支配すると、「シャム」を正式名称にしようとの動きもみられたが、戦後、みずからの選択で「タイ」という国名を選んだ。

一九八九年、突然改名したミャンマー Myanmar は、ビルマ語で Myanma（強い人）という意味、あるいはサンスクリット語のムランマ Mranma（強い）に由来する。旧称ビルマはヒンドゥー教の創造神ブラフマ Brahma（仏教の梵天）が英語で転訛したものといわれている。これに合わせて、首都ラングーン Rangoon も、ビルマ語のヤンゴン Yangon にもどされた。ヤンゴンは、十八世紀にこの地を征服したビルマ人が、「戦いの終わり」という意味で名づけたものである。

これら両国と北部で接するラオス Laos は「ラオ族の地」。そのフオも、ただ「人」という意味である。一四世紀に王国はできたものの、熱帯の内陸ということもあって、海に面した周辺諸国のようには発展せず、長くビルマやシャムの支配下にあった。

第二次世界大戦後、インドシナ半島からフランスが追い出されてしまうと、そこにはベトナム、ラオス、カンボジアという三つの地域がうまれた。ひとつは、クメール Khmers（意味不明）と称する人びとが、彼らの民族神話から、自分たちはカンブジャ Kambuja の子孫であるとして、国名をカンボジア Cambodia とした。

面白いのは、太平洋沿岸にあって、往来がしやすかったという理由もあろうが、同じインドシナ半島にあっても、カンボジアはインドの影響を強く受けているのに、ベトナムには中国の影響が強いことだ。ベトナムの地名も、アルファベットでは Viet Nam となるが、その語源は中国語「越」「南」からなり、中国にとって「はるかに南の国」という意味である。また俗称では、たびたび中国を悩ませる野蛮人という侮蔑の意味をこめて「南蛮」ともよばれた。

前三世紀、秦の始皇帝が支配して郡を置いてからは、十世紀まで中国の支配下にあった。海のシルクロードの中継地としてもさかえ、アラブ商人を介してもたらされたと思われるイスラム・ガラスなどが発見されている。当時は、中国の磁器がさかんに輸出されていた時代である。日本の茶器にも、「南蛮」「交跡《コーチ》」「安南」などといったベトナム起源の銘が知られている。交跡とは前二世紀、漢の武帝がおいた郡のひとつ、安南は、七世紀、唐の時代になってこの「南」の地を完全に平定したことに由来する。

インドから地名とともに移住したマレー人

インドシナ半島からさらに突き出たマレー半島は、インド洋からベトナム、中国への航路の要衝である。現在もインドネシアのスマトラ島との間のマラッカ海峡は、多くの船でにぎわっている。マラッカ Malacca とは、海峡にのぞむ都市ムラカ（「マラカの木」の意）にちなんだ国名のマレーシアは、マレー半島の名にちなんだもので、そのマレーには、インド南部のドラビダ語でマラヤ（山地）という意味がある。もともとはインド南東部の山地の総称だったが、ここの住民がマレー半島へ移住したため、地名も人とともにインドシナに移っていったのだ。

一四世紀、インドネシアのスマトラ島からスリービジャヤ王国の王族がマレー半島南端の島に移住したとき、ライオンに似た動物を見たため、そこをシンガプラ Singhapura（獅子の町）と名づけたと伝えられている。これはおそらく、新しい町に名前をつける際、縁起のよい名を選び、あとから伝説が作られたということであろう。しかし、やがて彼らは他の土地に移ったため、シンガプラは衰えてしまった。

その後、一七八六年、イギリスがインドを統治するようになると、イギリスがこの地域でもしだいに優位に立ち、一八一九年、イギリス人のラッフルズが、かつてのシンガプラを買い取り、シンガポール Singapore とした。

そして、一八二六年には、イギリス東インド会社がマレー半島を支配下におき、一八六七年にはイギリス直轄の「海峡植民地」となった。しかし、第二次世界大戦後、一九六三年にはシンガポールとボルネオ（カリマンタン）島のイギリス領を加えてマレーシアが独立したが、一九六五年、マレーシアのマレー人優遇政策に反発して、シンガポールは独立することとなった。

マレー半島の東、七千以上もの島からなるフィリピンもヨーロッパの影響を強く受けている。最初は一五二一年、太平洋を渡ってきたスペインのマゼランがこの地を訪れた。その後スペインは、何度か遠征隊を派遣し、一五四二年、この島々を、当時のスペイン皇太子フェリペ二世 Felipe にちなんで、イスラス・フィリピナス Islas Felipinas（フェリペの島々）と名づけた。このののち、この諸島は約三百年間、スペインの統治下におかれることになったのである。

主な地名の接尾辞、接頭辞—1

【ラテン語・ギリシア語系】

〜イア -ia　古代ローマ時代にはじまるラテン語系の言語で、広範な国、地域をあらわすときにこの接尾辞がもちいられるようになった。

〜ハン、〜ハーン -khan　ギリシア語で「宿営地」の意。アストラハン（ロシア）「星の宿営地」。

〜ポリス -polis　ギリシア語で「都市」の意。

【ケルト語系】

〜ハム -ham　「村」の意。ノッテインガム「ケルト系スノート人の村」、バーミンガム（イギリス）「ケルト系ベルム人の村」。

【ペルシア語系】

〜アバド -abad　「都市」の意。イスラマバード（パキスタン）「イスラム都市」、アシハバード（トルクメニスタン）「うるわしの都市」。

〜スタン -stan　「国」「地域」の意。アフガニスタン「アフガン族の国」。

〜カンド -kand　「町」「村」の意。サマルカンド（ウズベキスタン）「石の町」。

バンダル〜 Bandar-　「都市」の意。バンダルホメイニ（イラン）「ホメイニ師の都市」。

〜ワール -war　「村」「町」の意。ペシャワール（パキスタン）「人びとの町」。

【ゲルマン語系①】

〜シュタット -stadt　「町」の意。アイゼンヒュッテンシュタット（ドイツ）「鉄鋼の町」。

〜ハイム -heim　「郷里」の意。アナハイム（アメリカ合衆国）「聖アナの郷里」

〜ドルフ dorf　「村」の意。ジュッセルドルフ（ドイツ）「ジュッセル川の村」。

〜ガルト -gart　「庭」「園」の意。シュツットガルト（ドイツ）「牝馬の園」。

〜バーグ（英語）、〜ブルク（ドイツ語）、〜ブルグ（ゲルマン系）-burg「都市」「城塞都市」の意。ウリアムズバーグ（イギリス）「ウイリアムの都市」、ハンブルク（ドイツ）「入り江の城塞都市」。

〜ダム -dam　オランダ語で「堤防」の意。ロッテルダム（オランダ）「ロッテ川の堤防」。

〜インゲン -ingen　ゲルマン系の言語で「村」の意。フローニンゲン（オランダ）「緑の村」。

〜バリー、〜ベリー -bury　-burgの転訛したもの。ウォーターバリー（アメリカ合衆国）「水の町」、カンタベリー（イギリス）「ケルト人の城塞都市」。

〜ブル、〜バラ、〜ブラ -burgh, -brough　「城塞都市」「都市」の意。エジンバラ（イギリス）「エドウィン王の城塞都市」。

第6章

ユダヤの離散とイスラムの進撃

エルサレム（イスラエル）
中央右のドームが、ムハンマド（マホメット）が昇天したというイスラム教の聖地「神殿の丘」に建てられたエル・アクサ・モスク。中央の広場の壁が古代のユダヤの神殿跡、ユダヤ教徒の聖域である「嘆きの壁」。

ユダヤの名はこうしてはじまった

「聖書」にまつわる地名は、その地に住んだ人、民族の名に由来するものが多い。

古代、イスラエルの国はカナーンとよばれていた。前二〇〇〇年頃の古代エジプトの記録でもカナーヌゥとある。カナーン人が住んでいたからだが、彼らの衣装が赤紫色（地中海特産の貝紫）だったので、カナーン（赤紫）とよばれたといわれている。

「旧約聖書」の「エデンの園」は、実際には、ティグリス・ユーフラテス川の下流にあった町だと考えられている。エデンとは「喜びの町」を意味する。ここを追われた人びとは、カルデアのウルに住んでいたアブラハムに率いられて荒野を旅し、乳と蜜の流れる町と形容されたカナーンに行き着く。現在は、イエメンの南西部にあるアデン Aden に、この名がみられる。ちなみにアデンは紅海とインド洋を結ぶ海上交通の要衝として、紀元前からさかえている町である。

この移動の時点で、彼らにはヘブライ Hebrew という名がついた。カナーン人が名づけたと思われるその名は、eber（向こう側）という言葉がもとになっているように、「(ユーフラテス川の）向こう側からやってきた人びと」という意味だ。

このアブラハムにはサライという妻があったが、長く子どもに恵まれなかった。ところが女奴隷のハガルとの間に先に男児が生まれ、この子をイシュマエルと名づけた。次いで、正妻のサライとの間に男児イサクが生まれた。

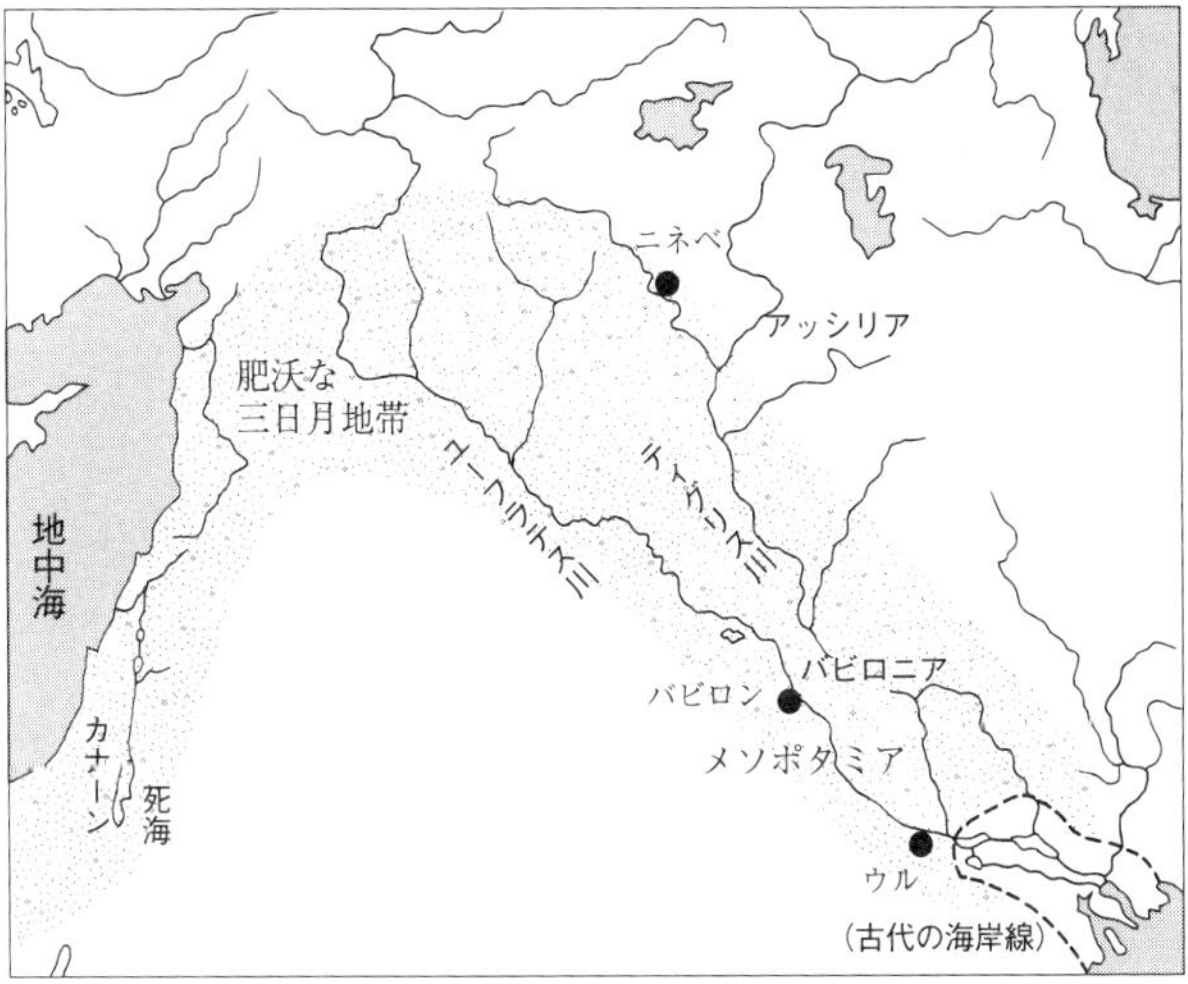

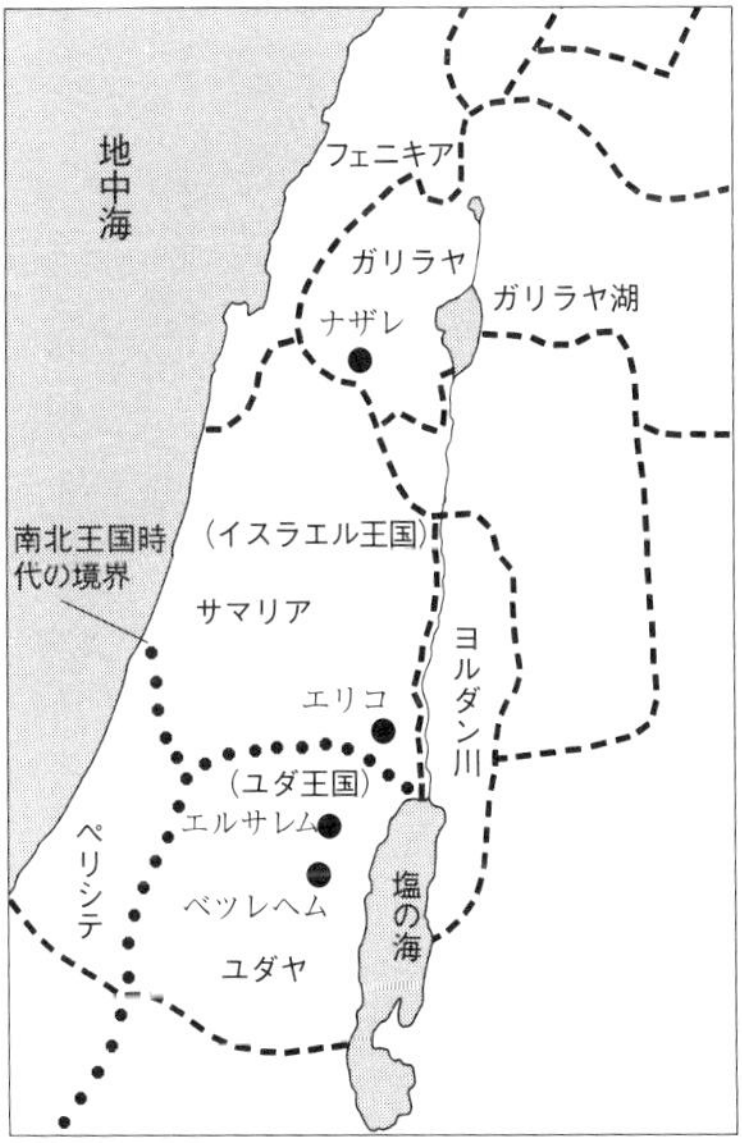

このイサクの子ヤコブのとき、神はヤコブのもとにあらわれて「お前は神と人と闘って勝った」（創世記32・29）のだから、イスラエル Israel（神の戦士）と名乗るようにといわれる。加えて、ヤコブの子孫は増え、ひとつの国民になるだろう、と告げられた。そして実際に、彼の子孫たちは、「イスラエル」という国を建

国する。

前一三世紀頃、古代エジプトの記録に、イシリアル（イスラエルの人びと）という表記がみられることから、この頃には、ヤコブの子孫たちは民族集団としてカナーンにいたことがわかる。

イスラエル王国は、前一〇〇四年に即位したダビデ王、続くソロモン王の時代に最盛期をむかえた。しかし前九三二年、イスラエルは南北に分裂し、南はヤコブ（イスラエル）の息子の一人、ユダ Judah の流れをくむ人びとが多かったことから、ユダ王国と名乗った。

前七二二年には、アッシリアがまず北のイスラエル王国を滅ぼし、前五九七年には、新バビロニアがユダ王国を征服する。新バビロニアは、王と一万人を超えるユダヤ人を捕虜としてバビロンに連れ帰ったが、これが「バビロンの捕囚」である。そして、このとき連れ去られた人びとが、ユダの国の人ということから「ユダヤ人」とよばれるようになった。古くからの民族名イスラエルという名が残らず、ユダヤの名が残ることになったのはこのときにはじまったのである。

彼らは、新たに台頭してきたペルシアによって、前五三八年、もとの土地へもどることが許される。そしてその土地が、彼らの名にちなんで「ユダヤ」とよばれるようになった。前二世紀には、一時的に、ユダヤとして独立したこともあったが、その独立心の強さにローマは脅威を感じ、取り潰しにかかった。後七〇年にはユダヤ人の拠り所であった彼らの神殿は完全に破壊され、国を追われて離散（ディアスポラ）がはじまった。その後、世界に散っていったユダヤ人がいかに迫害されたかは、周知のとおりである。

離散したユダヤ人が常に望んでいたことは、エルサレムにあったユダヤの神殿のもとにもどることだった。エルサレムJerusalemとは、ヘブライ語のyeru（町）とshalayim（平和）で、「平和の都市」を意味するのだが、その帰属については、パレスティナ問題の最重要の課題となるなど、平和とはもっとも縁遠いところにある都市のひとつとなってしまっている。

そのエルサレムのなかでも、神殿のあった場所、通称「神殿の丘」とよばれるシオン山Mount Zionがユダヤ人の心の故郷であり、そのため「シオン」は故国をあらわす名称となった。シオンそのものがヘブライ語のtsiyon（丘）という意味で、しばしばシオニズム（シオン運動）とよばれるエルサレム復帰運動は、一八九六年、オーストリア・ハンガリー系のユダヤ人テオドール・ヘルツルがはじめたものだ。

結局、ユダヤ人が三千年前の故郷に戻りはじめたのは一九世紀になってからだった。その後、幾多の困難、闘争を経て、ようやく一九四八年にユダヤ人の国が建国されることになったが、国名は「ユダ」ではなく、紀元前九三二年に分裂する前の国名「イスラエル」とされた。

バビロンとは「神の門」

前二七〇〇年頃、ティグリス川上流に、アッシュールAsshurという町ができた。アッシリア人が、最高神アッシュールを祀ったことから、この名がつけられた。意味は「アジア」と同じで、東を意味するAssuに由来し、「日の出の地」ということだ。現在のシリアは、このアッシリアAssyriaのasがなくなった名といわれている。

当初は、古バビロニア王国の一地方都市にすぎなかったが、前八世紀後半には、強大な国に成長し、アッシリア王国としてバビロニア、西アジアを支配下におさめ、七世紀には古代エジプト王国をも一時、支配下においた。ユダ王国は残るものの、イスラエル王国はそのときに滅亡してしまう。しかし、その支配があまりにも強圧、残酷なものだったので、各地で反乱が相次ぎ、半世紀ほどで崩壊してしまった。

前六二五年、西アジアにはカルデア人による新バビロニアが登場し、ユダ王国が滅ぼされて「バビロンの捕囚」がおこったわけだ。「旧約聖書」のバベルの塔もここにあったといわれているが、バビロンBabylonもバベルも同じアッカド語のbab（門）とel（神）からなり、意味は「神の門」である。

その後は、前五五九年にアケメネス家のキュロス二世によってアケメネス朝ペルシアがおこされ、西アジア、エジプトを広く支配下におさめることとなった。

しかしそのペルシアも、前三三〇年には、アレクサンドロス大王に敗れ、滅んでしまう。そして前三二三年、アレクサンドロス大王が亡くなると、その大帝国は彼の部下の将軍たちによって分割統治されることになった。エジプトはプトレマイオス将軍（プトレマイオス朝エジプト）、アジアの大部分はセレウコス将軍（セレウコス朝シリア）、大王の出身地であるマケドニアはアンティゴノス将軍（アンティゴノス朝マケドニア）が引き継いだ。

アレクサンドロス大王の東方遠征によって、ギリシア人とギリシア文化が東方の広大な地域に拡大したため、それ以後の時代は、ヘレニズム時代とよばれる。ヘレニズムとは、ギリシアの正式な国名がHellenic Republicであるように、「ギリシア風」という意味である。

そのなかでもセレウコス王国は、東はインダス川流域、西はビザンティウム（イスタンブール）にまで達する広大な領土をもつ国となった。その王国の初期の首都は、新バビロニア帝国の首都でもあったバビロンにおかれていた。

しかしセレウコスは、過去の異文化の名残りのある都市ではなく、ギリシア風の新首都を望み、前三一二年、バビロンの北約六〇キロのところに、自分の名にちなんだ首都セレウキアを建設した。これによって、バビロンは衰退、廃墟となってしまった。

イエスが歩いた地名

イエスの時代、「新約聖書」の舞台となっている地域はローマ帝国に支配されていた。エルサレムがローマの支配下におかれたのは、前六三年、ポンペイウスによってである。

しかしローマ支配下にあっても、エルサレムは、イスラエルの政治、宗教の中心地、民族の拠り所だった。イエスが生まれたのは、おそらく前六年頃といわれている。それ以前、マリアと夫のヨセフはナザレに暮らしており、受胎告知もナザレでおこなわれたという。ナザレとは、ヘブライ語で「献身的な人」を意味する。

マリアがイエスを身ごもっているとき、ローマ皇帝アウグストゥスは、住民台帳をつくるために、人びとがそれぞれの出身地にもどって住民登録することを命じる。マリアの夫ヨセフも、出身地のベツレヘムへ戻ったのだが、そこでマリアはイエスを産んだのだった。ベツレヘムとは、ヘブライ語で beth（家）lehem（パン）で「パンの家」を意味する。これはミサ用のパンを用意した家にちなんで名づけられたものである。ちなみにベート beth（家）とは、アレフ・ベート（アルファベット）ABのBにあたる。最初のA、アレフ orf はウシである。

その後、彼らは、ヘロデ王の長子殺害の命令を恐れてエジプトに逃れるが、ふたたびガリラヤのナザレに戻り、イエスはその地で成長する。ガリラヤとは、ヘブライ語で「辺境の地」。エルサレムから一〇〇キロほど北に離れたこの地には、ヘブライ人とは異なるシドン人が住み、ユダヤの神を信じない人が多かったのだ。「マタイ福音書」「イザヤ書」にははっきりと「異邦人のガリラヤ」と記されている。イエスの思想には、このガリラヤの環境が大きく影響していたのは明らかであり、ユダヤ人とイエスが対立する背景が、こうした地名にも垣間みられる。

エルサレムの現状を嘆き、商業の場と化してしまった神殿を批判するイエスとユダヤ人は対立し、ユダヤ人たちは結局、彼を罪人としてゴルゴダの丘へと送るのだが、この伝説が、キリスト教徒のユダヤ人迫害に正当性をもたせる理由のひとつにもなっている。

最後にイエスが十字架にかけられたゴルゴダの丘の「ゴルゴダ」とは、ここが刑場であったことから「どくろ」という意味があった。

聖戦によって拡大したイスラム帝国

ムハンマド（マホメット）によってイスラム教が説かれたのは、六一〇年頃のことであった。

当時のアラビアは偶像崇拝がさかんな多神教の世界だった。その神々のなかから、彼が啓示を受けた神を唯一絶対の神アッラーとして信仰したわけだが、「アッラー」の語源は、アラビア語で神を意味するイラーフ ilah であり、これに英語でいうところの定冠詞 the にあたる al がついて「アル＝イラーフ」。これが「アッラー」となった。現在のサウジアラビアのメッカにおいてである。

しかし、イスラム世界では、メッカでは通じない。アラビア語でマッカ Makkah。紀元前にさかのぼる古い町であり、言い伝えでは、メッカのカーバ神殿はヘブライ人（イスラエルの民）と共通の預言者とされているイブラーヒーム（アブラハム）が、天使ガブリエルの導きによって建設したということになっている。だから、マッカは「神殿」という意味だ。

神殿には「イブラーヒームの立ち所」という場所がある。イブラーヒームが息子イスマイール（「旧約聖書」ではイシュマエル）を連れてこの地を訪れ、のちにイスマイールを使徒として遣わすことを神に誓った場所だという。

イスラム教は、ユダヤ教と同じように「旧約聖書」を経典としているため、ムハンマドの時代の聖地は、アブラハムが息子のイサクを神に捧げようとしたエルサレムであり、ムハンマドはエルサレムに向かって祈りを捧げ、ムハンマド自身もエルサレムで昇天したことになっている。人びともエルサレムに向かって祈りを捧げていた。そのため「エルサレム」は、ヘブライ語では「平和の町」という意味だが、アラビア語ではアル=クーツ（聖地）である。

さてムハンマドは、クライシュ族ハーシム家の出身である。クライシュ族は北アラブにあったが、五世紀にメッカを征服した。メッカは古くから隊商の宿場町としてさかえ、イブラーヒームの神殿もあったので各地からの巡礼者も絶えなかった。メッカを獲得したクライシュ族は、この地の利をいかして交易に乗り出していった。

その結果、メッカでは、同じクライシュ族のなかでも貧富の差が広がり、アラブの連帯意識が崩壊するという事態におちいったのだった。ムハンマドは、そんな社会のなかでも貧しい身分に生まれた。誕生は五七〇年頃といわれている。彼は少年の頃から家畜の扱いを覚え、成長してからもシリアへの隊商に加わるなどして働いた。そして二五歳で雇い主だった女性と結婚、一転して裕福になり、平安な日々が続いたという。

しかし四十歳を迎えた頃から精神的に落ち着かなくなり、メッカ郊外の洞窟にこもり、瞑想するようになった。そしてあるとき、神から啓示を受けたのだという。それは古き良きアラブの連帯意識に基づいた社会主義的な教えからはじまった。

当然、裕福な階級の者は、彼の説くイスラムの教え（唯一神アッラーに絶対服従すること）に反発し、迫害におよんだ。そのため六二二年、ムハンマドとわずかな信者は、夜陰にまぎれてヤスリブ（のちのメディナ）というオアシスに移住した。この移住は、信者が親兄弟を捨て、不信心者との対決を決意したことを象徴していたために「ヒジュラ（聖遷）」とよばれ、この年がイスラム暦の元年と定められた。

メディナは、アラビア語でアル・マディーナト・アン・ナビ（定冠詞 al とマディーナト madinat 町、アン・ナビ an nabi 預言者）で、「預言者の町」を意味する。メディナは、そのうちのマディーナト（町）が転訛したものだ。

ムハンマドは、ヒジュラから一年もたたないうちに、メッカの隊商を襲う計画を立てる。聖戦《ジハード》のはじまりである。それは神の啓示を信じない者、迫害を加えた者たちへの見せしめでもあった。

イスラム軍とメッカとの戦いは六三〇年まで続いたが、メッカはムハンマドの前に完全降伏し、ムハンマドは八年ぶりにメッカに戻った。それ以来、アラビア半島は一気にイスラム化していく。それとともに、ユダヤ教徒、キリスト教徒の町に対しても遠征をおこない、支配を拡大していった。

聖戦は、すべてのイスラム教徒に課せられた義務である。アッラーの道を説くイスラム教徒の道を阻む者は、すべて敵である。イスラム軍はとにかく強かった。殉教者は天国に迎えられると信じられていたことも大きい。

また、もし敵がイスラムに改宗すれば、戦いはただちに中止された。そして聖戦に参加すれば、戦利品の分配にあずかることもできた。ユダヤ教やキリスト教などとは、共通の父祖をもつ宗教

であったため、どうしても改宗をこばむ場合は、人頭税を払えばそれぞれの宗教を守ることも許された。

六三二年、ムハンマドが亡くなったあとは、彼から直接に教えを受けた者がこの国を継いだ。しかし、それは六六一年までで、のちの歴史家が「正統カリフ（継承者）」とよんだ四人のカリフが統治した時代だった。

この時代も聖戦は続けられた。ムハンマドの死後、造反する動きを抑えるために、一層強力に征服活動がおこなわれた。そして入信した人びとは次々に聖戦に参加し、前線は、かつてムハンマドが経験した「ヒジュラ（聖遷）」と同じものと意識され、シリア、エルサレム、イラク、イラン、エジプト、北アフリカへと、次々に征服に向かった。

正統カリフの時代が終わると、ムハンマドの出身であるメッカのクライシュ族の名門、ウマイヤ家の者がカリフとなったことから、この時代はウマイヤ朝（六六一～七五〇年）とよばれている。この時代にも対外遠征は続けられ、西はイベリア半島、東はインドに達する広大な領土を獲得した。

この時代からは文化面でもイスラム化、アラブ化がはかられた。情報伝達をスムーズにするために郵便制度が整えられ、帝国内での公用語はアラビア語とされたのだ。そのため、この時代からの征服地の地名にはアラビア語起源のものがみられるようになる。

メッカやメディナなど、イスラムの聖地があるサウジアラビアは、一七世紀にリヤドでさかえた豪族サウド家の名にちなんだものだ。一九三二年に国家統一をなしとげたとき、サウド家の名とアラビア（沙漠の民）でサウジアラビアとなった。

なぜカイロは「勝利の都」か

イスラム化の歴史をエジプトの地名にみてみよう。

六四二年、イスラム軍がエジプトに建設した軍営都市ミスル（マスル）は、現在のカイロ市の南、アル＝フスタートにおかれた。「フスタート」とは「天幕」を意味する。六四〇年、エジプトに侵攻したアラブが、ここに天幕を張って布陣したことに由来する。

エジプト人は自国を「エジプト」とはいわず、「ミスル」という。エジプト方言では「マスル」という。この「ミスル」とは、六三三年、アラビア半島から各地に侵攻したアラブ軍が征服地に建設していった軍営都市のことだ。しかし、イスラム化に時間がかかり、「ミスル」が長期間にわたって存在したエジプトでは、「ミスル」がそのままエジプトをさすようになったのである。

エジプトの首都カイロにも、興味深いエピソードがある。

九六九年、新首都建設予定地でくわ入れ式をおこなう際、敷地を囲む綱には一定の間隔をおいて鈴がつけられた。主賓がくわを振り下ろすと同時にその音が鳴り渡り、いっせいに作業がはじまるという演出だった。ところが、その前に一羽のカラスがその綱に舞い降りて、鈴を鳴らしてしまった。式をおこなう間もなく、いっせいに作業がはじまってしまったことはいうまでもない。

大変な不祥事である。しかも一人の占星術師が地平線に火星が昇りはじめたことに気づいた。火星は「アル=カーヒル」。火星の赤い輝きは血の色を想像させるため、戦争や不幸の象徴だった。しかしどこにでも智者はいるものである。その占星術師は「アル=カーヒル」という言葉の女性形が「アル=カーヒラ」で、都市を意味することに気づいた。しかもこの言葉は形容詞としてもちいられると「勝ち誇った」「勝利者の」と解釈できる。こうして新首都には「アル=カーヒラ」、英語表記で「カイロ」(勝利の都)という名がつけられたのである。

ちなみに、国名の「エジプト」は古代エジプト語に由来している。

前三一〇〇年頃、エジプトに統一王朝がおこると、統治事業の中心地はナイル・デルタ地帯の南端、メンフィスに定められた。メンフィスは、前二二〇〇年頃の王ペピ二世がこの地の墓地に建てたピラミッドの名称「メン・ネフェル(確立された美しきもの)」がそのまま都市名とされたもので、古代王朝の末期にエジプトと接触をもったギリシア人が「メンフィス」と表記した所である。メンフィスは統治のための要衝だっただけでなく、王朝時代を通じての外交の窓口でもあり、エジプトを代表する都市だった。

またメンフィスは、国家の創造神プタハの聖地として、宗教面でも重要だった。このためフウト・カァ・プタハ（プタハ神の神殿）ともよばれ、古代、この名称はエジプトと交流のあった外国にとってそのままエジプトをさす言葉になっていったようだ。この語がギリシア語で「アイギュプトス」と転訛し、それが「エジプト」の国名となっていったのである。

アラビア人の北アフリカへの侵攻

エジプトから西へ向かったとき、アラブ軍は地中海沿岸を進んだ。リビア、チュニジア、アルジェリア、モロッコのアフリカ北西部、そしてベルベル人の国を、アラビア語ではマグリブ Maghrib という。モロッコの国名となった古都マラケシュ Marrakech は、アラビア語の maghreb（西の地）と aksa（遠く離れた）を短縮したもの、つまり「遠く離れた西の地」を意味するといわれている。ちなみに、マグリブに対して、東はマシュリク Mashriq。カイロ以東、メッカ、メディナを含めたイスラム文化の中心地をいう。

北アフリカは、オスマン・トルコの支配がはじまった頃からいくつかの国名がみられるようになるが、アラブが西進した当時は、こうした国は知られていなかったので、メッカの方角から見て「日が沈む地」という意味でマグリブとよんだわけだ。ちなみに「ベルベル」とは、ギリシア人がギリシア語の通じない「野蛮人」という意味でよんだバルバロイに由来する。またアラビア

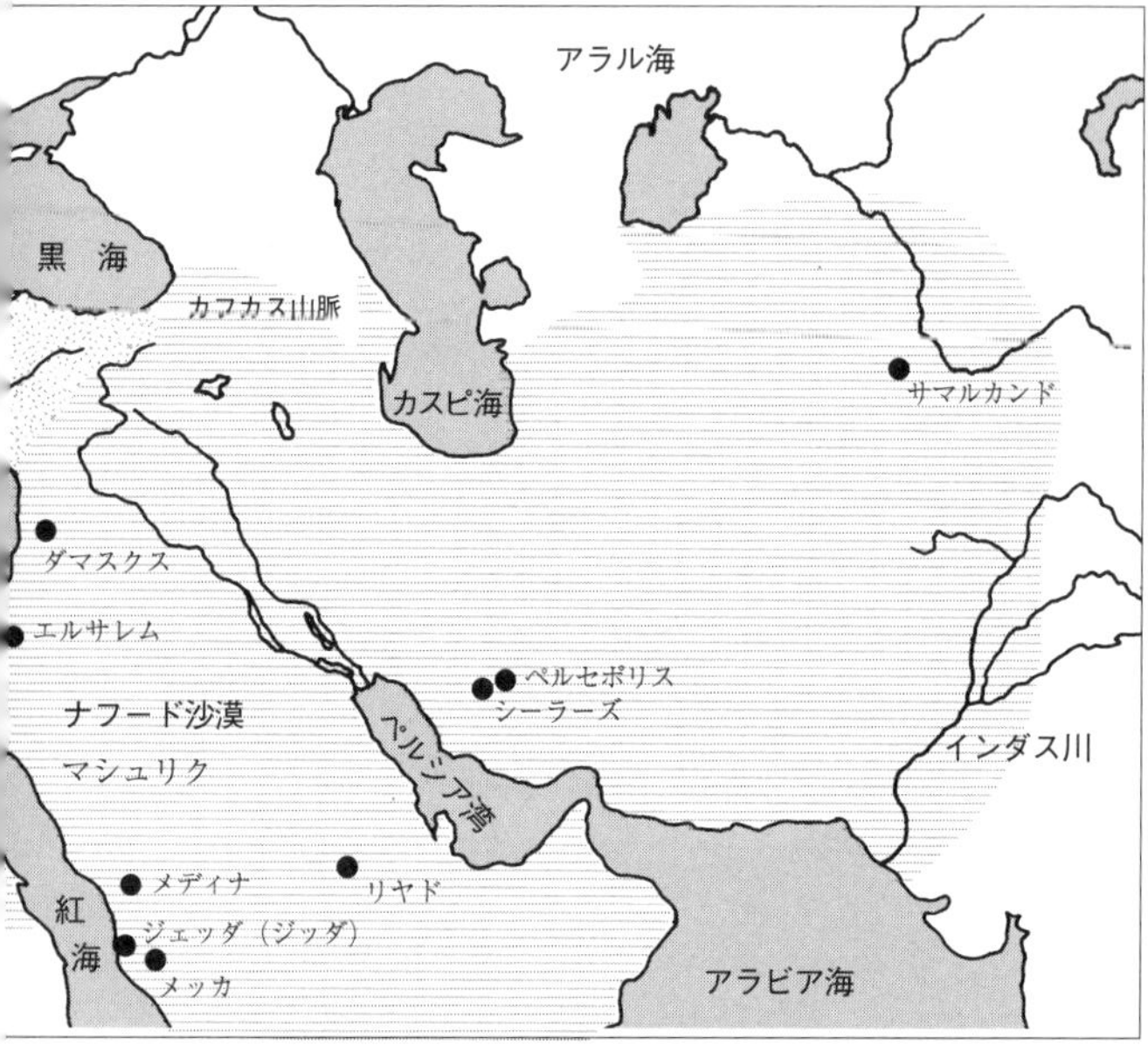

語でアフリカのことは、ラテン語のアフリカが転訛して「イフリーキーヤ」という。

マグリブ地方では、古代にリビアがエジプトに支配され、リビア以西の地域もカルタゴ（フェニキア）、ローマ、バンダル、ビザンティンによって支配されたものの、それらの支配は都市や沿岸部に限られ、マグリブ全体の社会、文化までを変えるものではなかった。

そんなベルベル人の国に、七世紀中頃、イスラム教とアラビア語をたずさえてアラブが侵攻したのだ。イスラム教徒はまず、現在のチュニジア、チュニス南部にミスル（軍営都市）としてカイラワーン（練兵場）を建設し、侵攻の足場にした。このほかにも、モロッコの首都ラバトは、アラビア語での正式な名称はリバト・エル＝フェス（征服の陣営）である。またモロッコの古都のひとつ、フェス Fes

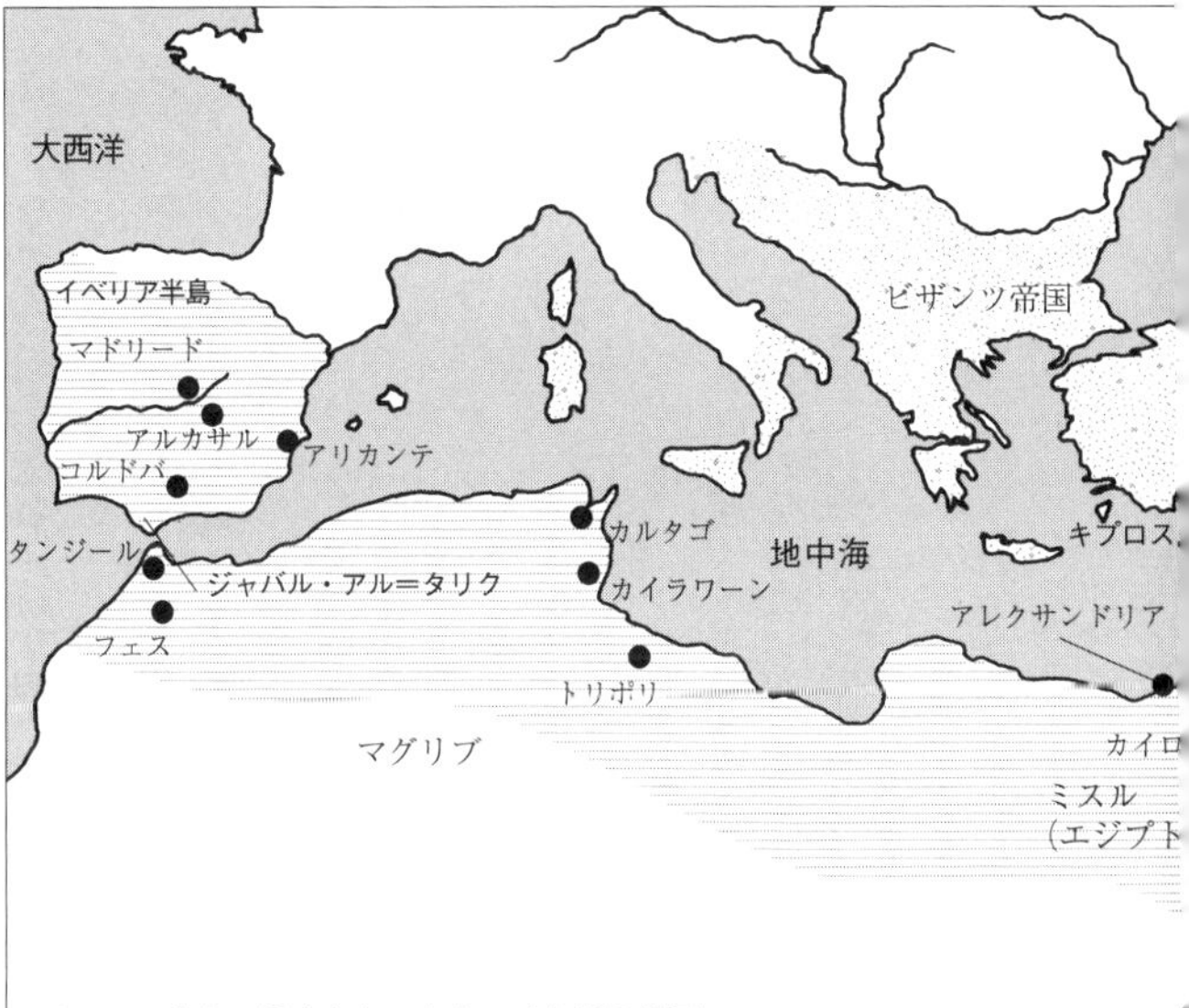

イスラム史上、最大となったウマイヤ朝の版図

は、八〇八年、イドリース二世がこの町を開いたことを記念して「つるはし」という意味をもつ。

しかし、この地のイスラム化は困難をきわめたようだ。十世紀はじめにチュニジアにおこったファーティマ朝は、九六九年に新都市カイロを建設してエジプトに移った。十一世紀中頃、このファーティマ朝から派遣されたアラブの遊牧民はベルベル人のアラブ化を促進し、ようやく西サハラを中心にベルベル人によるムラービト朝がおこり、アルジェリアとスペイン南部を支配することとなった。一二世紀半ばには、続いておこったムワッヒド朝がマグリブ全域、スペインを支配することになる。

アルハンブラとは「赤い城」

イスラムのイベリア半島への上陸は、モロッコの北端、アフリカからスペインが見えるジブラルタル海峡でおこなわれた。

ジブラルタル海峡 Gibraltar の名は、スペイン側にあるジャバル・アル＝タリクという小山にちなんで名づけられている。四三〇メートルほどのこの岩山は、古代ギリシア時代には、世界の果てにヘラクレスが建てた柱とされ、「ヘラクレスの柱」とよばれていた。この「ヘラクレスの柱」に、アラブの軍人タリク・イブン・ザイドが兵を率いて上陸したので、ジャバル・アル＝タリク Jabal Al Tarik（タリクの山）とよばれるようになった。海峡名は、こうして名づけられた山の名がジブラルタルと転訛したものだ。

ちなみに、このジブラルタルは地中海の要衝であり、一七〇一年にはじまったスペイン継承戦争（イギリス、オランダ、ドイツ対フランス、スペイン）の結果、イギリスが領有し、今日にいたっている。一九九一年、イギリス軍は全面撤退したが、返還交渉は進んでいない。また、一八〇五年にはジブラルタル海峡の西口、トラファルガー岬沖で、ネルソン提督率いるイギリス海軍が、フランス・スペイン連合艦隊を敗り、この海戦を記念して、ロンドン市内にトラファルガー広場を設けた。実はトラファルガルは、アラビア語でタァリフ・アル＝ガル、tarif（岬）と al-Ghar（洞窟）で「洞窟の岬」を意味する。ロンドンを代表する名所にも、アラビア語起源の名もあるのだ。

さて、アラブ軍がジブラルタルから侵攻したために、イベリア半島の南にはアラビア語起源の地名が多い。グラナダのアルハンブラ宮殿もアル＝カルア（城）とアル＝ハムラ（赤）で、「赤い城」という当時の名称に由来している。グラナダは、スペイン語のグラナダ（ザクロ）にちなんでつけられたというが、それはこの町が三つの丘の斜面にかこまれ、ザクロの実のような形をしていたことによる、といわれている。

スペインの首都のマドリードもアラビア語起源である。アラビア語でマジュリート majrit（湧き水の場所、水に恵まれた所）を意味するこの名には、八世紀に侵攻したアラブ人たちが住みやすいところを選び、開拓した歴史がよくあらわされている。

このマドリードと、地中海沿岸でもっとも便がよかったのが、ローマが建設したルケントゥム、現在の港町アリカンテである。この地名もアラビア語で「光の町」である。海路の導きとなるほど町は光に満ち、さかえていたということだろうか。このルートの途中にはアルカサル（アラビア語で Al Qasr「城」）というところもある。

スペインを経て、大西洋をわたり、メキシコにまでいってしまったアラビア語地名もある。メキシコ第二の都市グアダラハラは、「石の川」という意味だが、これはマドリード北部の町の名に由来する。一五三一年、メキシコに渡ったグスマンが、故郷の名前をつけたのだ。

ペルシアがイランになった理由は?

第一次世界大戦後の一九二五年、イスラム教シーア派の国ペルシアでは、イギリスの後援もあって、あらたなパフラビー朝がおこる。

古代、そして中世には栄華を誇ったペルシアだったが、この当時はイギリスの保護下、ロシアの干渉に悩まされる状態にあった。国とはいえ、半独立国という状態は否めなかったのだ。この状態から抜け出すために、ペルシアは、一九三五年、古代からの国名であったペルシアを捨てて、イランとした。

そこにはどんな意味があったのだろうか。

かつて騎馬民族の国ペルシアは、古代ギリシア人にとって驚異の大国だった。

マラトンでは、ギリシアの兵士は走って勝利を伝えなければならなかったというのに、前五世紀、ダリウス一世は、すでに国内にポニーによる連絡網を敷いていたのだ。インドの西、現在のイラン高原あたりを古代ギリシア人はペルシス Persis、そしてその住民がおこした国をペルシアとよんだ。ペルシスの名の語源となったパールス pars には「馬に乗る人」という意味があるから、ペルシアは騎馬民族としてのライフ・スタイルにちなんだ名前であったことがわかる。

前五五〇年頃から前三三一年まで、ペルシアはインドからエジプトまでの古代オリエント世界の覇者となった。ギリシアとは、エジプトを通じて、それも紅海とナイル川を結ぶ運河を開いて交易をおこなっていた。しかし前四八〇年、サラミスの海戦でアテナイに敗れたため、ペルシアはギリシア諸都市を支配することはできなかった。しかも前三三一年には、マケドニアのアレクサンドロス大王の侵攻を受け、ギリシア人が「ペルシア人の町」とよんだペルシア帝国の中心地ペルセポリス Persepolis までもが破壊されてしまった。

以後はパルティア王国、リサン朝ペルシアとして、ギリシア、ローマと戦い、七世紀にはアラブの侵攻を受けてイスラム化するが、九世紀には他のイスラム諸国とは違う独自の発展をみせるようになる。

ペルシアがイスラム教の多数派を占めるスンナ派の国々とたもとを分かち、シーア派を国教としたのは、一五〇一年、サファービー朝のもとにおいてである。当時、強権を誇っていたスンナ派のオスマン・トルコ帝国に対して、独自色を強めていった時代である。

しかし大航海時代を経て、植民地時代に突入していった欧州諸国に翻弄されてしまう。一九世紀には、イギリスとロシアに分割されるという事態までおこり、ペルシアからイランへと国名を変えることとなる一九三五年を迎えたわけだ。

「ペルシア」の名も、もともとはある小地方の名をギリシアがペルシア全体をあらわす名としてしまったことによるので、ペルシア人にとっては、国全体、民族をもう一度まとめるような名前が求められたのだ。

そこで、自分たちが中央アジアから南下し、やがてヨーロッパに広がっていったアーリア民族の一つであることをアイデンティティとするため、アリアナ Ariana（アーリア人）がペルシア語に転訛したイラン Iran を国名にしたのだった。サンスクリット語で aria, arya（高貴な・偉大な）という意味である。

話はまったく変わるが、アレクサンドロス大王の時代、あるいはそれ以前のギリシア人は、ペルシアからある特産物を持ち帰っている。当初は、ペルシアにちなんでペルシコン・メロン（Persikon melon）とよばれていたが、のちにペルシア・メロンとして知られるようになった。これをローマ人はラテン語でペルシカム・マールムとよび、やがてペルシカムとなった。これがフランスではペーシュ（peche）、英語でピーチ（peach=モモ）となったといわれている。

「スタン」の名をもつ国々

アフガニスタン、パキスタン、そして一九九一年のソビエト連邦の崩壊によって、にわかにうまれたカザフスタン、ウズベキスタン、タジキスタン、トルクメニスタン。これら西南アジアの国名の「～スタン」は、ペルシア=トルコ系特有の地名接尾辞である。

アフガニスタン Afghanistan とは「アフガン人の国」。この地には、中央アジアから南下してきたアーリア人のあとに、アケメネス朝ペルシア、アレクサンドロス大王、セレウコス朝シリア、ササン朝ペルシアが次々に侵入してきた。そして七世紀、アフガニスタンはイスラム化した。「アフガン」とはペルシア語による他称で、自称の「パシュートン」は、シリア語の「船の舵」に由来し、「改宗者を新しい方向に導く者」を意味するという。

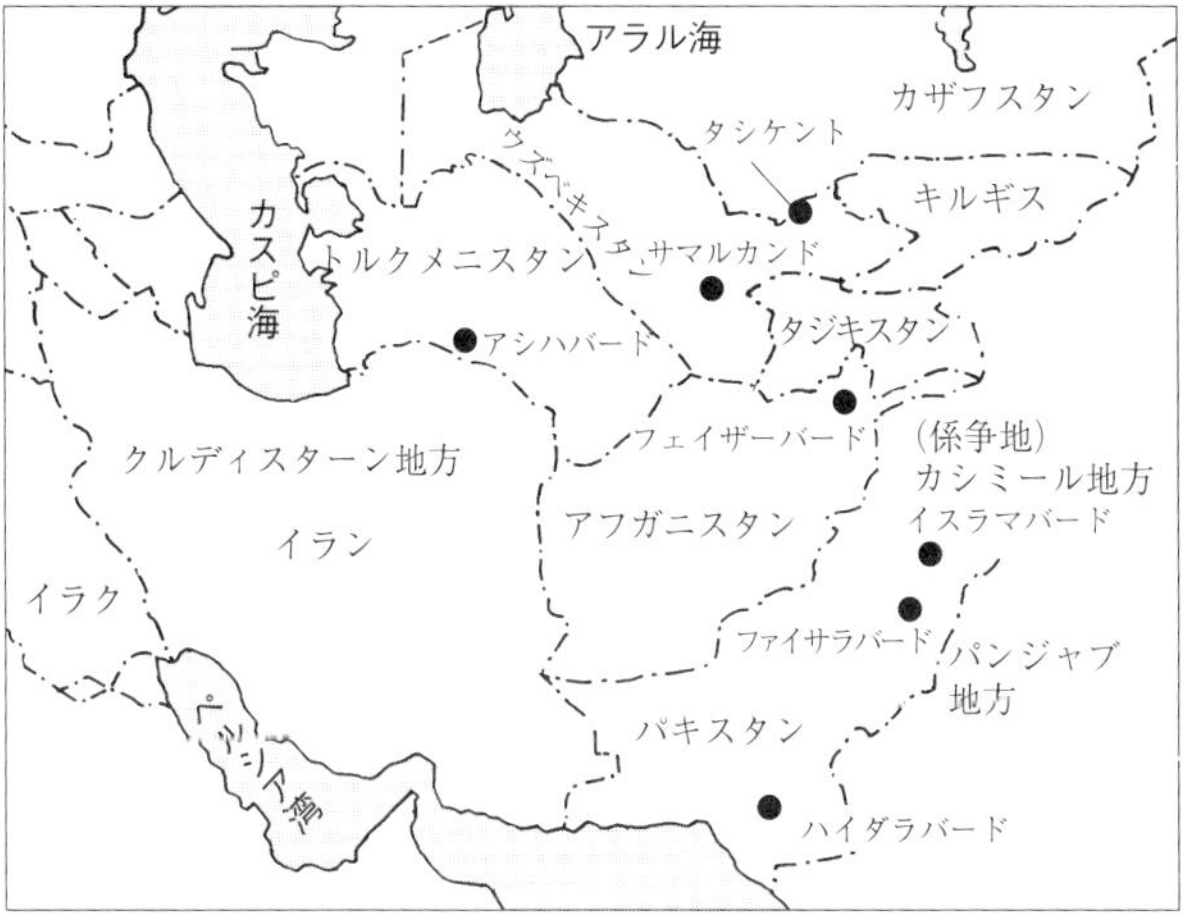

パキスタン Pakistan は、古代にはインダス文明がおこった地であり、インダス川の流域でもあったので、古くからヒンドゥーに由来する「インド」とよばれていたが、インドの東西地域に分かれたパキスタンはイスラム教を選択し、一つの国として独立した。しかし、その無理な体制は長くは続かず、一九七一年、東のパキスタンはバングラデシュ Bangladesh（ベンガル人の国）として独立。西側は、パキスタン・イスラム共和国となった。

パキスタンとは、ウルドゥ語の pak（清らかな）と国を意味する「スタン」で「清らかな国」だが、一説にはイギリスのケンブリッジ大学に留学していたイスラム教徒の学生が、このあたりでイスラム教が優勢なパンジャブ地方 Panjab のP、アフガニスタン Afghanistan のA、カシミール地方 Kashimir のK、イラン Iran のI、シンド地方 Sind のSの頭文字を組み合わせて、FAKIS-STAN としたともいわれている。

中央アジアの国には、この「〜スタン」という接尾辞をもつ国が多いが、歴史はそれぞれに異なる。カザフスタン、ウズベキスタン、タジキスタン、トルクメニスタンなどは、もともとは「〜スタン」という接尾辞をもっていたのである。

しかしカザフスタン、ウズベキスタン、タジキスタン、トルクメニスタンなどの近くにはアフガニスタン、パキスタンといったイスラム教徒の国があったため、ソビエトはこれらの地域を併合するにあたって、あえて「スタン」を省略させ、カザフ共和国、ウズベク共和国とさせたのである。

つけ加えると、「〜スタン」が広い地域を意味するのに対して、「町」のようなレベルの地名接尾辞にはトルコ系の「〜ケント」（タシケント=石の町）や「〜カンド」（サマルカンド=石の町）がある。

これがアフガニスタン、パキスタンになると、ペルシア系の「〜アバード-abad」になる。これは「城塞都市、町」というニュアンスであろう。パキスタンのイスラマバード（イスラム教の町）のように、国の姿勢を象徴する地名もある。

第7章

アメリカ――新しい国の古い地名

ニューヨーク（アメリカ合衆国）
1609年、オランダ西インド会社のハドソンが探険。ニューヨークを流れるハドソン川は彼の名に由来する。当初はニューアムステルダムだったが、1664年にイギリスが領有し、現在の名に改めた。

州は「立つ」ということ

U.S.$はアメリカ合衆国政府が発行している貨幣、U.S.Armyはアメリカ軍のことだが、通常アメリカとよんでいるアメリカ合衆国United States of Americaは、合衆国the United Statesの名でとおっている。

ステートstate「州」とは、「立つ」という意味のラテン語に由来する言葉である。アメリカ合衆国のように、各州に独自の法律があるなど、独立した状態で州を運営している国にはふさわしい名前といえるだろう。

州の歴史をたどれば、その前段階がテリトリーterritory（準州）だったわけで、これは日本語で「領土」と訳されるように、ひとつの主権のもとに属している土地のことをいう。ちなみにコロニーcolony（植民地）は、ある国が開拓にのりだした土地、あるいは、ある国が支配下においた他国の土地をいい、その語源も、農民（coloni）を意味するラテン語にあるという。古代ローマ時代、ローマやその周辺地域が農地不足、労働力不足におちいり、食糧の獲得に危機感をもったローマ人たちが、遠方の地に農民を送り、自らの支配下においたからである。

アメリカ大陸も、イギリスの支配下にあった。

独立戦争がおこる一七七五年以前の東海岸には、一三の州があったが、それぞれがイギリスの直接支配を受けており、横のつながりは薄かった。しかし、独立の機運が高まるなか、一七七六年六月七日に、バージニア州出身のリチャード・ヘンリー・リーが大陸会議を呼びかけ、会議の席上、「われら連合したコロニーは自由で独立したステートであり、また当然、そうでなければならない」と切り出し、まずは一三州がコロニーからステートへと一気に昇格してしまった。その一三州はフェデラル・ユニオン Federal Union（連邦）にまとまり、やがて United States of America（アメリカ合衆国）となったのだ。

そしてもうひとつの U.S.、これは、同じ U.S.でも、アメリカを擬人化したアンクル・サム Uncle Sam の略称でもあるのだ。

一八一二年の米英戦争で、カナダに駐屯していたイギリス軍と戦う軍隊のために、ニューヨークのトロイを経由して肉が供給された。その荷物の検閲官はトロイのサミュエル・ウィルソンだった。愛称が Uncle Sam（サムおじさん）。彼の仕事は、その軍需物資に、政府の所有物であることを示すため U.S.のスタンプを捺すことだった。そのため、いつしか U.S.は Uncle Sam のことではないのか、という冗談がひろまり、これをニューヨーク・ポストが取り上げたことから、いつしか冗談混じりにアメリカ合衆国を Uncle Sam というようになったのだ。

ちなみに、政治の形態としては、「連邦」を正式名称とするスイス連邦 Swiss Confederation、ロシア連邦 Russian Federation が合衆国に似ている。

世界的には「共和国（Republic of ～）」を正式名称としてもつ国が多いが、これらは共和制を布く国をいう。

共和制とは、世襲的な君主制に対して、合議制の機関があり、主権が複数の人間の手にある政治形態をいう。ただし、主権者となる権利が国民すべてに与えられている場合と、貴族など、少数の特権階級だけにある場合がある。

アメリカ合衆国の国民は自分たちをアメリカンという。中央アメリカ以南の、いわゆるラテン・アメリカ人も自分たちを「アメリカ人」という。

しかし合衆国からは、彼らを「アメリカ人」とはいわない。メキシコの国民は「メキシコ人」だ。一方、ラテン・アメリカの人びとにいわせると、合衆国民は北アメリカ人（North Americans）なのだそうだ。

首都ワシントンが決まるまで

アメリカの語源となったアメリゴ・ベスプッチの名は、北アメリカ、中央アメリカ、南アメリカと、西半球の広大な地域をさす名となった。

それでは、アメリカ大陸発見の真の功労者クリストファー・コロンブスはどうだろうか。彼の名もまったく忘れられたわけではない。フランスが北米の領土をすべて失う一七五五年以降、コロンビアは、愛国、自由を象徴する名前として多用されるようになった。

合衆国ではサウス・カロライナ州の州都コロンビア、オハイオ州の州都コロンバスなど、各州の都市名などに多くみられる。ちなみに、コロンバスは一部ラテン語化、一部英語化された表記である。

　ところで、アメリカの首都であるワシントン、英語ではWashington, D.C.と書くが、この地名が、アメリカ合衆国初代大統領、ジョージ・ワシントン（George Washington）の名にちなんだものであることは誰にでもわかる。しかしD.C.とは何を意味しているのだろう。これは実はアメリカの太平洋側にあるワシントン州と区別するため、というのが第一の理由なのだが、それが「コロンビア特別区」District of Columbiaを略したものだということはあまり知られてはいない。

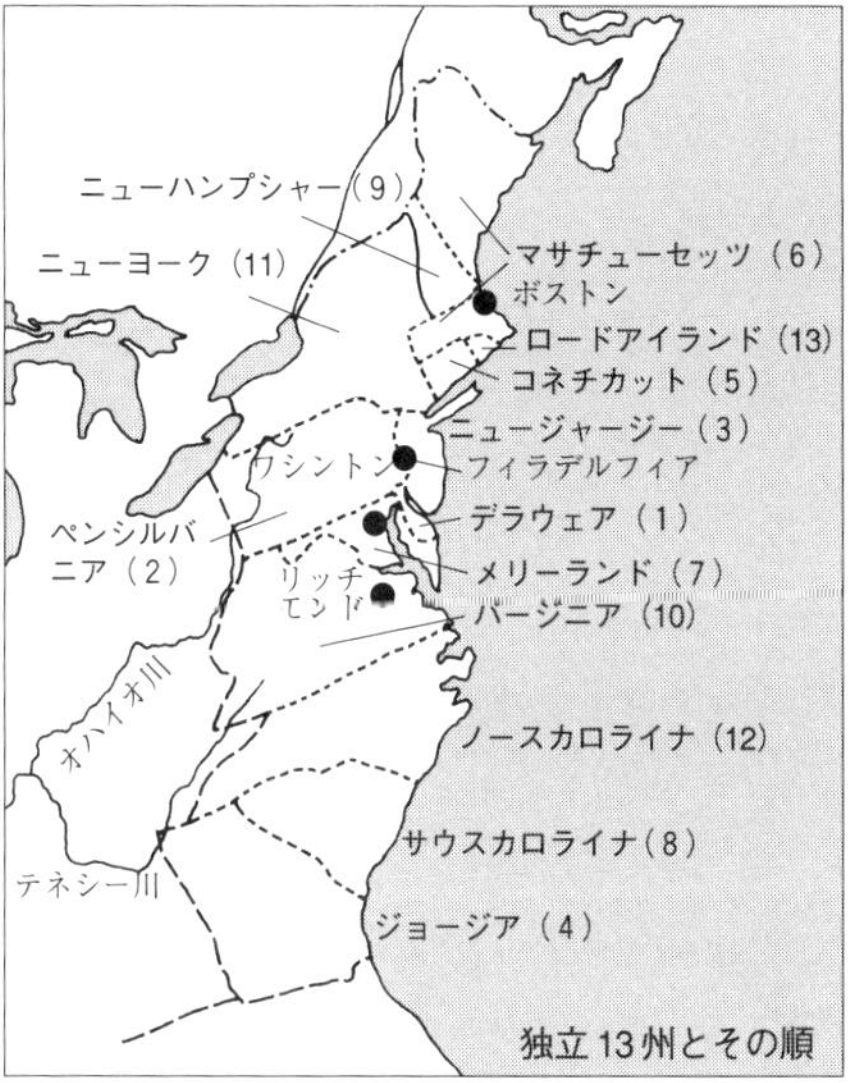

独立13州とその順

　アメリカ合衆国は、一七八三年に独立、一七八七年に合衆国憲法が制定され、一七八九年にワシントンが初代大統領に就任したのだが、独立前後の重要な集まり、たとえば一七七四年以降の大陸会議、合衆国議会などは、おもに東部のフィラデルフィアPhiladelphiaで開かれていた。一七九〇年には、とりあえず首府をフィラデルフィ

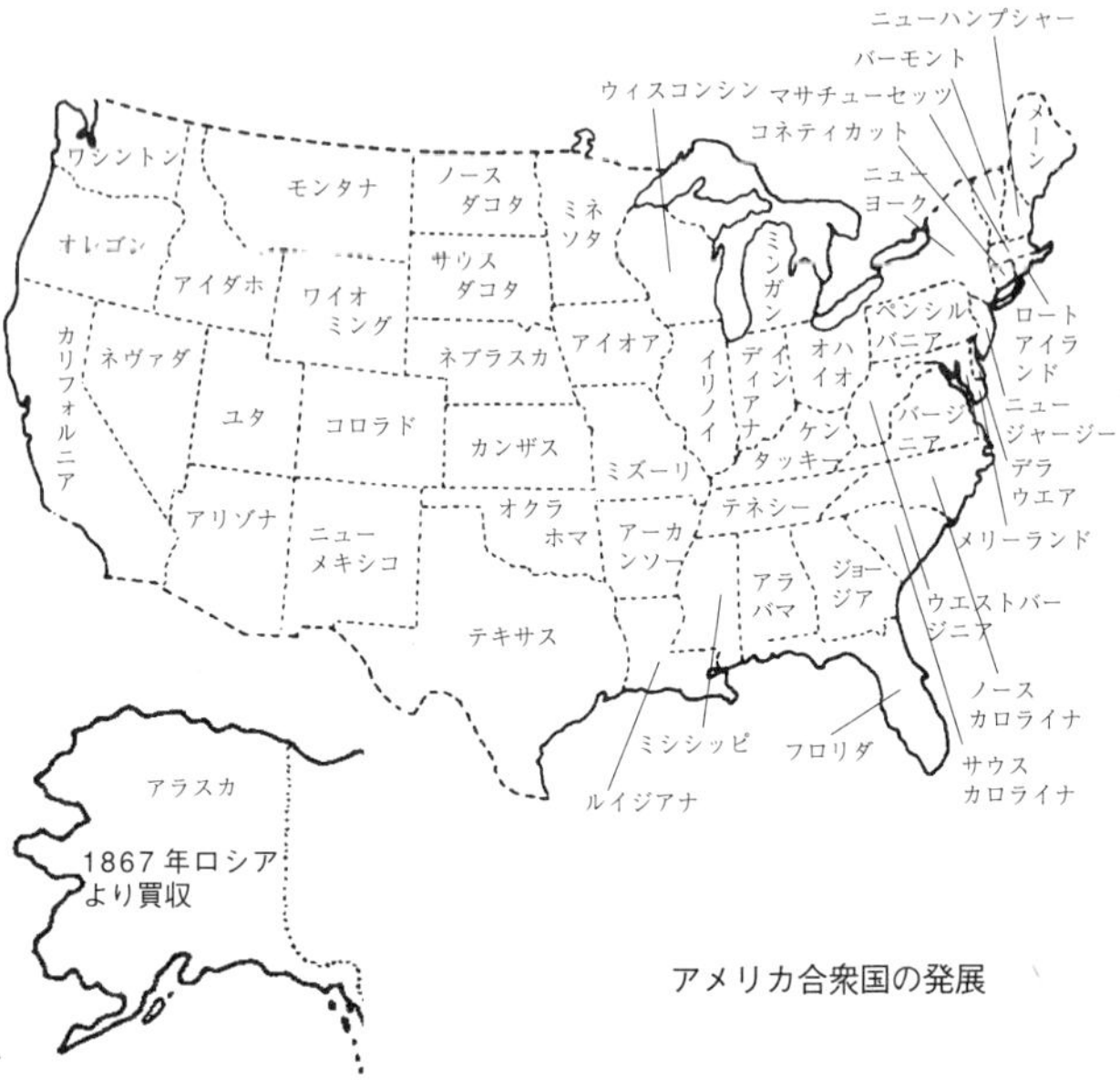
ニューハンプシャー
バーモント
ウィスコンシン
マサチューセッツ
メーン
コネティカット
ニューヨーク
ワシントン
モンタナ
ノースダコタ
ミネソタ
オレゴン
サウスダコタ
アイダホ
ワイオミング
ミシガン
ペンシルバニア
ロードアイランド
カリフォルニア
ネヴァダ
ネブラスカ
アイオア
イリノイ
インディアナ
オハイオ
ニュージャージー
ユタ
コロラド
カンザス
ミズーリ
ケンタッキー
バージニア
デラウエア
アリゾナ
ニューメキシコ
オクラホマ
アーカンソー
テネシー
メリーランド
アラバマ
ジョージア
ウエストバージニア
テキサス
ノースカロライナ
ミシシッピ
フロリダ
サウスカロライナ
ルイジアナ
アラスカ
1867年ロシアより買収

アメリカ合衆国の発展

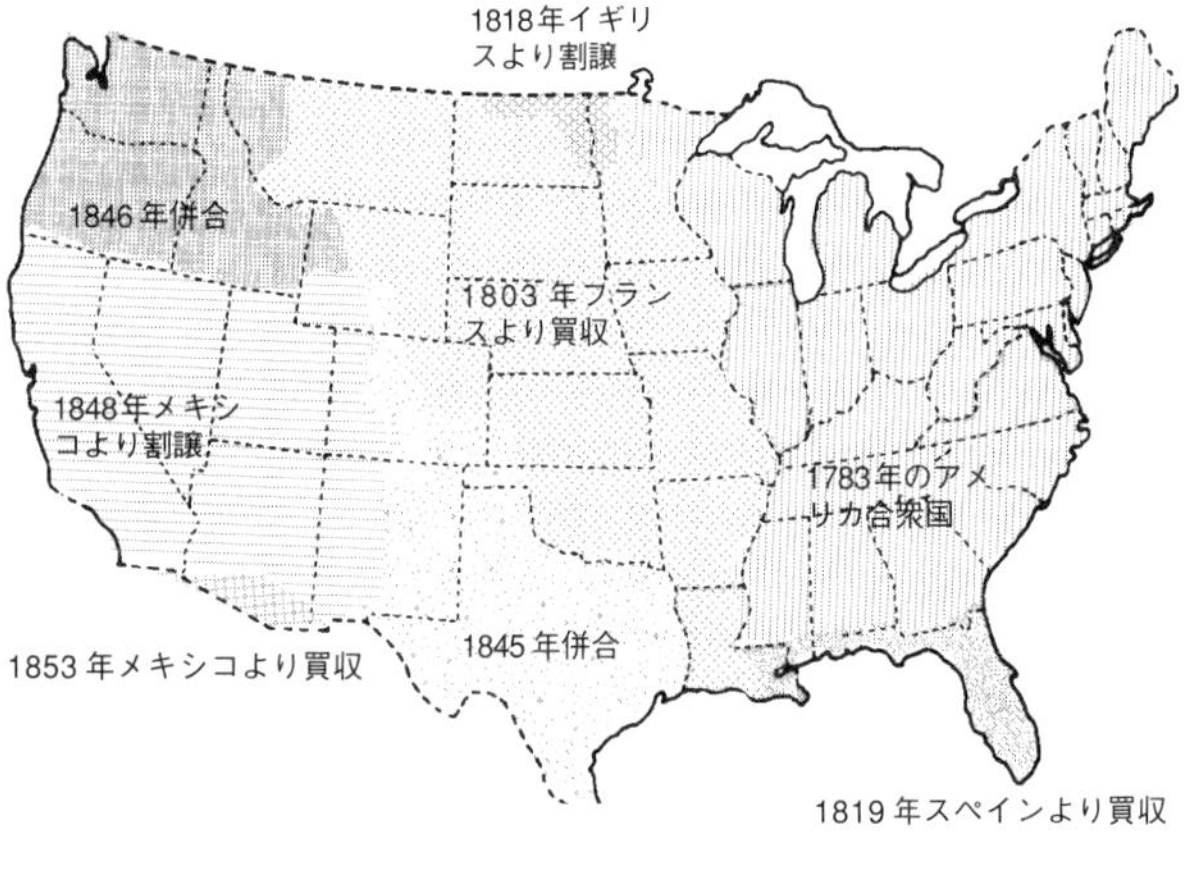
1818年イギリスより割譲
1846年併合
1803年フランスより買収
1848年メキシコより割譲
1783年のアメリカ合衆国
1853年メキシコより買収
1845年併合
1819年スペインより買収

アに置いている。

ちなみに、フィラデルフィアは、現在、ペンシルバニア州の州都で、一六八二年、ウィリアム・ペンがキリスト教の一派フレンド会クエーカー教徒を率いて入植した町で、教義が兄弟愛を理想としたものであったことから、ギリシア語のフィル philo（愛）とアデルフィ adelphi（兄弟）にラテン語の地名接尾辞 -ia をつけてフィラデルフィア（兄弟愛の地）とした。

ところが、国家の重要事項を決定する議会を特定の州で開くことは平等性に欠け、混乱の原因にもなりかねないと心配した政府は、新首都を、どの州にも属さず、これまでの地方政治とも関係のない場所に置くことの検討を議会にゆだねたのだった。

新首都の場所に関しては、多少の紛糾はあったものの一応の結着をみて、一七九一年、メリーランド州とバージニア州が、ポトマック川に沿った一六キロ四方の正方形の土地を合衆国政府に提供した。

ポトマック Potomach とは、この地に居住していたインディアンの部族名パトウォメックに由来するという。そしてこの四角い土地は、アメリカ大陸の真の発見者コロンブスの名にちなんで「コロンビア地区」と名づけられた。

そして首都所在地域全体をコロンビア準州 Territory of Columbia とし、連邦都市をワシントン市 the City of Washington にしてはどうか、とワシントン大統領に進言した。この提案は、アメリカ大陸の真の発見者であるコロンブスと、初代の大統領であるワシントンを記念するという二つの意味で理想的だったので、議会は満場一致で承認したという。

ところが、準州 territory とよばれていたにもかかわらず、連邦議会が特定の州で開かれることを懸念してか、一八〇〇年十一月二二日、新首都で開かれた第一回連邦議会では、ここは「コロンビア準州」とはされず、連邦議会の直接の管轄下におくということで「コロンビア特別区」という名称にされてしまった。つまり「コロンビア」が「ワシントン」に丸め込まれてしまったわけだ。

合衆国史上、準州とされた地域が、州（state）に昇格しなかったのはこのコロンビア準州だけだ。どうもコロンブスとアメリカとの相性はよくなかったらしい。

ロシア人のアメリカ

アメリカ合衆国の領土の拡張は、一七〇頁の地図に示したとおりである。「割譲」「譲渡」にまじって「購入」という地域があるのは意外だったのではないだろうか。アリゾナ州の南端のように、タイヤ会社を経営していたジェイムズ・ガズデンが個人でメキシコから買い取った場合もあったが、アメリカは、イギリス、フランス、スペイン、メキシコから、戦争、植民、協議、購入によって、しだいに領土を拡大していった。

ロシアから購入した土地には、北アメリカ北西のアラスカ州 Alaska がある。

この地には、有史以前からエスキモーが住んでおり、アリューシャン列島やアラスカ半島にはアレウトの先住民族が暮らしていた。アリューシャン列島はそのまま「アレウト人の列島」であるし、州名アラスカも、海洋民族のアレウトが、その地をアランシャクAlanshak（本土）とよんでいたことに由来する。

この地域は、一七四一年、ロシアにやとわれたデンマーク人探検家ベーリングによって発見された。その名残りは、「ベーリング海峡」などの名にみられる。

ロシアが探検隊を派遣した目的は、この地域の毛皮にあった。

一五八二年、ヨーロッパからシベリアに入ったロシア人は、当初、極寒の地には見向きもしなかったが、ヨーロッパの貴族社会で毛皮の需要が高まるや、帝国の主力輸出品となった毛皮の獲得にのりだしはじめた。シベリア先住民からの買い付けだけでは間に合わず、貿易業者がハンターを送り込み、その地に定住させた。そのため一七世紀末には、シベリア先住民の人口をロシア人が上回るという事態がおこってしまうほどだった。

そして、その動きがさらにエスカレートして、ロシア人はとうとうベーリング海峡を渡ってしまったのだ。しかし、当時のアメリカ合衆国にとって極寒の地アラスカは、何の関心もない土地だった。したがって紛争もおこらず、そこはいつのまにかロシア領アメリカRussian Americaとよばれるようになった。

一七八四年にはロシア人がアラスカに定住するようになり、最初の総督にはアレクサンドル・アンドレビッチ・バラノフが就任した。それを記念して、アラスカ南東海岸沖にある千以上の島のなかでも、比較的大きなものにバラノフ島という名がつけられた。その島を含む群島全体は、アレクサンダー群島という。しかしこれは、一七八六年、ロシア皇帝として即位したアレクサンドル一世の名にちなんだものだ。

一八六七年、一七代大統領アンドリュー・ジョンソンの国務長官だったスーアードが、このアラスカをロシアから買う、と発表した。

毛皮資源も荒らされ、価値のない極寒の地を買うことに、「スーアードの愚行」と罵声が浴びせられたことはいうまでもない。買い上げ金額は一エーカーあたり二セント、総額七二〇万ドルだった。

しかし、一八九八年にはゴールド・ラッシュがはじまり、三万人ものアメリカ人がアラスカに移住した。一九一二年には準州に、そして第二次世界大戦後、一九五九年に四九番目の州に昇格した。

州のモットー、North to the Future（未来に向けての北の地）という言葉が示すとおり、現在ではアラスカの石油、天然ガスなどの地下資源は、アメリカ合衆国の重要な財産となっている。今は「愚考」という人はいない。

シカゴとは「野生のタマネギがある場所」

最初にオクラホマに足を踏み入れたのはスペインの探検家コロナードで、一六世紀前半頃のことだった。一六八二年にはフランス人のラ・サールがここを訪れ、フランス領だと主張した。それを一八〇三年、合衆国が買い取ったのだ。

かつて、白人の製作した西部劇映画などは、ほとんどの場合、インディアンは白人の開拓を武力で邪魔し、危害を加える存在として描かれている。しかしこれは、あくまでも映画製作者が欧米人だからであって、先住民のインディアンにしてみれば、いきなり外からやってきて、自分たちの土地を奪っていくのだから、抵抗するのがあたりまえである。

奪い取ることはしないでも、二束三文の装飾品などと交換し、表向きの商取引で正当性を装い、社会的にも神の御名においても、恥ずべきことはしていない、と自己満足する者もあった。そうしてじわりじわりと、インディアンを不毛の土地へと追いやっていった。

しかしインディアンも、ただ西欧の一方的な常識の押しつけにとまどっている状態から、しだいに騙されなくなっていった。そこで一九世紀になると、西欧人は騙し取り、略奪することから、「代替地」を与える方法に転換する。それが一八四三年にはじまった「インディアン特別保護区」である。

当初は、広大な中部、西部がインディアン特別保護区としてあった。しかし、白人の人口が急速に増えたため、一九世紀末になると、特別保護区はテキサス州とカンザス州の間にある空地だけになってしまった。

しかし、そこもやがて白人の植民地となってしまい、インディアンには州の痩せこけた一画が残されただけになってしまった。現在、その広さは八万二九〇平方キロしかない。

そのようにして白人たちが奪い取った土地が、一九〇七年、四六番目に独立した州オクラホマである。土地のインディアンの言葉、オクラ（人びと）とホマ（赤）で「赤い人びと」、つまり白人がインディアンを差別していうときの「赤い奴ら（the Red People）」をインディアンの言葉におきかえた名である。

アメリカ中西部を最初に探検したのはフランス人のルイ・ジュリエとジャック・マルクェット神父で、一六七〇年代のことだったという。
彼らがミシシッピ川をさかのぼったところで出遭ったインディアンは、自分たちをイリニウェック Iliniwek とよんでいた。意味は、彼らの言葉で、ただ「人びと」である。この言葉に、彼らはフランス語で「～族」というときの -ois をつけ、イリノイ、またはイリヌワとよんだため、これが州名の起源となった。
州の中心はミシガン湖に面した港湾都市シカゴ Chikago である。実は、この名もインディアンの言葉で、chigagou（野生のタマネギがある場所）に由来するといわれている。

ピーターの町とルイの町

バージニア州は、もっとも早くに植民地がおかれた地域であることから、州のニックネームもthe Old Dominion（古い領地）である。

一六〇七年、イギリス国王ジェームズ一世の名にちなんだ最初の植民地ジェームズタウンが建設され、植民がはじまった。一六二四年、イギリスの直轄植民地となったが、一八世紀になるとしだいに本国の植民地政策への不満が高まり、一七七五年、この地から独立戦争がはじまった。一七八一年、ジョージ・ワシントンがアメリカに勝利と独立をもたらした後、一七八八年、十番目の州として合衆国に加わる。しかし一八六一年、南北戦争がはじまると、ここバージニアには南軍の拠点がおかれた。

バージニアVirginiaは「処女地」という意味だが、これは、エリザベス一世が「the Virgin Queen of England（イギリスの処女王）」とよばれており、彼女の幼名もバージニアだったことによる。もちろんそれが新天地のイメージに合う名だったということもあっただろう。

ところで、州都リッチモンドは、ウィリアム・バードが、イギリスの王族の居所として有名だったリッチモンドにちなんで名づけたものだが、彼は「王」にまつわる名が好きだったようで、もうひとつ興味深い地名を残している。

一八世紀頃、リッチモンドの南三〇キロほどのところにピーター・ジョーンズという毛皮商人によって拓かれたピーターズポイント Peter's Point という交易基地があった。バードはのちに、ここを町にするとき、ピーターズバーグ Petersburg（ピーターの町）としたのだが、そのアルファベットをローマ字読みにすると「ペテルスブルグ」。そう、ロシアのサンクト・ペテルブルグ Sankt Peterburg と同じなのである。サンクト・ペテルブルグは、一八世紀のはじめにピョートル大帝がロシアのヨーロッパ化をめざして建設した新都市だったが、その夢にバードが影響されたのだ。ただサンクト（聖なる）は、カトリックの名称だったため、ピューリタンだったバードは、そこまでは真似できなかったということらしい。

ルイジアナを最初に訪れたヨーロッパ人は、スペイン人探検家のデ・バカとナルバエス。一五三〇年のことだったという。一五四一年、同じくデ・ソトが探検したが、一六八二年、フランス人のラ・サールがミシシッピ川流域を探検し、ミシガン川流域にいたる広大な地域をフランス領と宣言した。そして、時のフランス国王ルイ一四世にちなんで、ルイジアンヌ Louisiane（ルイ王のもの）と名づけた。

しかし、一七五五年にはじまったフレンチ・インディアン戦争で不利になったフランスは、一七六二年、この地域をスペインに譲渡し、このときから地名も Luisiana とつづられるようになった。その後、一八〇〇年にフランスが再び取り戻したが、一八〇三年、フランスからの購入によってアメリカ領となり、地名もフランス語表記とスペイン語表記をそれぞれ取り入れて

Louisianaとつづるようになった。一八一二年、一八番目の州になり、上流地域はミズーリとして二一番目の州になった。

歴史的にみて、フランスの影響がかなり大きかったアメリカ合衆国の地名には、その名残りがいまも残されている。とくに、イギリスに対しての独立戦争の時代には、フランスと同盟を結んだこともあって、フランス語の「町」を意味する接尾辞「ビル-ville」が好まれたようだ。

一七七八年、独立戦争で勝利した一団が、オハイオ川を上流に向かって進んでいたとき、植民を目的に同行していた何家族かが、オハイオ川の南岸にある場所を定住地に選んだ。そのとき彼らは、当時のフランス国王ルイ一六世にちなんで、そこをルーイビル Louisvile（ルイの町）と名づけた。現在、ルーイビルはケンタッキー州で最大の町に発展している。

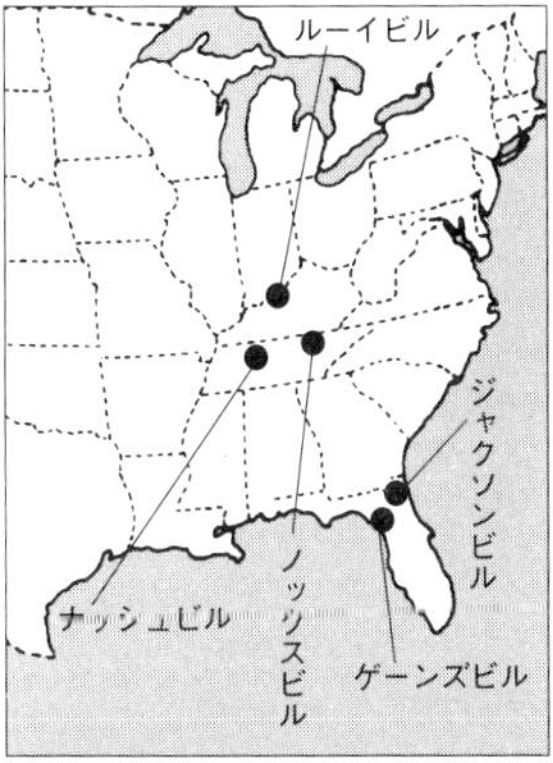

なかには、わざわざ英語名の末尾をフランス風に変更したものもある。

たとえば、フロリダ州で最大の都市、ジャクソンビル Jacksonville（ジャクソンの町）は、第七代大統領アンドルー・ジャクソンの名にちなんだものだが、この地は、彼が一八二二年に、最初の植民地知事に任命されたところだ。明らかな英語名に、フランス語の接尾辞がつけられてしまったのだ。

フロリダ州には、ほかにも、フロリダ大学の所在地として知られるゲーンズビル、テネシー州には州都ナッシュビル、ノックスビルなどがある。ちなみに、この町の名ノックスは、ワシントンのもとで初代陸軍長官を務めたヘンリー・ノックス将軍の名にちなむものだが、彼はスコットランド系である。

アメリカにはモスクワもカイロもある

新大陸アメリカに入植した人びとが、新天地に名前をつけようとしたとき、まず現地のインディアンがどうよんでいるかをたしかめようとしたにちがいない。そしてこれも当然であろうが、故郷の懐かしい風景を思い出し、その名をつけたものなど、さまざまな命名がある。


州名では、インディアンのグループ名、川や湖の地名などがもっとも多く、二七州(アラバマ、アラスカ、アリゾナ、アーカンソー、コネティカット、アイダホ、アイオア、イリノイ、カンザス、ケンタッキー、マサチューセッツ、ミシガン、ミネソタ、ミシシッピ、ミズーリ、ネブラスカ、ニューメキシコ、ノース・ダコタ、サウス・ダコタ、オハイオ、オクラホマ、オレゴン、テネシー、テキサス、ユタ、ウィスコンシン、ワイオミング)。

これらの地名は、文字をもたないインディアンの言葉をヨーロッパ人が聞き取り、アルファベット表記したという歴史がある。そのため、最初に記録したヨーロッパ人が、どこの国の人間かによって地名の発音が異なり、あるときにはフランス語的に、あるときはスペイン語的になっている。

次が、イギリス国王の許可のもとで植民がおこなわれたという歴史から、英語の地名が一四州ある（デラウエア、ジョージア、インディアナ、メーン、メリーランド、ニューハンプシャー、ニュージャージー、ニューヨーク、ノース・カロライナ、サウス・カロライナ、バージニア、ウェスト・バージニア、ロード・アイランド、ワシントン）。

スペイン語地名は四州（カリフォルニア、コロラド、フロリダ、ネバダ）。

フランス語地名は二州（ルイジアナ、バーモント）。

ラテン語地名が二州（モンタナ、ペンシルバニア）。

ハワイ・ポリネシア語名が一州である（ハワイ）。

都市名では、イギリスからの植民が早い時期からおこなわれた東部に、本国イギリスから拝借してきた地名が多い。その数は百をこえる。

コネティカット州グロートンGroton、ダンベリーDanbury、ニューヘブンNew Haven、ニューロンドンNew London、デラウエア州ドーバーDover、ニューハンプシャー州ポーツマスPortsmouth、バージニア州リッチモンドRichmondなどなど、これらはいずれも本国からもち

おもな外国起源の地名

こまれた名前だ。

またこれは、いかにも新大陸アメリカを思わせるものかもしれないが、いくつか、外国起源の地名をみておきたい。

アイダホ州モスコーMoscow（モスクワ）は、大国の中心地となることを願った地名であり、似たものには、アラバマ州のフローレンスFlorence（フィレンツェ）などがある。

イリノイ州ケアローCairoは、ミシシッピ川とオハイオ川の合流点にあり、ナイル河口デルタ地帯の豊かな農地に恵まれたカイロのようだということから名づけられた。ジョージア州ローム Rome も、丘のある町のすがたがローマの七つの丘に似ていたからといわれている。

テネシー州メンフィス Memphis も、古代エジプト王朝時代の政治、文化、外交で重要な役割をになった都市メンフィスにあやかろうという願いがあったという。エルビス・プレスリーの出身地としていまは名高いが、当時、この町は、アメリカでもすさまじい貧困地帯だった。

こうした古代文明の地名はほかにもある。

アラバマ州・オハイオ州・ジョージア州・テネシー州・テキサス州にあるアセンズ Athens は、古代ギリシアの学問、文化の中心地だったアテネの名にちなんだもので、いずれの「アセンズ」にも大学が設けられている。

サウス・カロライナ州スパータンバーグ Spartanburg は「スパルタの町」。優れた軍人を輩出した古代ギリシアのスパルタにちなんだ名だが、これは独立戦争で戦功のあった連隊名につけられていたスパルタという名がそのまま地名になったものだ。

ほかにも、ニューヨーク州トロイ Troy（古代ギリシア時代のトロイ）、ミズーリ州カーセージ Carthage（フェニキアの植民都市カルタゴ）などがある。

マサチューセッツ州セーレム Salem（エルサレム）は、オレゴン州など、大きな町でも十数カ所、小さな町や村まで入れると三十から四十もあるといわれる。エルサレムが、ユダヤ教、キリスト教の共通の聖地だという理由もあるが、その名がヘブライ語で「平和」を意味することも好まれた理由のひとつであろう。

第8章

アフリカ――「黒い大陸」の伝説

アイト・ベンハッドゥのカスバ（モロッコ）
アトラス山脈の麓にあるアイト・ベンハッドゥの町。「アイト」はこの地方の「郡」にあたる接頭辞。カスバとは「砦」という意味。北アフリカ特有の城塞に囲まれた居住区域のことをいう。

黒い人の国

かつてヨーロッパ人は、アフリカを「暗黒大陸」とよんだ。

大航海時代（一五～一七世紀）になってからも、知られていたのは大西洋、インド洋に面した沿岸部がほとんどで、沙漠とジャングルに阻まれた内陸については、まったく未知の大陸だった。そのうえ、そこに住む人びとは黒人なので、いっそう「暗黒」という印象が強かったのだろう。そうした言葉が世界に広まり、世界中に「暗黒大陸」のイメージを植えつけることになってしまったのだ。

エジプトはアフリカの一部ではあるが、古代エジプト人の肌の色は褐色だった。彫像などでは、女性の肌はクリーム色で彩色されているほどだ。当時のエジプトは、現在のスーダン北部、ヌビア地方との交流もあったが、そうした記録では、ヌビア人はエジプト人とは異なる黒人として描かれている。実際、現在でもエジプトの南部に行くと、黒い人が多くなってくる。

エジプトの南に位置するスーダンは、アラビア語で「黒い人」。ビラッド・エル＝スーダン「黒人の国」（ビラッドは国）が国名の由来となっている。

アラブ人のアフリカへの侵攻は七世紀にはじまるが、エジプトからナイル川をさかのぼって発見した地域は広大なものだった。そして結局、褐色の人が暮らす北アフリカの南、つまりサハラ沙漠より南は、すべて黒人の国であることを知ったのだった。一九世紀には、大西洋沿岸にはじ

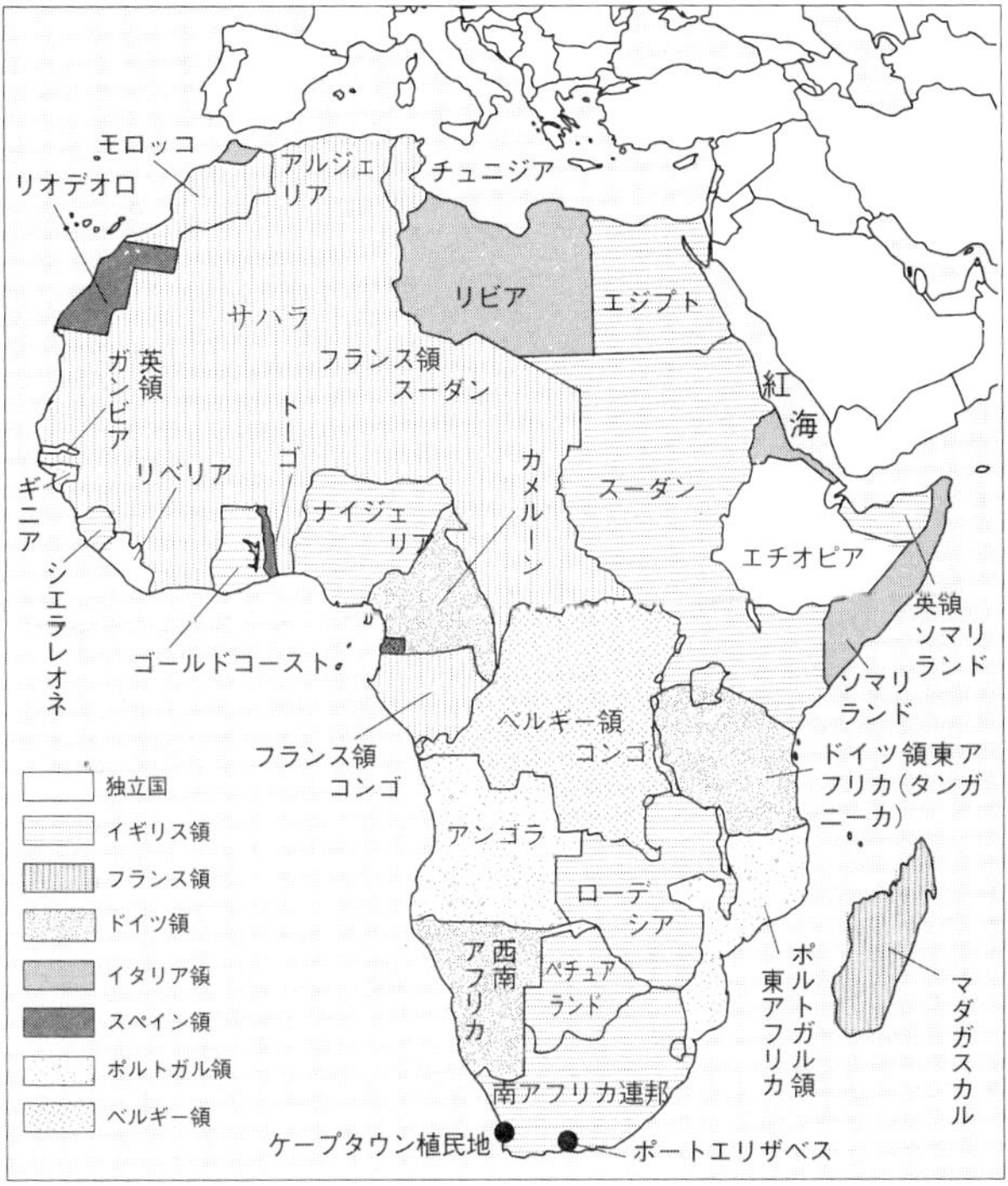

まるフランス領スーダンとイギリス統治下のスーダンを合わせると、「スーダン」とよばれる地域はアフリカのほぼ三分の一を占めるほど広大な地域だった。

一九六〇年、フランス領スーダンから独立したモーリタニアも古代ギリシア人がマウロス mauros(皮膚の黒い人)とよんだムーア人の国を意味する。同じ西アフリカのギニアも、土着のベルベル人の言葉アグナウ(黒い人の土地)に由来する。かつてギニアとは広く、西アフリカ全体を指す言葉だったのだ。

さらにイギリス領スーダンの東にあるエチオピア、ソマリアも、言葉が違うだけで、意味するところは「黒人の国」である。

エチオピア Ethiopia は、ギリシア語の aitos（日に焼けた）と ops（顔）と地名接尾辞の -ia からなる。アフリカが「スーダン」とよばれる以前、古代ギリシア人がサハラ沙漠以南を漠然とエチオピア（アイトスオプシア）とよんでいたという歴史がある。外国から「黒い人の国」とよばれていたスーダンのなかでも、ヌビア人の言葉でさらに「黒い人の国」とよばれていた所もある。それがソマリアである。ヌビア語のソマリ（黒い）に由来するといわれているが、一説では、土着のアムハラ語のゾムマ（家畜をもつ人）に由来するともいわれている。

一口に「黒人」といっても色の濃淡が地域によって異なるので、その言葉を最初に使ったヌビア人にとっては、自分たちよりも黒いという印象があったのかもしれない。

ところで、このソマリアは、その国の形から「アフリカの角」とよばれていたが、アラブ人がインド洋で交易をしていた時代には、紅海沿岸へ向かうルートと、現在のケニア、タンザニアにくだるルートの要衝だった。

「大きな石の家々」という国

二〇〇〇年五月、ジンバブウェ Zimbabwe で白人の家屋を黒人が襲撃するという事件がおこった。ニュースでは、政府も黙認している状態だった。イギリス植民地時代から続く白人至上主義への反動、黒人差別の弊害がいまも尾を引いているのだ。

しかし、この国の地名の歴史をみると、黒人が白人に恨みをもつのも当然と思えてしまう。このジンバブウェが独立したのは、一九八〇年のことだが、国名は、「大きな石の家々」を意味する。古代の石造遺跡、大ジンバブウェ遺跡 Great Zimbabwe にちなんだものだ。

遺跡には直径数十メートルもある巨大な石造建造物がいくつもあり、その威容に圧倒されてしまう。黒人を劣った人間と決めつけ、人類がアフリカから進化したことを長く認めなかった白人たちは、この遺跡を黒人のものとはどうしても信じられなかったし、また信じたくもなかった。そのため、ここから発見された黒人文化を明らかにするような遺物は公にしないという暴挙に出たほどだ。そんな白人が下した結論は、この遺跡は「旧約聖書」に記された地、金や香木を産出する豊かな国オフェールにちがいない、というものだった。現在でも、そう信じて疑わない白人が多いという。

そしてこの国には、もうひとつ、独立以前につけられていた地名がある。当時は、現在のザンビアとともにローデシア Rhodesia という国名だったのだ。この地名は、ダイヤモンド・金鉱で巨富を得たイギリス人セシル＝ジョン・ローズ Cecil Jhon Rhodes の名に由来している。政治家でもあった彼は、莫大な財産にものを言わせてイギリス政府を動かし、北へ北へと、さらなる鉱物資源を求めて領土を拡大し、一八八九年、彼のイギリス南アフリカ会社が獲得した地域にローデシアと名づけたのだ。その後、この地方の黒人が虐待され、強制的に労働にかりだされたことはいうまでもない。

長い間抑圧されてきた黒人が独立の機会を得たとき、自分たちが誇りとする文化、白人に危機感をもたせた遺跡の名をつけたのは、アフリカの大地は、とにかく黒人のものであることを強調するためにも重要なことだったのである。

勝手に線引きされた国境

アメリカ、アフリカ、アジア、ユーラシア、オーストラリアの、いわゆる五大陸の地図を見比べてみると、ある一つのことに気づく。北アメリカ、アフリカ、オーストラリアの国境線や州境の多くが直線的なことだ。これは明らかに、欧米の権力者が机上で、輪郭だけがある地図に定規をあてて線を引き、あとで実地と照らして細かなところを調整したことがあらわれている。

西欧列強による、そうした線引きがとりあえず終わったのは、一八八四年、ベルリン国際会議によって、コンゴ自由国が成立したときだ。コンゴとは、一五世紀頃に存在していたコンゴ王国の名であり、土着のバンツー語で「山」を意味する。ただ一九世紀半ばになってもこの地帯のことはまだよくわかっていなかった。そこで、ベルギーが探検家を派遣したのだが、イギリス、フランス、ドイツなど一五ヵ国が介入し、紛争がおこった。そのため、先の会議が開かれ、コンゴについては各国が自由、平等の権利をもつことが決められたというわけだ（その後一九〇八年に、コンゴはベルギー領となった）。それがアフリカにおける最後の線引きだった。

一九六〇年にはアフリカに独立ラッシュがおこった。しかしその国境は、ヨーロッパ列強が勝手に引いたものだったため、同じ民族が国境によって引き裂かれたり、敵対する民族同士がひとつの国となってしまったりしたため、今日も悲劇が繰り返されている。

コンゴもコンゴ共和国とコンゴ民主共和国（一九七一年〜一九九七年までザイール）に分裂し、動乱がおこっている。コンゴ民主共和国の東側の小さな国、ブルンジとルワンダでは、ともにツチ族とフツ族の抗争が繰り返され、多くの死者、難民が出ている。

しかしなかには、植民地のままでいることを希望しているところもある。モザンビークとマダガスカルの間の海峡にあるコモロ諸島は、主要四島がコモロ・イスラム共和国として一九七五年にフランスから独立した。地名は、古代ギリシアの伝説の地オレ・セレナイエ（月の山）を発見したとするアラブ人が、自国語でエル・コムル el komr（月）とよんだことによる。

ところが、このうちの一つ、マホレ（マヨット）島だけは独立をよしとせず、翌年、住民投票をおこない、フランスの植民地として残ることを決定した。その帰属をめぐっては、現在も争われている。この島だけがフランスに残りたいと望むのは、コモロの他の三島がイスラム教であるのに対して、このマホレ島の住民の大部分がキリスト教であり、思想、文化まで西欧化してしまっているので、今さらアフリカにもどれといわれても引き返せないところまで来てしまっているからである。もちろんフランスとしても、これまでどおりここに海軍基地をおいておきたいという理由もある。

西欧の力を借りて土地を守り、独立を果たした国もある。南アフリカのなかにポツンと取り残されたようなレソトとスワジランドである。

一六〇二年、東インド会社を設立したオランダは、一七世紀半ば、大西洋からインド洋への航路の要衝である南アフリカにケープ植民地をおいた。植民地へは、オランダから農民の移住もはじまり、彼らはのちにボーア人とよばれるようになる。ボーア人とは「農民」を意味する。

ボーア人は先住民の土地を武力をもって奪い、農場や鉱山を開いていった。人びとは追われ、連鎖的に民族間の紛争もおこった。一九世紀はじめ、そんな動きのなかで、現在のレソトあたりを支配していたソト人の王モシェシェは、逃げ込んできたバスト人を保護し、自分の領地内に住まわせた。そのため迫害された各地の人びとは、モシェシェのもとに集まるようになったが、ボーア人の攻撃はさらに激しさを増していった。そこでついに一八六八年、モシェシェ王はオランダとインド航路の覇権を争っていたイギリスに保護を求めた。

　やがてモシェシェが亡くなると、その保護領はバストランドとよばれ、白人の土地の所有が禁じられることになった。南アフリカが白人至上主義の道を歩んでいくなかで異色の存在となったのだ。国としての独立は、一九六六年、モシェシェの曾孫にあたるモトロセリがモシェシェ二世として即位し、「ソト人の国」を意味するレソト王国となった。

　スワジランドも同じような経緯をたどることになる。スワジとは、首長ムスワジの名に由来する地名である。

　一九世紀半ば、ボーア人らの圧力に耐えかねたスワジ族がやはりイギリスに保護を求めたのだ。スワジランドは一九六八年に独立するが、鉱山などの資源は南アフリカの白人が所有していたため、白人による迫害を長く受け続けることになる。

マルコ・ポーロの誤解からマダガスカルに

マダガスカル島は西欧の影響を受ける以前から複雑な歴史がある。

　日本の一・六倍もあるこの巨大な島は、一三世紀、インド洋沿岸を訪れたマルコ・ポーロが、アフリカ東部にあるというモガディシュの話を聞き、それをマディガスカルと聞き違えて『東方見聞録』に記録してしまったことによる。実際には、それはソマリアのインド洋沿岸にある首都モガディシュのことだったのだが、彼はそれが島であるかのように記してしまったのだ。

一五〇〇年、ポルトガルのディアスが、実際にマダガスカルを発見し、本国にその報告をすると、『東方見聞録』の知識をもっていたポルトガル王は、それこそがマルコ・ポーロの記した「マディガスカル」に違いないと思い込み、「マダガスカル」という名が確定してしまったのだ。現地の正称マラガシィ Malagasy には、「山の人びと」という意味がある。

ここマダガスカルはフランスの植民地だったことから、キリスト教がもたらされ、西欧の文化の影響を強く受けている。しかしその歴史をたどると、もっとも古いこの島の住民はインド洋を渡ってきた東南アジアの人びとなのだ。紀元前後から中世にいたるまでの間に、海を渡り、移住がおこなわれてきたといわれている。今も、主食は、移住者が携えてきた米だというから驚きである。そして次に、九世紀頃、インド洋を航海していたアラブ人によるイスラム文化の影響も受けている。この島の黒人は、すべて、アラブ人がアフリカ本土から連れてきた人びとの子孫だというのも、黒人の大陸アフリカにあっては珍しいことだ。

自然についても、大陸と隔絶して進化したことによって、特異な動植物があることで知られている。なかでもリスともサルともつかないレムールとよばれるリステナガザルの仲間が、インド洋を隔ててインドやマレー半島に生息していることが注目されたことがあった。インド洋に幻の大陸レムリアがあったとの説が唱えられるようになった由縁である。地質学的には、インドはマダガスカルと隣同士だった陸地が北上してアジアにぶつかり、エベレストができたとされているのだから、インドとマダガスカルは関係がないわけではない。

マダガスカルは、その誕生、自然史、人間の歴史のどの分野でも非常に特異な島として注目を集めている。

主な地名の接尾辞、接頭辞— 2

【ゲルマン語系②】

〜ランド -land　「国」の意。

〜シャー -shire　「州」の意。ハンプシャー（イギリス）「自作農場の州」。

〜シティー -city　「町」の意。

〜トン -ton　「集落」の意。キングストン（ジャマイカ）「王の荘園」。

〜タウン -town、〜トン -ton　「町」の意。

〜フォード -ford　「浅瀬」「渡し場」の意。オックスフォード（イギリス）「ウシの渡し場」など。

〜フルト -furt　「浅瀬」「渡し場」の意。フランクフルト（ドイツ）「フランク族の渡し場」。

〜フォート -fort　英語で「浅瀬」「渡し場」の意。フランクフォート（アメリカ合衆国）「フランク（人）の浅瀬」。

【フランス語系】

〜ビル ville　「町」の意。ナッシュビル（アメリカ合衆国）「英雄ナッシュの町」。

アンコール〜 Angkor-　「都市」の意。サンスクリット語の〜ナガルがフランス語で転訛したもの。アンコール・ワット「寺院の都市」、アンコール・トム（カンボジア）「偉大な都市」。

〜ブール -bourg　「都市」「町」の意。シェルブール（フランス）「高貴な町」。

【ロシア語系】

〜グラード -grad　「都市」の意。ボルゴグラード（ロシア）「ボルガ川の都市」。

〜ゴロド -gorod　「都市」の意。ノブゴロド（ロシア）「新しい都市」など。

〜スク -sk、〜ツク -tsk　「都市」の意。イルクーツク（ロシア）「イルクート川の都市」。

〜オボ -ovo　「町」の意。イワノボ（ロシア）「イワン大帝の町」。

【カザフ語系】

〜タウ -tau、〜トイ -ty　「村」の意。アルマトイ（カザフスタン）「リンゴの村」。

【サンスクリット語系】

〜ナガル -nagar　「都市」の意。シャムナガル、バウナガル（インド）。

〜プル -pur、〜プラ -pura　「都市」（城塞都市）の意。ウダイプル（インド）「英雄ウダイの都市」。

〜ダーラ -dhara　「土地」の意。ガンダーラ（インド）「香り高き土地」。

〜カルタ -karta　「都市」の意。ジャカルタ（インドネシア）「勝利の都市」。

第9章

「自然」が生み出した地名

マチュ・ピチュ遺跡（ペルー）
インディオの言葉で「老いた峰」。16世紀、スペインの侵略から逃れ、標高2460メートルのこの山に築かれたインカ帝国の１都市。インカ帝国の首都クスコは「へそ」「中心地」を意味する。

すべては川からはじまった

太古、人類は川に沿った場所で農耕をはじめ、協力して豊穣をめざすなかで言語が発達し、しだいに社会のしくみが確立していった。

まずは、四大文明の源流となった川からみてみよう。

いちはやく牧畜、農耕がはじまったティグリス・ユーフラテス川の流域は、古代ギリシア人がメソ Meso（間）とポタム potam（川の）に地名の接尾辞-ia をつけて「メソポタミア」とよんだ土地である。ユーフラテス Euphrates とは、川幅の広い「穏やかな流れ」、対してティグリス Tigris は「矢のように流れが速い川」を意味し、その名の通り、たびたび氾濫をおこした。二本の川の特徴をとらえて、そうよびわけたのだ。ところで、この二本の川は、上流から土砂を流し続けて海岸線を埋め、古代文明が発祥してから約三千年後（それでも紀元前一世紀）には、合流した。そして、そこに新しい名前がつけられた。そのとき、すでにこの地域はアラブ圏になっていたので、その名もアラビア語でシャット・アル＝アラブ川（シャット Shatt「大河」に定冠詞の al－「アル」とアラブ arab）。「アラブの大河」である。

一九七五年に、この川をイランとイラクの国境とする協定が結ばれたものの、一九七九年のイラン革命に乗じたイラクがこの川を越えてイランに侵攻した。こうして、八年におよぶイラン・イラク戦争が繰り広げられたのだが、このとき、反西欧化をめざすホメイニ師が国家の主導権を握ろうとしていたので、欧米、アラブ諸国がイラク支持にまわり、長期化してしまったという歴史も刻まれている。

古代中国文明の発祥地となった黄河《ホアンホー》、長江も、それぞれの特徴でよびわけられている。黄河は、上流の黄土地帯を流れてくるために水が黄色く濁っているようすを、また長江《チャンチアン》は中国最長の、ゆったりとした流れをあらわしたものとなっている。

かつて長江は揚子江《ヤンツーチアン》のよび名で知られていたが、これは河口近くの揚州にちなんだ局地的な言い方だった。ちなみに漢字の「川」「河」は、「河」が大きな川というくらいの区別だが、ただ江北、江南、江西といえば、すべて長江を規準にしてどの方角の土地かということをあらわしている。

エジプトのナイル川の語源は、古代エジプト語にある。国土を流れる川がたった一本、それも下流のデルタ地帯にいたるまで、ただの一本も枝分かれすることがなかったため、川をよびわける必要がなく、ナイルはイル（川）に、ナという冠詞がついただけ、つまり「川」なのである。

インダス文明をもたらしたインダス川も、サンスクリット語で「川」を意味するヒンドゥーhindu がそのまま川の名となったもので、これもただ「川」である。今日ではパキスタンを流れる川だが、かつてこの地をも含めてインドという名は、このインダスに由来する。また、ヒンドゥー教徒にとっての聖なる川ガンジスも、ヒンドゥー語のガンガ Ganga（川）あるいは「川の女神ガンガ」を意味するが、いずれにせよ、これもただ「川」である。

世界各地の河川名で特徴的なことは、主要な川ほど、ただ「川」であるとか、その川を形容する言葉がつくくらいの簡単なものが多いということだろう。

たとえば、ロンドンを流れるテムズ川 Thames は、ヨーロッパの先住民ケルト人の言葉で「黒い川」、中部ヨーロッパの大河ライン Rhein もケルト語で「流れ」「川」、ドイツ北部のエルベ川 Elbe もゲルマン語で「流れ」「川」、フランスのパリを流れるセーヌ川はケルト語の sog（ゆったり）と han（川）で「ゆったりと流れる川」だ。またスペインのイベリア半島の語源にもなっているエブロ川 Ebro はイベリア語で「川」、ポルトガル、スペインを流れるドウロ川 Douro はケルト語で、これもまた、ただ「川」である。

黒海に流れ込む川で共通していることは、インド・ヨーロッパ語族で「川」を意味する接頭辞の Do か Da が必ずついていることだ。ドナウ川 Donau もドン川 Don も、その意味するところはやはり「川」、ドニエプル川 Dnepr は「北の川」ということだ。ちなみにドナウ川は、いくつもの国を流れているので、各地でよび名が違っている。上流からいうと、ドイツ語ではドナウ、スロバキア語でドゥナイ、マジャール語（ハンガリー）でドゥナ、セルビア・クロアチア語でドゥナフ、ルーマニア語でドゥナリヤ、ロシア語でドゥーナイ、英語ではダニューブである。

アジアも例外ではない。アムール川 Amur は「黒い川」、東南アジアのメコン川 Mekong はタイ語のメナム Menam（川）とコング kong（大きな）で、「大きな川」である。

アフリカの大河も、それぞれ現地の言葉で、ニジェール川 Niger は「川」、ザイール川 Zaire

（コンゴ）は「大きな川」、ザンベジ川はZambezi（大きな水路）である。

新大陸アメリカでも、インディアンの言葉が残るミシシッピ川Mississippiは「大きな川」である。

ところで、川という言葉の性だが、ラテン語系、アラビア語では男性形、ロシア語（スラブ系）では女性形という違いがあることも面白い。しばしば文明を育んでくれたという意味で「母なる川」と形容することが多いが、男性形であるのは父親のように食べ物をもたらし、ときには外敵から守ってくれる堀のような感覚があったということだろうか。そういえば、ナイルの化身であるハピ神は肥った男神であり、あふれんばかりの食べ物をのせた供物卓をもった姿であらわされている。それに対して、スラブ語系のロシアでは民謡「母なるボルガ」などにみられるように川の母性を強調したものになっている。

古代ギリシアの時代から二千年も経った一五四一年、彼らの神話に登場する「アマゾン」伝説を忘れずにいたスペイン人の探検家がいた。

フランシスコ・デ・オレラナは、南アメリカのアンデス山脈から流れ出す大河を探検するため、東の大西洋沿岸まで、約六四〇〇キロを踏破した。彼の探検の起点はペルーだったが、川を下りながら、幾度となくインディオと戦わなければならなかった。そのとき、なぜか彼には、女性が戦いに加わっているようにみえたらしいのだ。そこで彼の頭にうかんだのが、アマゾン伝説だった。彼は、すぐにその川をリオ・デ・ラス・アマゾナス（アマゾネスたちの川）と名づけた。一時は、発見者オレラナの名にちなんで、オレラナ川とよばれたこともあったが、結局、神秘的な「アマゾン」の名が採用され、今日にいたっている。

太平洋の発見

大西洋は地中海と続いていたので、早くからその存在が知られていたが、太平洋はマゼランがこの海を横断するまで、ヨーロッパ人にはまったく知られていなかった。ヨーロッパから大西洋をわたって新大陸へ行くか、あるいは地中海、大西洋、紅海、インド洋を経てアジアに行く海路しかなかったので、太平洋には縁がなかったということだ。

大西洋をわたって新大陸を発見したヨーロッパ人は、大陸を探検するうちに、その向こうにまた別な海が広がっていることを知った。

一五一三年のことである。スペイン人の探検家バルボアは、南北に長く連なる新大陸のなかでも、もっとも狭い中央アメリカの、今日のパナマを訪れ、そのまま陸地を横断して新しい海を発見した。ただこのとき彼は、パナマを北から南に横断してこの海に行き着いたため、エル・マール・デル・スール el Mar del Sur（南の海）と名づけた。

一五一九年、アメリカの南端まで来たマゼランは、そこのインディアンが厚い革の靴をはいていたため、「大きな足」を意味するスペイン語「パタゴニア」と名づけた。そしてさらに南へ向かい、東から西への水路に行き着く。のちの「マゼラン海峡」である。彼はここを五週間かかって通過し、ようやく「南の海」に出ることができ、いよいよ新大陸の西に広がる海の横断に乗り出したというわけだ。

マゼランの航海は、約四ヵ月、百十日間を要したのであるが、そのうち一日も暴風雨に見舞われることがなかった。その印象がよほど強烈だったのだろう。彼は、この海をラテン語でMare Pacificum（平穏な海）と名づけたのである。英語でもそのままPacific Oceanで、漢字表記の「太平洋」は、その名前の意味をあらわしたものだ。しばしば「太平洋」を広くて大きいということから「大平洋」と書き誤ることが多いが、こうして起源を整理してみると、意味がまったく異なることがわかる。

紅海と黒海

一般的に、海には青というイメージが強いが、たとえば紅海などはなぜ「紅」なのだろうか。なかには、褐色の桂藻が多くて赤く見えるとか、赤潮が発生しやすいことをその名前の由来にしていることもある。

しかし、この紅海を機上から見る機会がたびたびあるが、そんな状態の紅海を目にしたことは一度もない。もちろん沿岸に行っても、海が赤く見えるのは夕日に映えたときくらいのものだ。紅海には一本の川も流れ込んでいないから、生活排水で汚れることもなければ、雨水で濁ることもない。この海で印象的なのは、紺碧の海に明褐色の沙漠という強烈なコントラストである。

古代エジプト時代、沙漠をいいあらわす言葉はデシュレ（赤）から派生したデシェレトである。沙漠を越えた外国もデシェレトとよばれていたから、沙漠の向こうにある海の呼称は「赤い沙漠に囲まれた海」、つまり「紅海」なのである。

ギリシア人たちはそれをそのまま意訳してエリュトラ Erythraei といい、のちのアラブ人も Bahr el = Ahmar とよび、今日にいたっている。

黒海は、前八世紀頃からギリシア人が植民都市を建設して交易をおこなっていた。地中海と違って、穏やかな海であったため、ポントス・エウクセイノス（やさしい海＝友好的な海）とよばれていた。しかし、のちにここに入り込んだ古代ペルシア人がペルシア湾の紺碧の海と比べて、北の暗いイメージをもったので、彼らの言葉でアハシャエナ（暗い海）とよんだ。キエフ公国の時代には、ロシア側ではルス・モレ Russhoe More（ロシアの海）とよぶこともあったが、オスマン・トルコをはじめその他の国も、古代ペルシア語の「暗い海」を「黒海」と訳して、その言葉でよぶようになった。

黄海は朝鮮半島と中国の間、黄土地帯を流れてくる黄河が渤海に注ぎ、そのまま海流にのってこの海に入ってくると、水の色が黄色に濁ってみえることによる。ちなみに渤海とは、漢字の意味をそのままとると「波がわき立つ海」。干満の差が大きく、波が荒いようすをあらわした名前である。

死の海とソドム

イスラエルとヨルダンの国境には、水に浮かびながら読書ができる海、死海がある。塩分濃度は約三二パーセントというから、ふつうの海の九倍である。あちこちで塩が結晶化して柱となっている光景もしばしば写真などで紹介される風景だ。

こうした塩の湖ができたのは、この死海が海抜マイナス三九五メートルと、地上でもっとも低いところにあることによる。ヨルダン川が流れ込むだけで死海から水が流れ出ることはない。しかも水分はただ蒸発するだけなので、塩分がどんどん濃くなり、結晶化していったのだ。ヨルダン川も、深い死海へ流れ下るという状態をそのままあらわし、「下る」「よどみなく流れる」という意味だ。

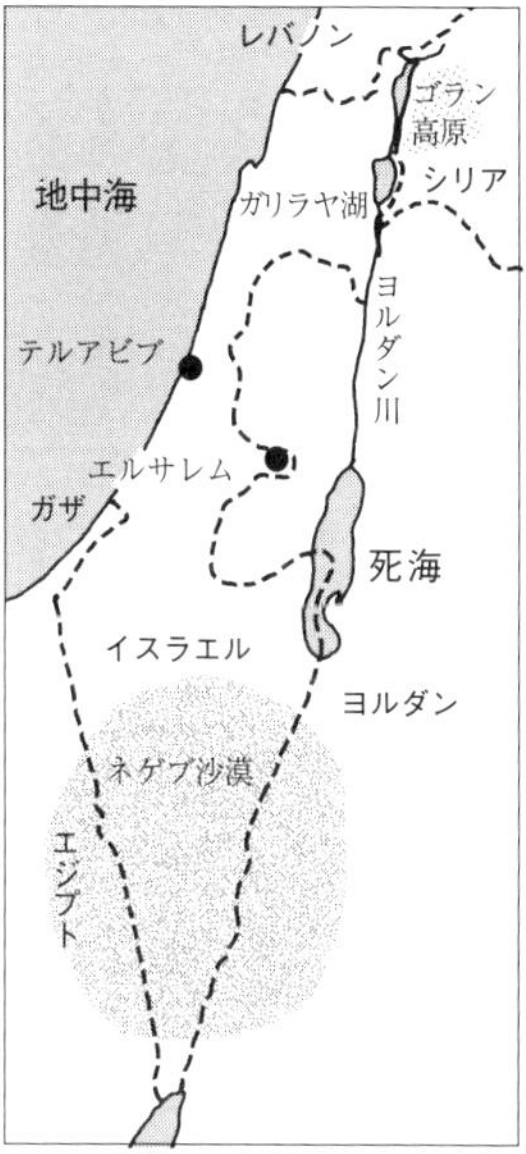

ところで、死海 Dead Seaとは、濃い塩水のために生物が生存しえないことから名づけられたものだが、これは二世紀のギリシアの地理学者がつけたものといわれている。

「旧約聖書」では、「塩の海」とよばれ、かつて、この沿岸にソドムとゴモラという背徳の町があり、神は硫黄と火を天から降らせて二つの町を全滅させたと記されている。ただ、心正しきロト夫婦と二人の娘だけが神の怒りの前に町を脱出できたが、ロトの妻は逃げるときに決して後ろを振り返ってはならないという神の言葉に背いたため、塩の柱になってしまったという。

この聖書の記述から、死海は Sea of Loto（ロトの海）ともよばれていた。イスラム教でも、アブラハムまではユダヤ教徒と共通の伝説になるので、アラブ人も死海を同じくバフレット・ロト（ロトの海）とよんでいた。

ところで、モルドバ共和国の首都キシニョフを、一九世紀前半のロシアの詩人プーシキンがソドムの名でよんだことがある。ユダヤ人やロマ（ジプシー）が住民のほとんどを占めていたからだが、かつてここでユダヤ人に対して虐殺を含めた迫害がおこなわれていたことはあまり知られていない。地名が迫害の口実を与えてしまうこともあるのだ。

「山の民」となったバスク人

フランスの西、スペインの北にある湾には、ビスケー湾 Biscay とガスコーニュ湾 Gascogne という二つの名前がついている。しかし歴史をさかのぼってみると、その意味は実は同じなのである。

ローマがガリア地方に侵攻する以前、アルプス以北のヨーロッパ西部に住んでいたのはケルト人であり、東ヨーロッパにはスラブ人、現在のデンマーク周辺、バルト海沿岸にはゲルマン人がいた。

こうした先住民のひとつとして、ピレネー山脈周辺からイベリア半島にかけての地域に暮らしていたのが、バスク人とよばれる人びとの祖先である。彼らの話す言葉は、ケルト人、スラブ人、ゲルマン人その他のどんな言語系統とも似ていないため、太古から独自の文化を育んできた人びととみられている。

彼らの自称はエウスカディ Euzkadi。のちにこの地まで侵攻したローマ人は彼らをバスコン Vascones（山の民）とよんだ。ピレネー山脈も、彼らの言葉のピレン pyren（山）に由来する。その後、移動、侵攻してくる異民族によって、彼らはピレネー山脈の西の高地に追いやられ、フランス人はバスク人、スペイン人はその地方をバスカヤとよぶようになったのである。そしてそのとき、ビスケー Vicay という湾のよび名もうまれた。一九七九年以降は自治州が成立し、バスコンガダス Vascongadas とよばれている。

バスク人のなかにはピレネー山脈の北側に逃げ込んだ人たちもおり、フランス側のこの地方のことはバスコニア、のちにフランス語化したときにガスコーニュ Gascogne となった。そしてこの地方の湾はガスコーニュ湾、スペイン側のビスケー Vicay だった湾のつづりも Biscay とされ、同じ「バスク地方の湾」という意味の地名がそのまま両方とも使われ続けているのである。

「迷い込むと出られない」

古代史のなかで、もっとも沙漠にかかわった人びとはイスラエル人だろう。「旧約聖書」にあるように、エジプトから脱出して約束の土地をめざした契約の民は、モーセとともにシナイ半島の荒野からネゲブ沙漠に迷い込み、四十年もの間、彷徨い続けることになった。まずそのシナイは、古代メソポタミア語のシン shin（月）に由来する。そしてネゲブとは、ヘブライ語で「荒れ地」「乾燥した土地」を意味する。これに対して、アラビア半島に暮らしていたアラブ人にとって、ここはアシュ・シャム Ash Sham（北の地）だ。

アラビア半島にも広大な沙漠がある。アラビアも、「アラブ人の地」という意味で、アラブ Arab とラテン語の地名接尾辞 -ia からなる。アラブは、アラビア語で「遊牧民」のことだ。一説では、「アラブ」はヘブライ語起源ともいわれるが明らかではない。

アラビア半島北部のナフード沙漠 Nefud は「砂」、南部のルブー・アル＝ハリー沙漠 Rub al＝Khali は「無の地域」を意味する。かつて、このアラビア半島では、南端の農耕地帯が砂に侵食されて充分な食糧を得ることができなくなったため、農耕民のなかから勇気あるものが、バーディヤ（町ではない所）に家畜を連れて北上していった。そこから、遊牧民ベドウィン（badow）という言葉が生まれたといわれている。ちなみに、アラビア半島の中央部に位置するオアシスの町、サウジアラビアの首都リヤド Riyadh は「庭園」「農園」を意味する。

オアシスそのものの語源は、古代エジプトにある。三〜七世紀にかけて、エジプトでさかえたキリスト教の一派、コプト教徒が、アラブ人に追われて逃げ込んだところが、ナイル川の西側に点在するオアシス地帯だった。「オアシス」とは、古代エジプト語でウェハト、その古代エジプト語の流れをくむコプト教徒の言葉ウォアヘ（ouahe）に由来するという。

人があえて足を踏み入れなければならなかった沙漠には、シルクロードのルートともなったタクラマカン沙漠がある。この沙漠は砂沙漠であるため、常にその地形を変え、迷いやすくなっている。その意味も「迷い込むと出られない」である。それに対して、タクラマカン沙漠があるタリム盆地は「水の集まる所」というのだから面白い。沙漠を歩く民には何ともうれしい地名だっただろう。

タクラマカン沙漠の東、モンゴル人が馬で駆け抜けたゴビ沙漠は、乾燥に強い草の生えた石ころの多い表土が特徴的なのだが、名前の意味は「草の生育が悪い土地」「荒れ果てた土地」である。

サハラ沙漠は緑の大地だった

海と違って、広大な不毛の地ほど、人間が手こずったものはない。ギリシア人も、ローマ人も地中海沿岸の北アフリカの町とは交渉をもっても、その背後にある沙漠を越えようとはしなかったし、現地の人間もそこへ足を踏み入れることはなかった。

世界最大の沙漠、サハラSaharaは、アラビア語で「沙漠」「荒れた土地」だ。

「砂の土地」とならなかったことを不思議に思うかもしれないが、何百キロも赤茶けた不毛の土地、それも硬くしまった土地が続くだけで、多くの人がイメージするような、砂の沙漠にはなかなか出合えない。このサハラのような硬くしまった沙漠はハマダ、全体の二割ほどといわれる砂沙漠はエルグ Erg、とよび分けられている。またサハラ沙漠の南端では、さらなる沙漠化が進んでいるが、こうした沙漠の端はサヘル Saheru とよばれている。

ところで、一万年ほど前に氷河期が終わった頃、サハラは広大なサバンナで、野生動物の楽園だった。サハラ沙漠のど真ん中、タッシリ・ナジェールは、ベルベル人の言葉で「川のある台地」、まだ緑があった頃の名残りの地名である。実際、この地には、カバのような水生動物からゾウやキリン、レイヨウなど、サバンナの動物の岩面画が残されている。そして、その絵には、沙漠化の過程が刻明に描かれているのである。絵の主題はサバンナの野生動物から、やがて家畜となり、最後には乾燥地に強いラクダへと変わっていく。そしていまは、ここに誰一人として住まず、絵が描かれることもない。

このように、北アフリカのベルベル人は、サハラの変遷を目の当たりにし、それを絵画に残してきた歴史の証人なのだ。ところが、そのよび名、ベルベル Berber は、彼らの言葉が古代ギリシア人には理解に苦しむ言葉に聞こえたので、バルバロイ（理解できない言葉を話す未開人）とよばれたことによる。バーバリアン barbarian（野蛮人）の語源である。

この名称は、ローマ時代にも受けつがれたが、三〜四世紀、キリスト教が広まる過程で処女殉教者バルバラ Barbara という聖女の名前になった。さらにこの名は留まることを知らず、キリスト教の広がりとともに新大陸アメリカにいたって、女性名バーバラに、そしてその愛称でよばれるバービー Barbie というおもちゃの着せ替え人形の名前になった。

世界で一番高い場所の名前

世界の山々を代表するものといえば、アルプス、エベレスト、ロッキーなどであろうが、これらの高峰が形成された過程は、いずれも大陸移動による大地の衝突、褶曲《しゅうきょく》によるもので、切り立った岩山であることが共通している。そしてもうひとつ、共通しているのが「白い」という意味の名前が多いことだろう。万年雪をいただくその姿を、太古から人びとが崇望したのは当然であろう。

古代ローマ人がガリア遠征に向かってまず目にしたものがアルプスである。

ヨーロッパの先住民ケルト人は、この切り立った山々を素直にアルプ Alp（岩山）とよんでいた。この言葉をローマ人が聞き、イタリア語ではアルピ Alpi、フランス語ではアルプ Alpes、ドイツ語ではアルペン Alpen となった。そのアルプスのなかでも最高峰は、フランス語でモン・ブラン Mont Blanc（白い山）である。モン Mont は「山」を意味するもので、カナダのモントリオール Montreal も、「王の山」（レアル réal「国王の」）などがある。

中央アジアのパミール高原からチベット高原に連なるヒマラヤ山脈は、サンスクリット語のヒマ hima（雪）とアラヤ alaya（ある）で、「雪のある場所」、つまり万年雪をいただく山のようすをあらわしている。地質学的には、今も年々一〜三センチずつ高くなっている成長途上の山脈である。

世界の最高峰は、通称エベレスト Everest。これはインドがイギリスの植民地だった時代に測量に訪れたイギリス人測量士ジョージ・エベレストの名にちなんだものだ。最近では、植民地時代の名前ではなく、地元のチベット語でチョモランマ Chomolungma「世界の女神」（Chomo 女神、lungma 世界の）、サンスクリット語ではサガルマータ Sagarmatha「世界の頂上」（sagar 世界、天空、matha 頂）ということが多い。

もうひとつ有名なのが、エベレストの東一三〇キロほどのところにあるヒマラヤ第三の高峰カンチェンジュンガ Kanchenjunga である。五つのピークがあるこの山はチベット語で「大きな五つの雪の蔵」（カンチ「雪」チェン「大きい」ジュ「蔵」エガ「五」）である。

ヒマラヤ山脈の西、カラコルム山脈 Karakorum は、チュルク語のカラ kara（黒い）、コルム korum（礫）からなり、「黒い礫（の山）」を意味する。この山脈にある高峰K2はヒマラヤ第二の高峰で、K2とは、一八五六年、インドの測量技師がカシミールからみたカラコルム山脈のピークをカラコルムの頭文字K記号で記録していったときのものだ。中国名チョゴリ山には「大きい山」という意味がある。この山が、ゴドウィン・オースチン山 Godwin-Austin とよばれるのは、一八六一年、K2へのルートを発見したイギリス人の探検家オースチンの名による。

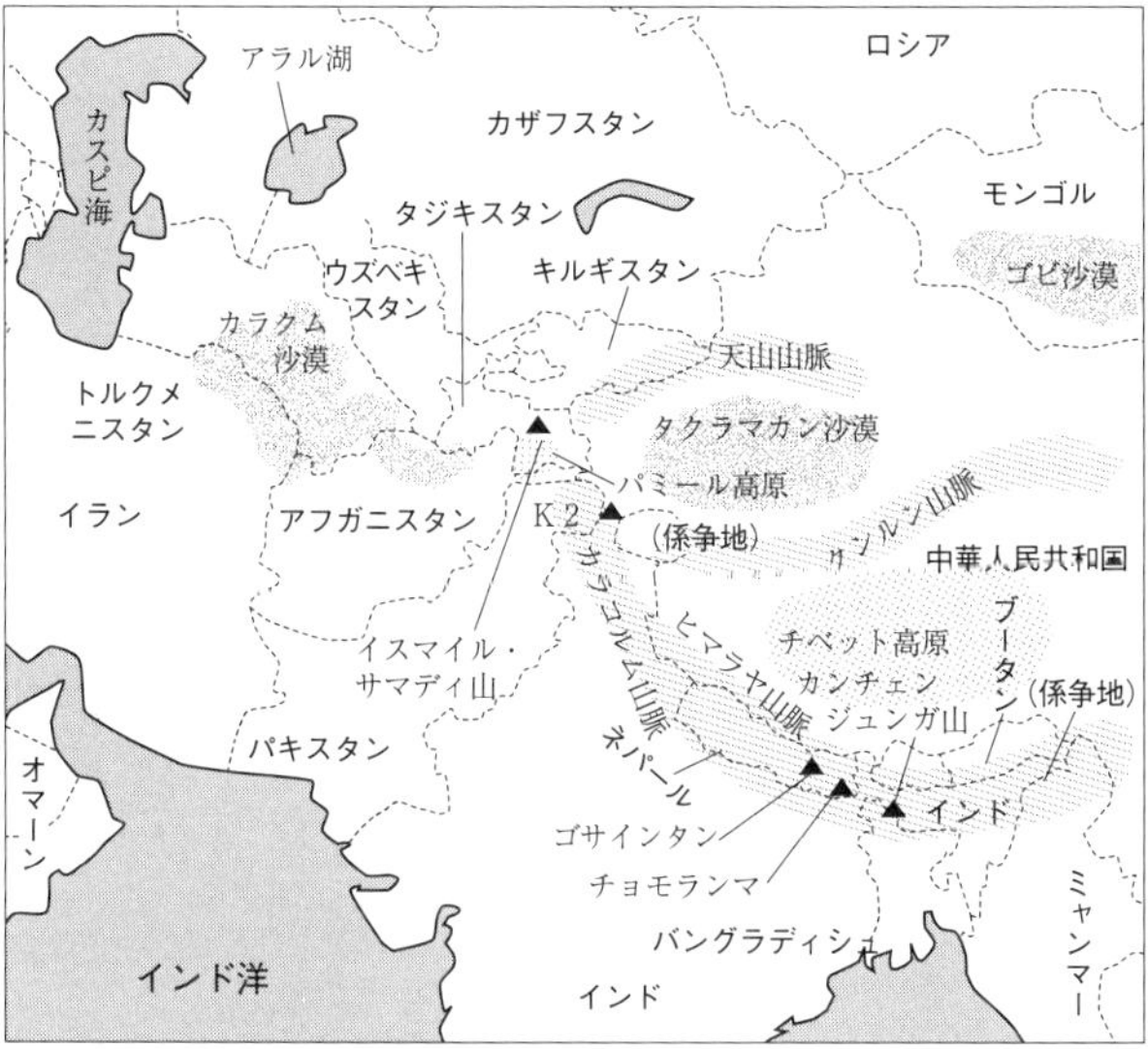

ヒマラヤ山脈のなかで、一九八一年、日本の女子登山隊が登頂したゴサインタンGosainthanはサンスクリット語では「聖者の住む所」だが、チベット語ではシシャパンマ Shisha Spangma（ムギが枯れ、ウシ、ヒツジが死ぬところ）という厳しい地名になっている。

　また中国では、カラコルム地方に住むウイグル人は、パキスタン、アフガニスタンのようなイスラム化された国に隣接することもあって、イスラム教の信者が多かった。

　そのためチベット語でこのカラコルム地方を「クラックロ」とよんでいたのを中国人が「回回」と表記したため、この地方からもたらされたイスラム教が「回教」と表記されるようになったのである。

　チベット高原はヒマラヤ山脈の北に広が

る海抜四八〇〇メートルの高地で、チベット語のボドbod（ボド人の土地）とto（高い）で、ト・ボドTo-bod（ボド人の高地）とよばれていた。この言葉を一七世紀初めにここを訪れたヨーロッパの探検家がチベットTibetと記録したことによって、この地域名が生まれた。

中央アジア西端のパミール高原Pamirは、ペルシア語のパpa（麓）とイミimir（山々）で、「山々の麓」を意味する。パミール高原の西端にあるタジキスタンのイスマイル・サマディ山Ismail Samadi（聖なるイシュマエルの山）は、六〇年代のソビエト連邦時代には共産主義山（コミュニズム山）、さらにさかのぼってスターリン時代には、ここがソビエトの最高峰ということからスターリン山とよばれたこともあった。

この山の現地名バミ・ダニュアBam-i-Dunya（世界の屋根）は、しばしばヒマラヤ山脈全体を形容するときにもちいられている。

大索引

国名・首都名でわかった地名の五千年史

アルプ（フランス）
意味は「岩山」。イタリア語ではアルピ、ドイツ語ではアルペン、英語ではアルプス。先住民ケルトの言葉に由来する。

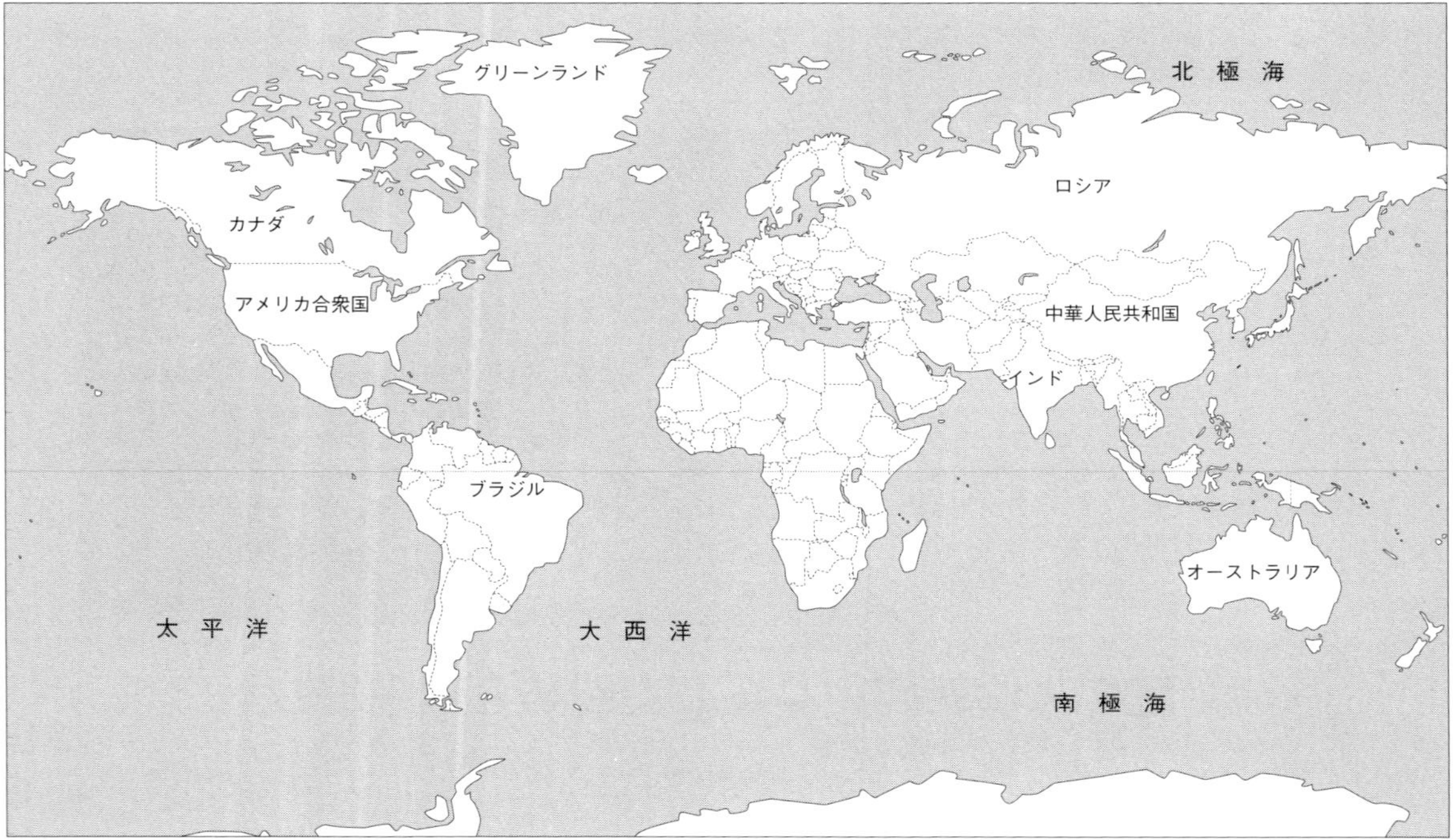
グリーンランド
北 極 海
ロシア
カナダ
アメリカ合衆国
中華人民共和国
インド
ブラジル
オーストラリア
太 平 洋
大 西 洋
南 極 海

二〇〇〇年三月の時点で、日本が国として認めているのは、北アメリカの二三カ国、南アメリカの一二カ国、ヨーロッパが三九、CIS諸国が一二、アジアが三六、アフリカが五三、オセアニアが一四で、これに日本を加えると一九十カ国である。

このうち国連加盟国はツバル、バチカン市国、スイス連邦の三国を除き、朝鮮民主主義人民共和国（北朝鮮）を加えた一八八カ国。

本章で（　）のついた地名、地域名は、植民地など、国として認められていないものである。

【北アメリカ】

〈自然地名〉

アパラチア山脈 Appalatian　「山の向こうの土地」。インディアン（チョクトー）語で、この山脈から内陸部の広大な土地を漠然と指す。イギリス人が山脈の名前と誤解。

ロッキー山脈 Rocky　ロッキー族にちなんだもの。フランス人がこの地域を Les Montagnes Rocheuses レ・モンターニュ・ローシューズ「岩だらけの山脈」とよんだので、そこに住んでいたインディアンの名がロッキー族となり、それがそのまま山脈名となった。

ローレンシア台地 Laurentian　「セントローレンス川流域」。

セントローレンス川 Saint Lawrence　「聖ローレンス（の日）」。フランス人カルチェが発見した一五三五年八月十日が、カトリック暦の聖ローレンス Saint Lawrence の祭日であったことによる。

ミシシッピ川 Mississippi　「大きな川」。インディアンの言葉で mes「大さい」と sipi「川」で「大きな川」。

ユーコン川 Yukon　「大きな川」。一八四二年、この川を探険したロシア人が、海岸地方ではクビクパク川 Kvikpak、中流地方ではユクハナ川 Yukhana、上流地方ではユーンア川 Yuna とよんでいる、と政府に報告。これらの名前を合成してロシア政府がユーコン川と命名した。それぞれの場所によって名前は変わるが、すべて、「大きな川」という共通した意味がある。

リオグランデ川 Rio Grande　「大河」。スペイン語の rio「川」と grande「大きい」。ちなみにメキシコ名リオ・ブラボー・デル・ノルテ川 Rio Bravo del Norte はスペイン語で「北の勇ましい川」。

アメリカ合衆国（米国） United States of America　最初の発見者はイタリアの探検家クリストファー・コロ

北極海
バフィン湾
ベーリング海峡
グリーンランド
（デンマーク領）
ベーリング
海
アラスカ
ユーコン川
ラブラドル海
カナダ
ハドソン湾
ニューファンド
ランド島
ネルソン川
ロッキー山脈
ローレンシア
台地
セントロー
レンス川
太平洋
ミズーリ
川
グレート
ベイスン
アパラチア
山脈
アメリカ合衆国
ミシシッピ川
大西洋
カルフォルニア
半島
メキシコ湾
メキシコ
高原
リオグランデ川
カリブ海

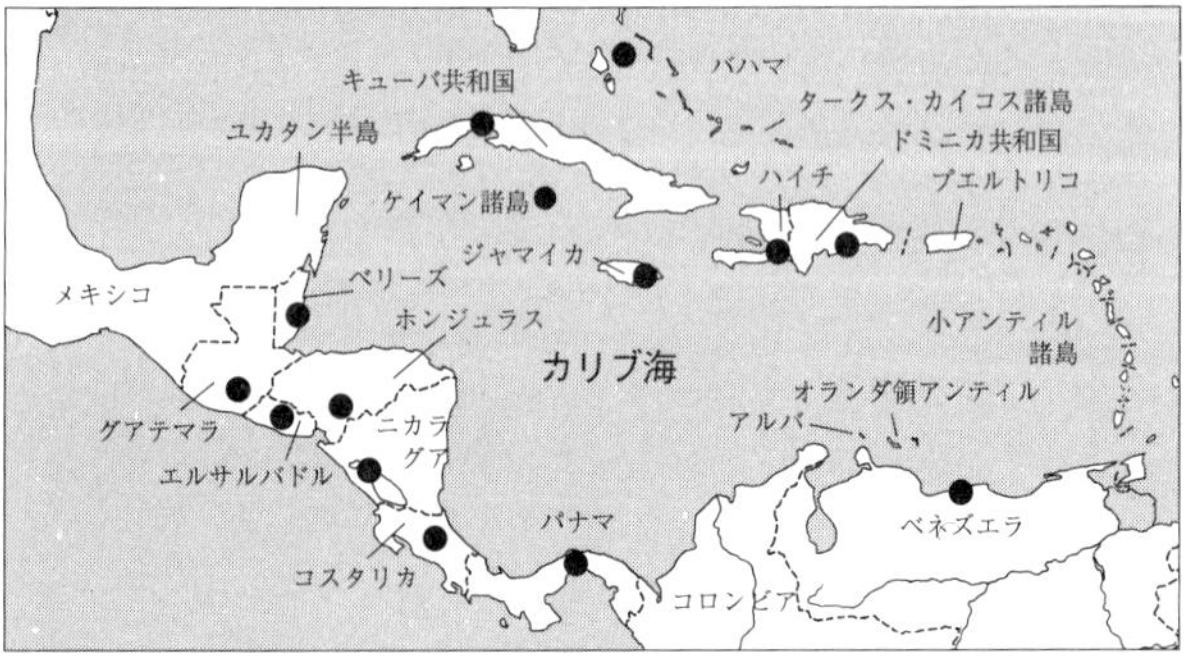
バハマ
キューバ共和国
タークス・カイコス諸島
ユカタン半島
ドミニカ共和国
ハイチ
ケイマン諸島
プエルトリコ
ジャマイカ
ベリーズ
メキシコ
ホンジュラス
小アンティル
諸島
カリブ海
オランダ領アンティル
アルバ
グアテマラ
ニカラ
グア
エルサルバドル
パナマ
ベネズエラ
コスタリカ
コロンビア

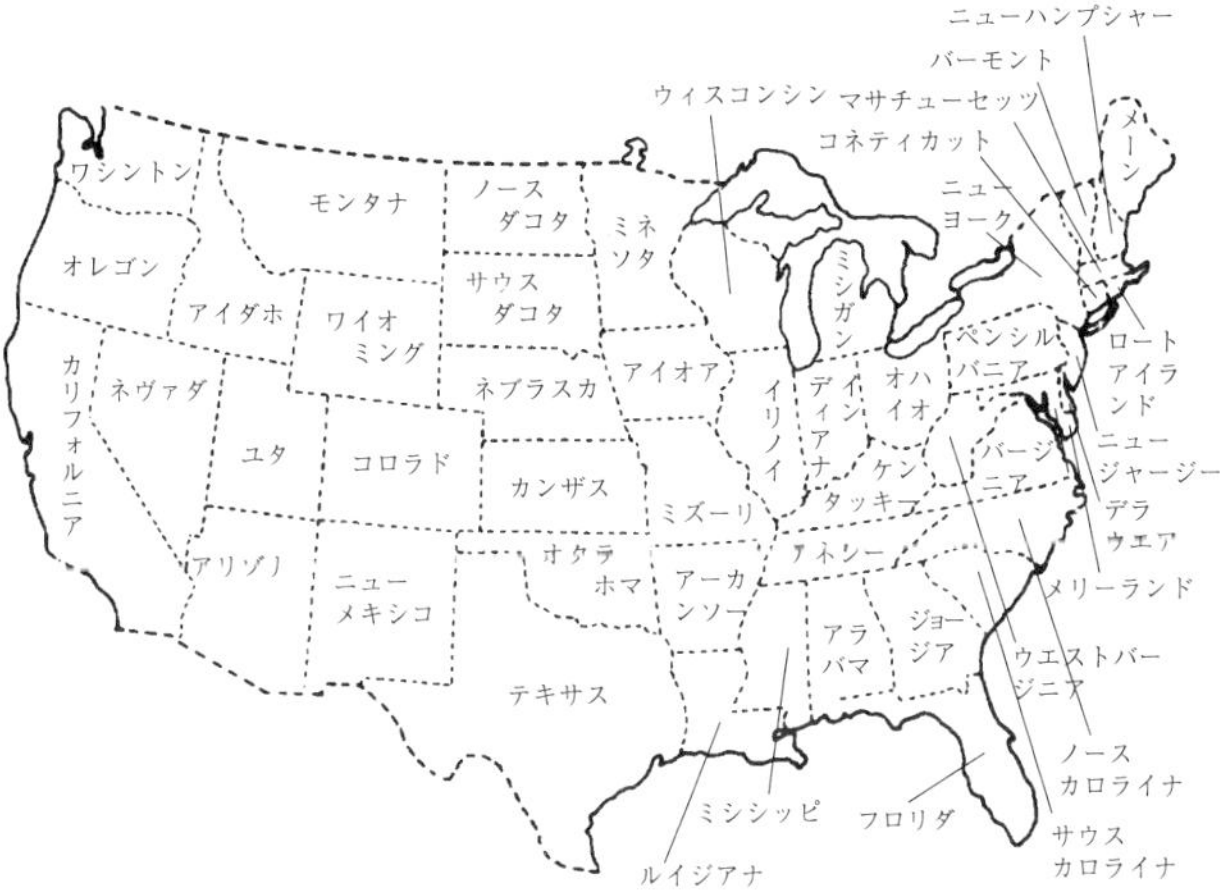

ンブスだが、彼は生涯、そこをインドと疑わなかった。わずかに遅れて訪れた同じイタリアの探検家アメリゴ・ベスプッチ Amerigo Vespucci が、新大陸であると唱えたため、大陸名には彼の名がつけられることとなった。

【首都】ワシントンDC Washington D.C.　ワシントン・コロンビア特別区 Washington District of Columbia の略称。初代大統領ジョージ・ワシントン George Washington とアメリカ大陸の発見者クリストファー・コロンブス Christopher Columbus の名にちなんでつけられた。

【州】

アイオア　Iowa　「アユワ」というインディアンの自称をアルファベット表記したもので、意味は明らかではない。「美しい土地」というものもあれば、「愚鈍な者」という他のグループからの蔑称のようなものまである。一八四六年、二九番目の州となる。

アイダホ　Idaho　インディアンの言葉だが、意味は定かではない。一説では「日の出」「山上の光」。一八九〇年、四三番目の州。

アーカンソー　Arkansas　インディアンの自称で、その意味は「下流の人びと」。一八三六年、二五番目の州。

アラスカ　Alaska　海洋民族のアレウトが、ここをアランシャク Alanshak「本土」とよんでいたことに由来する。一九五九年、四九番目の州。
アラバマ　**Alabama**　インディアンの部族名にちなんだ川の名で、「やぶを開く人」。一八九一年、黒人差別法が制定されるなど、深刻な人種問題を抱えていた。キング牧師の運動で有名。一八一九年、二二番目の州。
アリゾナ　**Arizona**　インディアンの言葉で「小さな泉」。グランド・キャニオン国立公園があまりにも有名。一九一二年、四八番目の州。
イリノイ　**Illinois**　インディアンの言葉で「人びと」。一八一八年に二一番目の州。
インディアナ　**Indiana**　スペイン語で「インディアンの土地」。一七六五年に設立された土地開発会社「インディアナ会社 the Indiana Company」の名に由来する。一八一六年、一九番目の州。
ウィスコンシン　**Wisconsin**　言葉そのものの意味は明らかになっていない。小さな湖が点在する場所であることから「水あるいは川の集まるところ」など、諸説ある。一八四八年、三〇番目の州。
ウェスト・バージニア　**West Virginia**　「バージニアの西」。一八六三年、三五番目の州。
オクラホマ　**Okhlahoma**　インディアンの言葉オクラokla「人びと」とhumma「赤」で、「赤い人びと」、つまりインディアン。一九〇七年、四六番目の州。
オハイオ　**Ohio**　インディアンの言葉で「美しい川」「大きな川」を意味するオハイオ川に由来。この州は七人もの大統領を輩出している。一八代のグラント、一九代のハイエス、二〇代ガーフィールド、二三代ハリソン、二五代マッキンリー、二七代タフト、二九代ハーディングである。八人の大統領を輩出しているバージニア州とともに、大統領の母の州 the Mother of Presidents といわれる。一八〇三年に一七番目の州。
オレゴン　**Oregon**　インディアンの言葉で「豊かな土地」「美しい川」などの説があるが、いずれも明らかにはなっていない。一八五九年、三三番目の州。
カリフォルニア　**California**　中世のフランスの詩『ローランの歌』のなかの想像上の国名。一八五〇年、三一番目の州。
カンザス　**Kansas**　インディアンの言葉でカンサ「南風の人びと」。一八六一年、三四番目の州。
ケンタッキー　**Kentucky**　インディアンの言葉で、「平原」「牧草地」。一七九二年、一五番目の州。
コネティカット　**Connecticut**　インディアンの言葉で「干満のある長い川」を意味するコネティカット川に

由来する名。一七八八年、五番目の州。
コロラド　Colorado　土質の影響から赤く濁った川を、スペイン語でリオ・コロラド Ric Colorado「赤い川」と名づけたことによる。一八七六年、三八番目の州。
サウス・カロライナ　South Carolina　イギリス国王チャールズ一世 Charles、フランス王シャルル九世 Charles の名に由来する。一七八八年、八番目の州。
サウス・ダコタ　South Dakota　インディアンの部族名で、意味は「友人」。一八八九年、四〇番目の州。
ジョージア　Georgia　イギリス国王ジョージ二世 George の名にちなんだもの。人種差別が激しい土地柄で、公立学校で白人と黒人の共学がおこなわれるようになったのは一九六一年。一七八八年に四番目の州。
テキサス　Texas　インディアンの言葉で「友人」。一八四五年、二八番目の州。
テネシー　Tennessee　ミシシッピ川沿いのインディアンの町の名に由来。一七九六年、一六番目の州。
デラウェア　Delaware　バージニア植民地の初代総督トーマス・ウエスト、ドゥ・ラ・バール卿の称号 Lord de la Warr を英語化した「デラウェア Delaware」にちなんだもの。一七八七年、アメリカ合衆国一番目の州。
ニュージャージー　New Jersey　イギリス国王、チャールズ二世は、この土地を弟のヨーク公爵（のちのジェームズ二世）に譲ったが、のちにヨーク公爵は、その土地の一部をバークレー卿とジョージ・カートレット卿に与えた。カートレット卿は、故郷イギリス海峡にあるジャージー島 the Island of Jersey の名に「新」をつけ、ニュージャージー New Jersey とした。一七八七年、三番目の州。
ニューハンプシャー　New Hampshire　イングランド中南部のハンプシャー州の名にちなんだもの。一七八八年、九番目の州。
ニューメキシコ　New Mexico　メキシコと同じように豊富に金が採れる土地に違いないと信じて「新メキシコ」とされた。一八二一年、メキシコが独立したときにメキシコの領土となったが、一八四六年、メキシコ戦争でアメリカが勝利し、アメリカ領となった。一九一二年、四七番目の州。
ニューヨーク　New York　ニュージャージーと同じように、イギリス国王チャールズ二世が弟のヨーク公爵 Duke of York にこの植民地を与えたことに由来する。ヨーク公爵の称号はイングランドのヨークシャー Yorkshire が起源。一七八八年に十一番目の州。
ネバダ　Nevada　スペイン人宣教師が最初に訪れ、故郷の山脈シエラ・ネバダ Sierra Nevada にちなんで名づけた。sierra「山脈」nevada「雪をいただいた」で、「雪をいただく山脈」。一八六四年、三六番目の州。

ネブラスカ　Nebraska　インディアンの言葉で「広く平らな川」。一八六七年、三七番目の州。

ノース・カロライナ　North Carolina　イギリス国王チャールズ一世、フランス王シャルル九世の名に由来する。一七八九年、一二番目の州。

ノース・ダコタ　North Dakota　インディアンの部族名で、意味は「友人」。一八八九年に三九番目の州。

バージニア　Virginia　バージン virgin に地名接尾辞の-iaがついて、「処女地」。エリザベス一世 Elizabeth の「the Virgin Queen of England（イギリスの処女王）」、また、彼女の幼名バージニア Virginia に由来する。一七八八年、一〇番目の州。

バーモント　Vermont　フランス語のモン・ベール mont vert。モン mont「山」とベール vert「緑の」で「緑の山」。一七九一年、一四番目の州。

ハワイ　Hawaii　ポリネシア語で「神のおわす所」。一九五九年に、五〇番目の州となる。

フロリダ　Florida　一五一三年四月二日、スペイン人の探検家ファン・ポンセ・デ・レオンが上陸。その日がカトリックの復活祭、別名花のイースター pascua florida であったことにちなんだ名前。一八四五年に二七番目の州。

ペンシルバニア　Pennsylvania　「ペンの森林」。開拓の拠点としたフィラデルフィアは、一七九〇年から、ワシントンに首都がおかれるまでの首都。一七八七年に、アメリカ合衆国二番目の州となる。

マサチューセッツ　Massachusetts　インディアンの言葉で「大きな丘」。一六二〇年、イギリスからピューリタン（清教徒）たちがメイフラワー号で到着した場所。一七八八年、六番目の州。

ミシガン　Michigan　インディアンの言葉で「大きい湖」。一八三七年、二六番目の州。

ミシシッピ　Mississippi　インディアンの言葉で「偉大な川」。一八一七年、二〇番目の州。

ミズーリ　Missouri　ミズーリ川の名に由来し、インディアンの言葉で「大きなカヌーの町」。一八二一年、二四番目の州。

ミネソタ　Minnesota　インディアンの言葉で「空色の水の国」。一八五八年に三二番目の州。

メリーランド　Maryland　イギリス国王チャールズ一世の王妃アンリエッタ・マリア Henrietta Maria の名

にちなむ。一七八八年、七番目の州。

メーン　Maine　意味はそのままメーンMaine「本土」。一八二〇年に二三番目の州。

モンタナ　Montana　ラテン語でモンタナmontana「山の多い」。一八八九年、四一番目の州。

ユタ　Utah　キリスト教の一派、モルモン教徒の住人が七割以上を占めることで有名。指導者ブリッガム・ヤングBrigham Youngの指導のもと、モルモン教徒が土地を開き、灌漑を施して、一八四八年、デザートDeseret「ミツバチ」という地名をつけた。一八五〇年、ヤングはデザレットDeseretを準州名として提案したが、この名がデザートDesert「砂漠」とまぎらわしいという理由で認められず、結局、その地のインディアンのよび名「ユート」を採用して、ユタUtah「山に住む人びと」とした。一八九六年、四五番目の州となる。

ルイジアナ　Louisiana　一六八二年、フランス人のラ・サールがミシシッピ川流域を探検し、フランス国王ルイ一四世Louisにちなんで、「ルイ王のもの」と名づけた。一八一二年、一八番目の州。

ロード・アイランド・アンド・プロビデンス・プランテーションズ　Rhode Island and Providence Plantations　一六六三年、イギリス国王チャールズ二世が下した勅許状にもこの地名が記されている。一七九〇年、一三番目の州。

ワイオミング　Wyoming　ペンシルバニア州にあるワイオミング峡谷Wyoming Valleyにちなんだ名。一七七八年の独立戦争時に、ペンシルバニアのワイオミング・バレーに移住したアメリカ人をインディアンと手を組んだイギリス軍が襲撃し、多くの犠牲者が出たという事件があった。意味はインディアンの言葉で「大きな平原」。一八九〇年、四四番目の州。

ワシントン　Washington　建国の祖ジョージ・ワシントンの名にちなんだもの。一八八九年、四二番目の州。

カナダ　Canada

明らかではないが、イロコイ・インディアンの言葉でkanataまたはkanad「村落、小屋の集落」とする説が有力。一四九七年、イタリア人がニューファンドランドに、一六世紀にはフランス人、イギリス人が植民し、争奪戦がおこる。一七六三年にイギリスが支配権を獲得。一九三一年、一国家として独立。

[首都] オタワ　Ottawa　一八二六年、オンタリオ湖とオタワ川の間に運河を敷設する際に建設された。オタワ川の名にちなむ。オタワ川はインディアンが交易に利用していた川で、アルゴンキン・インディアンの言葉で

「取引」。

【中央アメリカ】

（アルバ） Aruba

一四九九年、スペインのオヘーダが訪れる。一八一六年以降、オランダ領となったことから、スペイン人ではじめてネーデルランド総督になったフェルナンド・A・アルバの名にちなんでつけられた。

（アンギラ） Anguilla

一四九三年、コロンブスが訪れる。東西に細長い島の形から、スペイン語で anguila「うなぎ」という名がつけられた。一六五〇年以降、イギリスに帰属。

アンティグア・バーブーダ Antigua and Barbuda

一四九三年、コロンブスが訪れる。アンティグア島とバーブーダ島からなり、アンティグアは、探険の機会を与えてくれたスペインに敬意を表し、セビリアにある「サンタマリア・デ・ラ・アンティグア教会（旧サンタマリア教会）」に由来する。バーブーダはバルバドス島と誤まって地図上に記されたためであり、それがさらに英語訛りになった。一六六七年、イギリス領。一九八一年、独立。

［首都］セントジョンズ Saint John's　キリスト教、十二使徒のひとり聖ヨハネ Johannes の英語名。

（オランダ領アンティル） Netherlands Antilles

大西洋沖に実在すると信じられていた伝説の島の名で、ヨーロッパの「前方にある島」の意。一六四三年、オランダが占領。一八一六年、オランダ領として確定。

エルサルバドル共和国　Republic of El Salvador

一五二四年にスペインの植民地統治がはじまる。翌年、ペドロ・デ・アルバラドによって建設された首都サンサルバドル「聖なる救世主」の名が転じて、el Salvador「救世主」となった。同年、この地を占領したスペインの将軍がキリストへの感謝をこめて砦の名としたのがはじまりである。一八四一年、独立。

[首都] サンサルバドル　San Salvador　一五二三年、苦難の末この地に着いたスペイン人探検家アルバラードが、神への感謝をあらわすためにサンsan「聖」el-Salvadora「救世主（キリスト）」の二語を合わせて「聖なる救世主の町」とした。

キューバ共和国　Republic of Cuba

キューバは英語読みで、国の自称はクバ。一般的な説はインディオの言葉でcubanacan「中心地」（大アンティル諸島最大の島だから）。カリブ海の真珠とよばれたこともあった。コロンブスは、一四九二年の第一回目の探検で発見し、「ファナ」と命名したが、その後「フェルナンジナ」、「サンチャゴ」、「アベマリア」などの名を経て、「クバ（キューバ）」に戻った。一八九八年、アメリカが占領。一九三四年、独立。

[首都] ハバナ　Havana　自称はラアバナLa Habana「港」。一五一五年、スペインの探検家ベラクエスが、サン・クリストバル・デ・ラ・アバナSan Christobal de la Habana「ハバナの聖クリストファ（・コロンブス）」と名づけたことに由来するという。ハバナタバコ、砂糖の積出港として繁栄。

グアテマラ共和国　Republic of Guatemala

一五二四年にスペイン領となるまではマヤ文明が栄えていた。語源はインディオの言葉とされているが、それにも諸説ある。有力なのはインディオの一部族ナワトルの言葉でquautemelan「森に囲まれた土地」。一八二一年、独立。

[首都] グアテマラシティ　Guatemala City　国名に同じ。コーヒーの一大集散地。

（グアドループ島）Guadeloupe

一四九三年、コロンブスが上陸。スペインのエストレマドゥーラ地方のグアダルーペGuadeloupe寺院の名による。一八一六年、フランス領。

（グリーンランド）Greenland

日本の六倍もある世界最大の島。九八二年、ノルマン人のエリックが発見し、植民を募るために、氷の島を「緑の大地」と名づけたことに由来する。原住民であるイヌイットの言葉ではカラーツズリッ・ヌナートKalaatdlit

Nunaat「人々の土地」。デンマーク領。

グレナダ　Grenada

一四九八年、コロンブスがはじめて訪れる。グレナダは英語名で、もとはスペイン語のgranada「ザクロ」。ザクロ（トケイソウ）が繁茂していたので、「ザクロの高地」とよばれた。一六五〇年にフランスの植民地となってLa Grenadaと訛り、一七八三年にイギリス領が確定したあと、Grenadaとなった。一九七四年、独立。

［首都］セントジョージズ　Saint George's　イギリスの守護聖人ジョージGeorgeの名にちなんだもの。聖ジョージは三〜四世紀にキリスト教を布教した伝説の騎士で、ドラゴンと戦う姿によってよく知られている。

（ケイマン諸島）　Cayman Islands

カリブ人の言葉で「イグアナ」を意味するカイマナに由来する。一五〇三年、コロンブスは、沿岸に群れるウミガメを見てトルトゥガス（亀）島と名づけたが、一六七〇年、イギリスが領有してこの名となる。ワニの一種「カイマン（ワニ）」もこの地名に由来する。

コスタリカ共和国　Republic of Costa Rica

一五〇二年にコロンブスが訪れた頃、原住民から黄金を貢がれたことから、あるいは森林が果てしなく広がり豊かだったことから、Costa del Oro「黄金海岸」とよんだ。そののち一五二四（一五三九年？）年に入植したフランシスコ・F・コルドバが動植物の豊富なことに驚いてスペイン語でcosta「海岸」rica「富める」に改称したといわれる。しかし、先住民のインディオは豊かではなかった。一八二一年、独立。

［首都］サンホセ　San Jose　一七三八年、スペイン人がカトリックのサンホセ（聖ヨセフ）の祭日に建設をはじめたことによる。スペイン語でサンsanは「神聖な」、ホセJoseは英語のJoseph「ヨセフ」。アメリカ合衆国、カリフォルニア州のサンノゼも同じ。

（サンピエール島・ミクロン島）　St. Pierre and Miquelon

一六七〇年、西インド諸島をめぐる英仏の争奪戦で、フランスが要塞を建設。好漁場に恵まれた島であることから、キリスト教、十二使徒のひとり聖ペテロ（元漁師）の名にちなんで、フランス語でSt. Pierreと名づけられた。ミクロンMiquelonはフランス語で「遠く離れた（島）」。一八一四年、フランス領が確定。

ジャマイカ　Jamaica

一四九四年、コロンブスが訪れる。インディオの言葉ハイマカxaimaca「泉のわき出るところ」が転訛した。石灰岩の岩盤には地下洞窟が多く、地下水が豊富な環境がそのまま国名になった。発見者コロンブスは「サンチャゴ（聖ヤコブ）」と名づけたが、一六七〇年以降のイギリス統治下に変更された。一九六二年、独立。

［首都］キングストン　Kingston　一六九二年、フランス人が入植してポール・ロワイヤル Port Royal「王家の港」と名づけたが、のちイギリスが占領して King's ton (town)「王の町」とした。カリブの海賊の本拠地だったことからもわかるように、良港に恵まれ、いまもブルーマウンテン・コーヒーの積み出しなど、貿易港として繁栄している。

セントクリストファー・ネイビス　Saint Christopher and Nevis

　セントクリストファー島とネイビス島の名からなる。セントクリストファーは、コロンブスが一四九三年に到達したその日が航海の守護神「聖クリストファルスの祝日」だったため。ネイビスは発見したときに雲のかかっていた山をイギリスの最高峰ベンネビスに見立ててLas Nieves「雪」とよんだことから。一七八三年、イギリス領に。一九八三年、独立。

［首都］バセテール　Basseterre「低地」。一六二七年に、天然の良港をもとにフランス人が建設した。

セントビンセント・グレナディーン諸島　Saint Vincent and the Grenadines

　前者は、コロンブスが発見した一四九八年一月二二日の「聖ビンセンチオの日」にちなんで名づけられた（聖ビンセンチオはブドウ作りの守護神）。後者はスペイン語の granadino「ザクロ」の英語読み。一七八三年、イギリス領。一九七九年、独立。

［首都］キングスタウン　Kingstown「王の町」。

セントルシア　Saint Lucia

　一五〇二年一二月一三日、コロンブスが「聖ルシアの日」にここに到達したため。聖ルシアはナポリ（眼、ガラス製造業、農業）の守護聖女で、カンツォーネで有名なサンタ・ルチアのことである。一七世紀以降、イギリスとフランスの間で争奪戦が繰り返され、一八一四年、イギリス領に。一九七九年、独立。

［首都］カストリーズ　Castries　フランスが覇権を握っていた一七六八年に建設され、時の将軍カストリーズの名がつけられた。

（タークス・カイコス諸島）　Turks and Caicos Islands

　タークス「トルコ風」とカイコス「小島」。トルコ帽のような島の形にちなんで名づけられた。

ドミニカ共和国　Dominican Republic

　首都サントドミニコの名による。一四九二年、コロンブスが訪れ、スペインが領有するが、一七九五年にはフランス領に。一八二一年、独立。一八二二年、ハイチの支配下に置かれるが、一八四四年に再独立。

［首都］サントドミンゴ　Santo Domingo　一四九六年、コロンブスの弟バルトロメが建設した西インド諸島最古の植民都市。サント santo はスペイン語で「神聖な」という意味だが、ドミンゴは、domingo「安息日」に建設したからという説、コロンブス兄弟の父の名のドメニコ Domenico がスペイン語化したものとの説もある。

ドミニカ国　Commomwealth of Dominica

コロンブスが発見した一四九三年十一月三日の Dies Dominicus「安息日」にちなむ。一八〇五年、イギリス領。一九七八年、独立。

［首都］ロゾー　Roseau　一七九五年、フランス人が建設。地名は「葦」という意味。

トリニダード・トバゴ共和国　Republic of Trinidad and Tobago

一四九八年、コロンブスが訪れる。トリニダード島とトバゴ島の名からなる。トリニダードは島の南東端にあるトリニティ、スペイン語のトリニダッド「丘陵」に由来する。三つの山の景色に感動したコロンブスが、三位一体を意味するトリニダッドと名づけた。トバゴはタバコの原産地であるこの島のインディオの言葉で「煙の出る草（タバコ）」のこと。一八〇二年にはトリニダード島、一八一四年にはトバゴがイギリス領になったが、一九六二年、独立。

［首都］ポート・オブ・スペイン　Port of Spain　一七五七年、スペイン人が建設し、プエルト・デ・ロス・イスパニョーレス「スペイン人の港」と名づけたが、一七九七年、イギリスが占領し、英語名に変えられた。

ニカラグア共和国　Republic of Nicaragua

一五〇二年、コロンブスが訪れる。スペイン人征服者に対して抵抗運動をおこし、のちにキリスト教に改宗して布教につとめたインディオの族長ニカラオ（Nicaro ニカロ）の名にちなむ。一八二一年、独立。一九二三年、中央アメリカ連邦に加わるが、一九三八年に再独立。

［首都］マナグア　Managua　マナグア湖南岸にある町。現地のナワトル語で「水の広がる場所」。

ハイチ共和国　Republic of Haiti

インディオの言葉、またはカリブ語で「山がちな国」。一四九二年にここを訪れたコロンブスは、最初、この島を「エスパニョラ（スペイン）島」とよんだ。一六九七年、フランスが領有。一八〇四年の独立にあたって、現地の言葉が国名になった。中南米最初の独立国。世界ではじめての黒人共和国。

［首都］ポルトープランス　Port au Prince　フランス語のポルトport「港」プランスprince「王子」で「王子の港」。一七四九年、フランス人が建設。一八一一年独立後も、この名を使い続けている。

（英領バージン諸島）　British Virgin Islands

一四九三年にコロンブスが訪れる。ヨーロッパの伝説「乙女の島」にちなんで命名。一六八〇年、イギリス領に。

（米領バージン諸島）　United States Virgin Islands

一四九三年にコロンブスが訪れる。オランダ、イギリス領有の時代を経て、デンマーク領に。一九一七年、二五〇〇万ドルでアメリカ領となる。

パナマ共和国　Repabulic of Panama

インディオの言葉で「魚の多いところ、魚師」。一五〇二年、コロンブスが訪れ、一五一六年、スペイン人長官ペドロ・A・ダビラが政庁のある町の名として採用、やがて国名、首都名、運河名となった。スペイン人が一六世紀初頭に上陸したときは、小さな漁村に過ぎなかった。一九〇三年に独立。

［首都］パナマ　Panama　国名に同じ。

バハマ　Commonwealth of The Bahamas

一四九二年、コロンブスがサンサルバドル島を発見したことにとって、バハマの歴史は大きく変わった。カリブ・インディオ語の「浅い環礁」との説もあるが、スペイン語のbaja-mar「引き潮」が転訛したとの説が一般的。一七八三年、イギリス領。一九七三年、独立。

［首都］ナッソー　Nassau　オランダ西インド会社（一六二一年～一六七四年）の時代、オランダ総督で、イギリス王になったウィリアム三世が、オラニエ・ナッサウ家の出身であったことから、このNassauにちなんで名づけられた。一六四七年に建設されたが、しばらく海賊に占拠されていた。一九二〇年～一九三三年のアメリカ禁酒法時代には、密貿易の拠点だった。現在はカリブ海有数のリゾート地として有名。

（バミューダ諸島）　Bermuda

一五一五年、ここを発見したスペイン人ファン・デ・ベルムデの名にちなむ。バミューダは英語訛り。一六八四年、イギリス領となり、一九六八年、自治権獲得。

バルバドス　Barbadcs

一五一八年、ポルトガル人が訪れる。ポルトガル語でbarbado「髭の生えた」という意味。この島に繁る木から垂れ下がる長い苔があご髯をはやしたようだということからこの名になったという。一六五二年、イギリス領。一九六六年、独立。

［首都］ブリッジタウン　Bridgetown　「橋の町」。一

六二八年、イギリス人が建設。
（プエルトリコ）　Puerto Rico
スペイン語のpuerto（港）とrico（豊かな）から。一四九三年にコロンブスが名づけた。一八九八年、米西戦争でアメリカに割譲される。現在、自治領。
ベリーズ　Belize
一五〇二年、コロンブスが訪れ、スペイン領となり、一八六二年、イギリス領になる。一九八一年、独立。スペイン語ではベリセ。国土の大半がジャングルと沼沢地であることから、現地マヤ語で「泥水」という説が有力。
［首都］ベルモパン　Belmopan　先住民インディオのベルモパン族の名に由来。
ホンジュラス共和国　Republic of Honduras
自称はオンドゥラスで、ホンジュラスは英語の発音。スペイン語のhondura「深み」が転訛した。一五〇二年、コロンブスの第四回目の航海で、海が深くて錨を降ろせなかったことから名づけられた。一八三八年、独立。「バナナ共和国」ともよばれるほど、バナナの輸出がさかん。
［首都］テグシガルパ　Tegucigalpa　銀の産地であることから、アステカ語で「銀山」。一五七八年、スペインが銀の採掘基地として建設した。
（マルチニーク島）　Martinique
カリブ語のマディニアMadinia「花の島」がフランス語化した地名。
メキシコ合衆国　United Mexican States
自称は、メヒコ。メキシコは英語の発音。通称のメキシコMexicoは、一五二一年、コルテスの率いるスペイン軍がアステカ帝国を滅ぼし、ここをメヒコMexicoとよんだことによる。メヒコとは、アステカ帝国の守護神メヒクトリMexictli「神に選ばれし者」という意味がある。一八二一年、独立。
［首都］メキシコシティ　Mexico City　「メキシコ市」。
（モンセラット）　Montserrat
一四九三年にここを訪れたコロンブスが、島の外観を、スペイン・カタルーニャの聖地モンセラット（鋸状の山の意）に見立てて命名。一七八三年、イギリス領に。

【南アメリカ】

〈自然地名〉
アンデス山脈　Andes　インカ語で銅鉱山のある山はアンタanta「銅」。これにスペイン人が複数形の-sをつけて山脈名にした。あるいは、インディアン語のアンツantu「東」、ケチュア語で「階段畑」など諸説ある。これらにスペイン人が複数形の-sをつけて山脈名にした

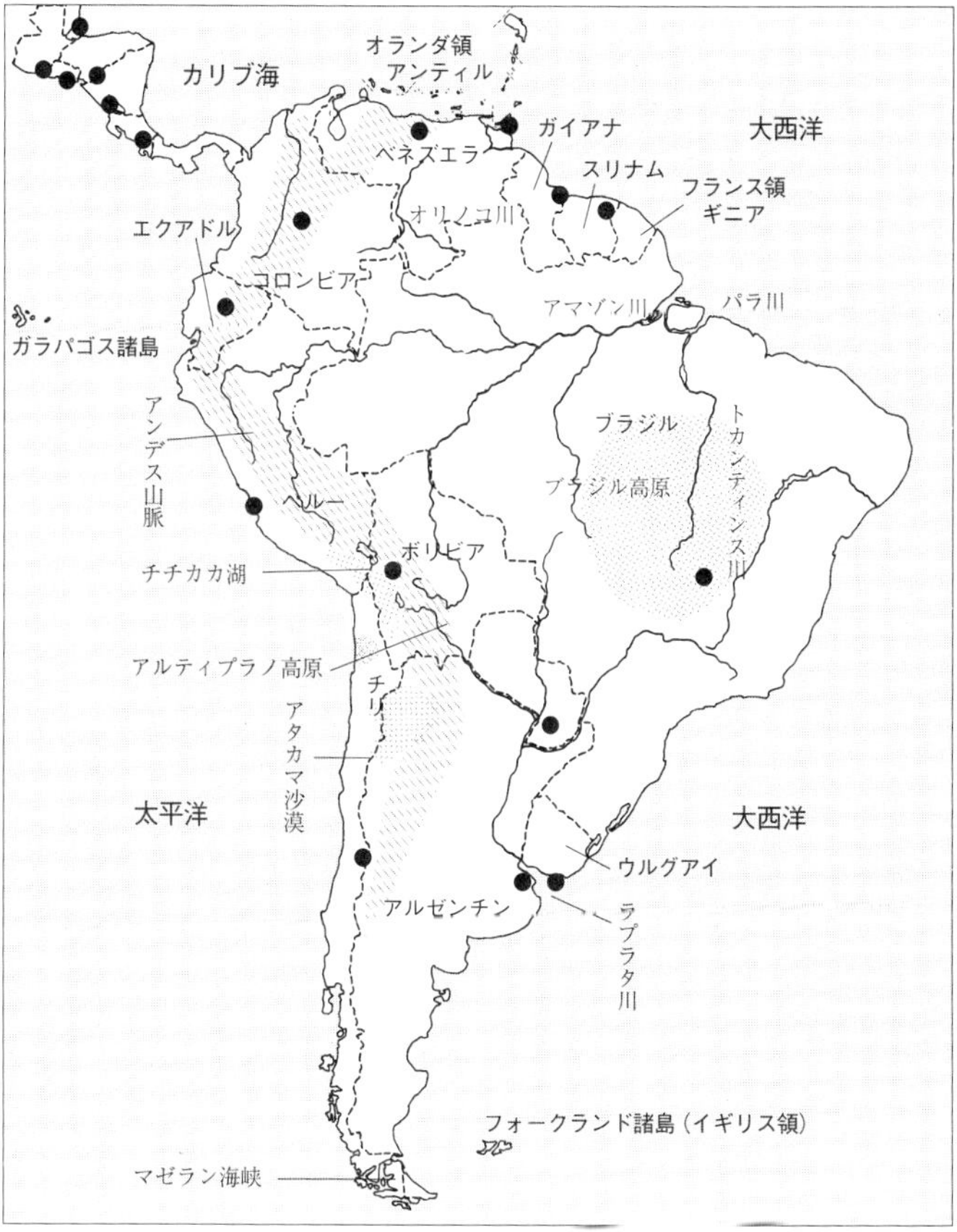
カリブ海
オランダ領
アンティル
ガイアナ
大西洋
ベネズエラ
スリナム
フランス領
ギニア
オリノコ川
エクアドル
コロンビア
アマゾン川
パラ川
ガラパゴス諸島
アンデス山脈
ブラジル
トカンティンス川
ブラジル高原
ペルー
ボリビア
チチカカ湖
アルティプラノ高原
チリ
アタカマ沙漠
太平洋
大西洋
ウルグアイ
アルゼンチン
ラプラタ川
フォークランド諸島（イギリス領）
マゼラン海峡

のではないかと考えられている。

アルティプラノ高原 Altiplano　「高原」。スペイン語で alti「高い」と plano「平原」。

ブラジル高原 Brazil　国名ブラジル参照。

チリ（アタカマ）高原 Chile　国名チリ参照。

マゼラン海峡 Magellan　一五二〇年、ポルトガルのマゼランが発見したもの。

アタカマ沙漠 Atacama　インディオ・アタカマ族の名による。

アマゾン川 Amazon　「女戦士」。ギリシア神話の女戦士アマゾンにちなんだもの。

オリノコ川 Orinoco　「川」。カリブ語で「川」。スペイン人が川の名前と勘違いした。

ラプラタ川 La Plata　「銀の川」。スペイン語定冠詞 la と plata「銀」。一五二六年、イタリア人カボットが、河口で銀が産出すると思って命名した。

チチカカ湖 Titicaca　「ピューマの岩」。ケチュア語の titi「ピューマ」と caca「岩」とからなる。

アルゼンチン共和国　Argentine Republic

　正式にはアルヘンティーナ Argentina。一八一六年の独立時には、スペイン語で「銀」を意味するラプラタ合衆国だったが、一八二六年、スペイン本国の圧政を嫌ってラテン語の argentum「銀」に基づいて命名し直した。

[首都] ブエノスアイレス　Buenos Aires　ブエノ bueno「よい」とアイレ aire「風」。一五三六年、スペインのメンドーサが建設。その日がカトリック暦の三位一体の祭日だったため、船乗り達が守護神マリアに、航海の順風を願って、シウダ・デ・ラ・サンティシマ・トゥリニダド・イ・プエルト・デ・ヌエストゥラ・セニョラ・ラ・ビルヘン・マリア・デ・ロス・ブエノス・アイレス「三位一体の祭の都市とよい順風に恵まれた聖母マリアの港」と名づけたが、省略されて現在の名に。

ウルグアイ東方共和国　Oriental Republic of Urguay

　ウルグアイ川の名に由来する。インディオの言葉で uru「曲がりくねった」gua「川」という意味。一五一六年、スペイン人ソリスが来航し、一七七六年、スペイン領ラプラタ副王領に編入されたが、一八一四年に独立を宣言した。「数多くの急流」、「美しいまだら色の（ウル）鳥が沢山飛んでいる川」との意味があるともいわれる。

[首都] モンテビデオ　Montevideo　一五二〇年、マゼランが世界一周の途上で発見。水夫がモンテ・ベル・エ monte ver eu「山が見える」と叫んだことによる。一九三〇年、サッカー・ワールドカップ第一回の開催地。

エクアドル共和国　Republic of Ecuador

スペイン語でecuador「赤道」を意味する。一五三四年、スペイン領になるまではインカ帝国の支配下にあった。一八二二年にグラン・コロンビアの一部としてスペイン支配から独立する。ペルーとの国境紛争が絶えない。野口英世ゆかりの地で、ノグチ通りもある。

[首都] キト　Quito　一五三三年、スペイン人ベナルカサルが征服。インディオのキト族の名にちなんで名づけられた。意味は「自由」。

ガイアナ協同共和国　Co-operative Republic of Guyana

一四九九年、スペイン人が訪れる。スペイン語ギアナの英語による発音。一般的にはインディオの言葉でguyana「水源、水の国」を意味するといわれる。一八一四年、イギリス領。一九六六年、独立。

[首都] ジョージタウン　Georgetown　「イギリス国王ジョージ三世の町」。

(フランス領ギアナ)　French Guiana

ギアナは、インディオの言葉でGuyana「水源、水の国」。一八一五年、フランス領に。

コロンビア共和国　Republic of Colombia

探検家コロンブスの名を記念したもの。一四九九年、スペイン人オヘーダが訪れる。一五三八年にはペルー副王領に編入され、ヌエバ・グラナダ（新グラナダ）とよばれた。一七一七年にヌエバ・グラナダ副王領に昇格して一八一〇年に独立。一八二一年、グランコロンビアとして独立するが、ベネズエラ、エクアドルが分離し、再びヌエバグラナダに戻ったあと、コロンビア合衆国、そしてコロンビアになった。

[首都] サンタフェデボゴタ　Santa Fe de Bogota　インディオの族長ボゴタBogotaの名にちなんで名づけられた。一五三八年、エルドラド（黄金郷）を探していたスペイン人のケサダがインディアンの村を破壊して町にした。サンタフェSanta Feは、町の建設がカトリック暦の祭日「聖なる信仰の日」だったため。

スリナム共和国　Republic of Suriname

一四九九年、スペイン人オヘーダが訪れる。一時、イギリスの支配下に入るが、一六六七年、オランダに帰属。一九七五年、独立。インディオの言葉で「岩場の多い川」（スリナム川）に由来する。

[首都] パラマリボ　Paramaribo　インディオのパラマリボ族の名に由来する。一五四〇年、フランスがインディオの村の隣に町を建設。パラpara「川」マリボmaribo「住民」で「川沿いの住民」を意味する。

チリ共和国　Republic of Chile

一五三六年、スペイン人、アルマグロが訪れる。インディオのケチュア語で chile「寒い、雪」、またはアイマラ語の chili「地の果て」など、諸説ある。「3Wの国」fair weather, good wine, beautiful woman ともいわれる。一八一八年、独立。

[首都] サンティアゴ　Santiago　一五四一年、スペイン人のペドロ・デ・バルディビアが建設。地名はスペイン語で「聖ヤコブ」。ヤコブはスペインへ布教に訪れた十二使徒の一人。

パラグアイ共和国　Repabulic of Paraguay

パラグアイ川の名に由来する。インディオの言葉で para「海または大河」と gua「水」の合成語。一五三七年にスペインに帰属、一八一一年、独立。

[首都] アスンシオン　Asuncion　一五三七年、スペイン人のファン・デ・サラサールが建設。正式名はヌエストラ・セニョーラ・デ・ラ・アスンシオン Nuestra Senora de la Asuncion「聖母の昇天祭の日の我が聖母」。ヌエストラ nuestra「我が」とセニョーラ senora「聖母」が略され、アスンシオン asuncion「聖母の昇天祭」となった。

(フォークランド諸島)　Falkland Islands (Malvinas)

一五九二年、イギリス人のデービスが訪れる。一六九〇年代に英国海軍出納局長であったフォークランド卿アンソニーの名にちなんで、こう命名された。アルゼンチン名のマルビナスは「サンマロの船乗り達」の意。フランスのサンマロの船乗りがよく来航し、マロ人の土地とよばれたことから、マルビナス Maluvinas 諸島の名がついたともいわれている。一九八二年、アルゼンチンとイギリスが領有権をめぐって紛争がおこった。

ブラジル連邦共和国　Federative Republic of Brazil

一五〇〇年、ポルトガル人ペドロ・アルバレス・カブラル Pedro Alvares Cabral の艦隊がインドに向けての航行中に上陸。赤色染料の材料ブラジルウッド（和名ブラジル・スオウ）の林があった。ブラジルの語義はポルトガル語の brasa「赤熱した炭火」で、赤色のニュアンスがある。一八二二年、独立。

[首都] ブラジリア　Brasilia　ブラジルの国名に、ラテン語の地名接尾辞-iaがついて、「ブラジルの町」。

ベネズエラ・ボリバル共和国　Bolivarian Republic of Venezuela

スペイン語の Venecia「ベネチア（ベニス）」に-uela（縮小接尾語）がついて転訛した名。一四九八年、コロンブスが訪れ、翌年、探検家アメリゴ・ベスプッチとオヘーダがスペイン領と宣言。マラカイボ湖畔に並び立つ原住民の水上ハウスをみて、故郷ベネチアにちなんで「小さなベネチア」と名づけた。ボリバルは、ラテンアメリカ独立解放運動の指導者シモン・ボリバル Simon Bolivar の名を記念したもの。一八三〇年、独立。

［首都］カラカス　Caracas　一五六七年、スペイン人ロサダが建設。そのとき、サンティアゴ・デ・レオン・デ・カラカス Santiago de Leon de Caracas「カラカス族の勇士がいる聖ヤコブの町」と名づけたが、現在は、最後のカラカスだけでよばれている。カラカスとは、インディオ、カラカス族の言葉で「傷つける」。

ペルー共和国　Republic of Peru

一五三三年、スペイン人ピサロがインカ帝国を滅ぼし、スペイン領とした。一説によると一五二二年にスペイン人がはじめてここに到達したとき、Biru「川、水」とよばれていた河口で原住民に迎えられたことによるともいわれている。一八二一年、独立。

［首都］リマ　Lima　一五三五年、ピサロが建設。町を流れるリマック川の名に由来する。リマック rimac はケチュア語で「予言の地」。

ボリビア共和国　Republic of Bolivia

一五三五年、スペインが領有。独立戦争ののち、一八二五年に独立。ラテンアメリカ独立解放運動の指導者シモン・ボリバル Simon Bolivar の名にちなんで名づけられた。

［首都］ラパス　La Paz　一五四八年、スペイン人が金の採掘基地として建設。そのとき、プエブロ・ヌエボ・デ・ヌエストラ・セニョラ・デ・ラ・パス「平和の聖母（マリア）のいます、我が新しい町」と名づけた。しかし、プエブロ pueblo「町、都市」、ヌエボ nuevo「新しい」、ヌエストラ nuestra「我が」、セニョラ senora「聖母（マリア）」は消え、定冠詞の la とパス paz「平和」だけが残った。

【ヨーロッパ】

〈自然地名〉

アペニン山脈 Apennines　「峰」。ケルト語の pen「山頂、峰、尖ったもの」に由来する。

アルプス山脈 Alps　「岩山」。ケルト語の alp「山、岩山」にちなんだもの。

カルパティア山脈 Carpathian　古代スラブ人の言葉で chorwat、あるいは chrbat「山脈」に由来する。

スカンディナビア山脈 Scandinavia　「暗い島」。古代ノルド語の skad「暗い」と aujo「島」からなる。針葉樹林の景色、あるいは日照時間の短かさからか。

トランシルバニア山脈 Transylvania　「森を越えた地

アイスランド
ノルウェー海
フェロー諸島
スカンディナビア山脈
白海
フィンランド
ロシア
ボスニア湾
ノルウェー
スウェーデン
アイルランド
ペニン山脈
北海
エストニア
ラトビア
リトアニア
バルト海
イギリス
ドーバー海峡
ベラルーシ
ポーランド
ドイツ
ライン川
ウクライナ
スロバキア
チェコ
ロアール川
カルパティア山脈
ポルトガル
ガロンヌ川
フランス
トランシルバニア山脈
ローヌ川
アルプス山脈
イタリア
スペイン
ピレネー山脈
アペニン山脈
黒海
ドナウ川
テージョ川
シエラ・ネバダ山脈
ベズビオ山
地中海
ジブラルタル海峡
ユーゴスラビア
アルジェリア
マルタ
チュニジア
ギリシア

方」。ラテン語のtrans「越えて、横切って」とsilva「森」と地名接尾辞-ia。

ピレネー山脈 Pyrenees　「山」。バスク語のpyren「山」に由来。ギリシア神話によると、ピレネーはヘラクレスに愛された娘で、この山に埋葬されたという。

ベズビオ山 Vesuvio　火山そのままに、「煙を出す」という意味。「フニクリフニクラ」は、この山の登山電車の開通を宣伝した唄。

ペニン山脈 Pennine　ケルト語のpen「山頂、峰、尖ったもの」による。

アドリア海 Adriatic　イリュウリア語のadurアズル「海」にちなんだ、アドリアという町の名から。

地中海 Mediterranean　ラテン語のメディテラネウスmediterraneus「内陸の」と接尾辞-anによる。

バレンツ海 Barents　シベリアの北岸を通り、中国へ続く北東航路を発見するため、オランダが派遣した探検家バレンツの名にちなんだもの。

エルベ川 Elbe　「川」。アーリア語でalb「流れ」、すなわち「川」。ドイツでは父ラインに対して、エルベは母。

ガロンヌ川 Garonne　「急流」。ケルト語のgarw「荒々しい」とonn「川」からなる。

テージョ川 Tejo　「断崖」。スペイン語のタホtajo「断崖」に由来する。テージョはポルトガル語読み。スペイン語ではタホ、英名ではテグスTagus。

ポー川 Po　「非常に深い」。ローマ時代の古称パドゥスpadusに由来し、そのパドゥスとはリグリア語のボデンクスbodincus「非常に深い」に由来する。

ライン川 Rhein　「川」。ケルト族の言葉ri「流れ」とn「川、水」からなる。フランス名はラン川Rhin、オランダ名はライン川Rijn、英名はライン川Rhine。

ローヌ川 Rhone　「流れの速い水の川」。ラテン語の古称ロダヌス川Rhodanusに由来する。ロダヌスは、ケルト語のrho「速い」da「川、水」nus「川、水」からなる。

ロワール（ロアール）川 Loire　「流れ」。紀元前後の古称リゲル川Ligerに由来する。リゲルはケルト語でリグlig「流れ、水」。

アイスランド共和国　Republic of Iceland

自称はイースランドIsland。スカンディナビア語で「氷の島」。九世紀末にノルウェー・バイキングが開拓した。長くデンマークの支配下にあったが、一九四四年、完全独立。

【首都】レイキャビク　Reykjavik　入植したバイキン

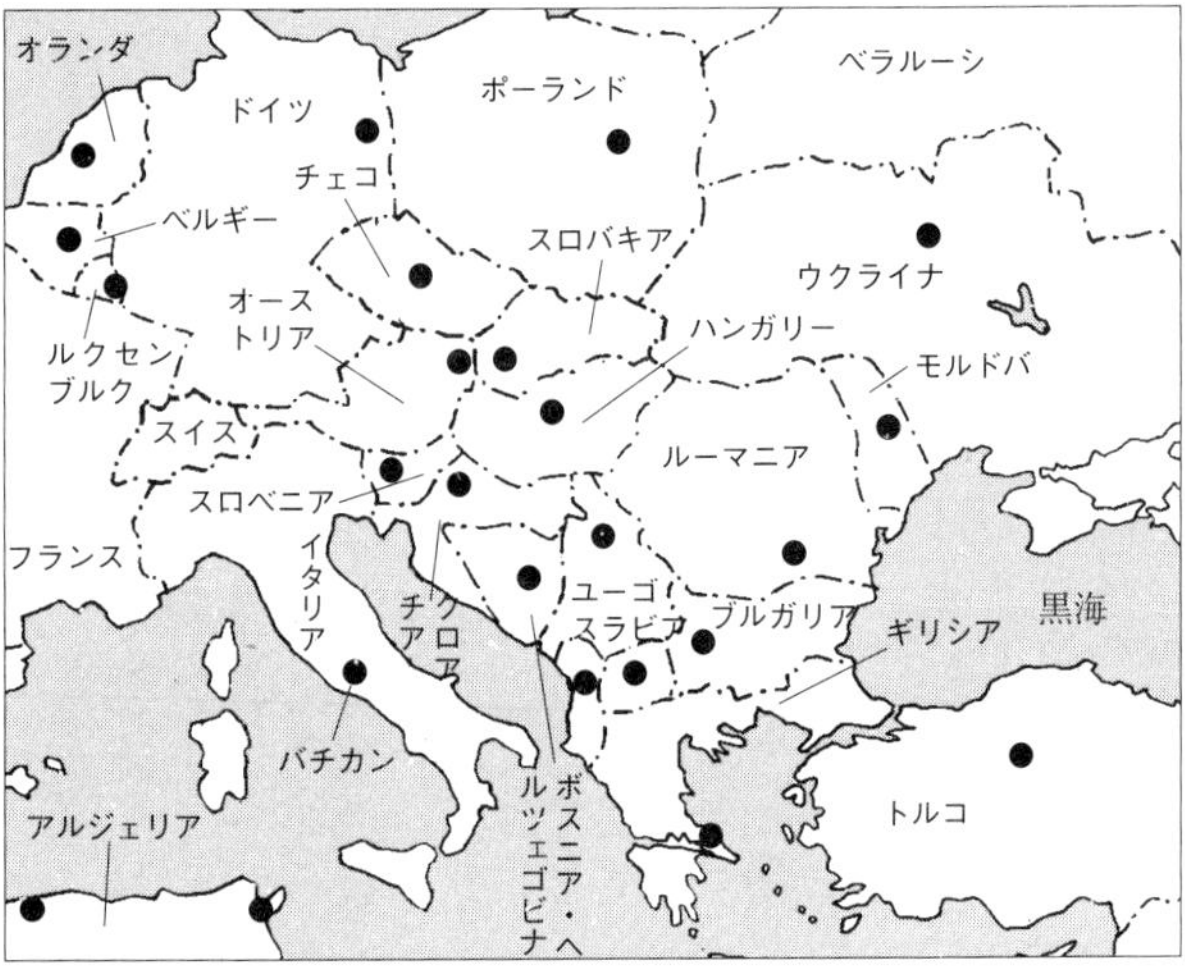

グのアルナルソンが、間欠泉の噴きでる風景をみて、レイキャ reykja「湯煙（蒸気）の立つ」、ビク vik「入り江」、「湯煙の立つ入り江」と名づけた。

アイルランド　Ireland

自称はエール Eire で、アイルは英語による発音。エールはケルト語の re「後ろ側、西側」が転訛し、land がつけられた。一二世紀末からイギリスの侵略を受け、地名も英語化した。追いつめられたケルト人の居住地だったが、一二世紀以降、イングランドの支配を受け、長期にわたる独立戦争ののち、一九四九年、独立。

[首都] ダブリン　Dublin　古代アイルランド語のダブ dubh「黒い」とリン lind「池」で、「黒い池」。八三六年、デーン人が建設。一一六九年、アングロ・サクソン人がアイルランド支配の拠点とした。

アルバニア共和国　Repabulic of Albania

自称は「シュキペリセ Shqiperise（ワシの国）」。ワシは優れた人を象徴するといわれている。アルバニアとは「白い土地」。一般的には、白い石灰岩性の地質から、ラテン語の albus「白」が語源と考えられている。ビザンティン、セルビア、オスマン・トルコなどの支配下におかれていたが、一九一二年、独立。

[首都] ティラナ　Tirana　イランの首都テヘランにち

なんで名づけられた。一六一四年、オスマン・トルコの総督、スレイマン・パシャが、戦勝を記念して建設。

アンドラ公国　Principality of Andorra

前一世紀から後三世紀にかけての古アンドラ王国の名に由来するというが、意味は明らかではない。一三世紀以降、フランスとスペインのウルヘル教区カトリック司教の共同主権下にあった保護国だったが、一九九三年、独立。

［首都］アンドララベラ　Andorra la Vella　ビラ vella「古い」とアンドラで、「古きアンドラ」。

イギリス（グレート・ブリテンを参照）

イタリア共和国　Republic of Italy

古代ローマ帝国の中心地として繁栄。さまざまに版図を変え、一八六一年、サルディーニャ王国を中心にイタリアが誕生。一八七〇年、統一国家となる。イタリアは、古ラテン語の vitulus「子牛」に由来する。古代、半島南部で多くのウシが放牧されていたことからギリシア人が Vitelia と名づけたという。

［首都］ローマ　Roma　ローマ以前にイタリアでさかえていたエトルリアの言葉で rumon「川の町」。伝説では、オオカミの乳で育てられた双子の一人、ロムルス Romulus が、前七五三年に建設したという。ローマ帝国の首都として繁栄をきわめたが、三三〇年、首都がコンスタンティノープルに遷されてからは衰退。九六二年、神聖ローマ帝国が成立してからは、再びヨーロッパの中心地となった。一八七一年、イタリアの首都に。

エストニア共和国　Republic of Estonia

自称はエスティ Eesty。意味は「東の」。十一世紀に歴史に登場するバルト・フィン系民族のエストニア人の名にちなんだもの。ドイツ騎士団、スウェーデンの支配を経て、一七二一年、ロシアが領有。一九一八年、独立するが、一九四〇年、ロシアが強制的に併合。一九九一年、独立。

［首都］タリン　Tallinn　一二〇〇年頃、デンマーク人が建設したので、エストニア語のターニ taani「デンマーク人」とリンナ linna「町、都市」で、「デンマーク人の町」。

オーストリア共和国　Republic of Austria

自称はゲルマン語系の言葉 ost「東方」と mark「辺境地」から転訛した「エステライヒ」。オーストリアは英語読み。九世紀、フランク王国の東端に位置していたため「東の辺境区」とよばれた。一二八二年以降、神聖ローマ帝国の帝位を独占したハプスブルク家の中心地として繁栄した。一八六七年、オーストリア＝ハンガリー連合王国とよばれたが、第一次世界大戦で敗北して戦前の四分の一の国土となり、ついで一九三八年にはヒトラーの支配を受け入れ、ドイツに併合された。第二次世界大戦後、米英仏ソ、四ヵ国の共同管理ののち、一九五五年、永世中立国として独立したが、一九九五年、EUに加盟。

[首都] ウィーン　Wien　前五〇年、ローマ軍が侵攻して、ここをビンドボナ Vindobona（ケルト語で vindo「美しい」bona「町」）とよんだことによる。

オランダ王国　Kingdom of the Netherlands

自称はネーデルランド（英語ではネザーランドまたはホーランド）で、「低地の国」。低地の水をくみ出す風車で有名。日本語の「オランダ」はポルトガル語を経た独特の言い方。一五五六年、スペイン・ハプスブルク家の領土となるが、一五八一年、連邦共和国として独立。一八一〇年、王国となるが、ベルギー、ルクセンブルクが分離。一九四九年、NATOに加盟。EUの創設メンバー。

[首都] アムステルダム　Amsterdam　一三世紀はじめ、アムステル川に堤防を築き、町を建設した。一六〇二年、オランダ東インド会社によって港湾都市として繁栄。現在、憲法上の首都はアムステルダムだが、実質的にはハーグ。

ギリシア共和国　Hellenic Republic（Greece）

自称はエラス Ellas。ギリシア民族の祖とされる女神ヘレンの名に由来する。日本語の「ギリシア」はラテン語のグレキアが訛ったもの。ペロポネソス半島に居住したグラエキ族 Graecia「高地の人、名誉の人」の名が語源とされるが、定かではない。前三世紀以降は、ローマ、ビザンティン、オスマン・トルコの支配を経て、一八三〇年、王国として独立。一九七三年、共和制に移行。

[首都] アテネ　Atene　古代ギリシアの中心地として繁栄。戦いと知恵の神アテナイ女神の名にちなむ。ローマ時代以降は衰退するが、近代国家となってから復活。

グレートブリテンおよび北部アイルランド連合王国（イギリス、英国）　United Kingdom of Great Britain and Northern Ireland

イギリス（アングル人の国）はポルトガル語のイングルス Ingles を経て日本に持ち込まれた、日本独特のよび名。アングル Anglo とは、彼らの先住地がドイツ北部のシュレスビッヒ地方アングル「土地の隅」であったことに由来する。総称のブリテンは、先住民ブリトン人「騒々しい人々」に由来する。先住民はケルト人だが、ローマ帝国の支配を経て、五世紀からゲルマン系アングロ・サクソン人、ノルマン人が波状的に侵入、定住した。ちなみに彼らの自称は Anglish で、そこから English、England が派生した。略字のUKは United Kingdom「王国」のことで、イングランド、スコットランド、ウェールズ、北アイルランドの四ヵ国からなる。一九世紀のビクトリア朝時代には世界の四分の一を領有していた。

［首都］ロンドン　London　古くはケルト語でカエルルッドCaer Ludd「戦いの神ルッドの城」とよばれていた。ローマ人がここへ侵攻したとき、ケルト系先住民ロンディヌス族Londinusの住む土地ということから、ロンデニウムLondinium「ロンディヌス人の土地」と名づけたことに由来する。一〇六六年、ノルマンディー公ウィリアムがイングランドを征服し、ノルマン朝をおこしたとき、ロンドンのウェストミンスター寺院で即位したため、ここが首都とされた。

クロアチア共和国　Republic of Croatia

自称はフルバツカHrvatska。七世紀中頃に侵入してきた南スラブ系クロアチア人の名に由来する。クロアチアはスラブ語のgora「山」にちなんだ名で、意味は「山の民」。九二四年、クロアチア王国を建国。中世は列強の支配下にあったが、一九一八年、ユーゴスラビアの前身クロアート・スロベーン連合王国に参加。一九九一年、ユーゴスラビアから独立した。

［首都］ザグレブ　Zagreb　ハンガリー語の接頭辞ザza「後ろの」とグレブルgrebl「堀」で、「堀の後ろの町」。当時の城塞都市の姿がその名にあらわされている。

サンマリノ共和国　Republic of San Marino

四世紀、古代ローマのディオクレティアヌス帝によるキリスト教迫害を逃れ、この地にキリスト教徒の町をおこしたとされるダルマチアの石工「聖マリヌス」の名にちなむ。一二六三年、世界で最初に共和制を布いた国である。一八一五年、独立国家に。

［首都］サンマリノ　San Marino　国名に同じ。

（ジブラルタル）　Gibraltar

七一一年、この地を占領したイスラム教徒ターリク・イブン・ザイドにちなんで名づけられたターリク山（ジェベル・アル・ターリク）が転訛した。アラビア語でジェベルdjebelは「山」という意味なので、「ターリクの山」となる。一五〇一年、スペイン領になり、一七一三年、イギリスの植民地。

スイス連邦　Swiss Confederation

ローマ帝国の支配を経たあと、ゲルマン人の支配下に入った。ハプスブルク家や神聖ローマ帝国の圧政に抵抗し、一二九一年に北東部の三州（ウリ、シュビーツ、ウンターバルデン）が同盟を結んで建国した。「スイス」は、この三州のなかのシュビーツ（Schwyz→Shwicer→Suisse）のフランス語読み。その後は同盟州が増え、一四九九年には神聖ローマ帝国から完全独立。一六四八年、国際的にも独立が承認された。シュビーツの語源は、古代高地ドイツ語の swaijazari「酪農場」からの転訛といわれる。

［首都］ベルン　Bern　言い伝えでは、狩りをして最初に捕らえた動物の名を町の名前にしたといわれている。その動物はドイツ語でベール bar「熊」。

スウェーデン王国　Kingdom of Sweden

北ゲルマン系のスベリ人に由来する。自称もスベリエ。スウェーデンは英語の発音。スベ svea「われわれ同胞」とリエ rige「土地」で、「我々同胞の土地」。一二五〇年に、統一国家ができるが、デンマークの支配下に入る。一五二三年、王国として独立して以降は北欧最大の強国となったが、一八世紀には、ロシア勢力に圧迫され、大きく領土を失った。

［首都］ストックホルム　Stockholm　一四の島からなる港湾都市。一二五三年、スベリエ人がガラムスターデン島に丸太で城塞を築いたことから、stock「杭」と holm「島」で、「杭の島」と名づけられた。

（スバールバル諸島・ヤンマイエン島）　Svalbard and Jan Mayen Islands

ノルウェーの属領。Svalbard は、ノルウェー語のスバール sval「冷たい」とバル bard「へり」で「寒い海岸」。Jan Mayen は、一六一四年に、この島に捕鯨基地を設けたオランダ人航海士ヤン・マイエンの名にちなんでつけられた。

スペイン　Spain

自称はエスパーニャで、スペインは英語の発音。前七世紀、フェニキア人が訪れ、フェニキア語で shaphan「ウサギ」または hispan「イヌ」と名づけたことによる、といわれるが明らかではない。ただ、いずれにしても動物名の起源である。ローマ帝国、西ゴート王国の支配を受けたあと、七一一年、アラブが侵入。一四七九年、スペイン王国成立。一四九二年、イスラム勢力を国内から駆逐した。植民地政策で繁栄。一九三一年、共和制へ移行。一九七五年、立憲君主制に。

［首都］マドリード　Madrid　アラビア語のマジュリート majrit「わき水の場所、水に恵まれた所」。アラブ人が住みやすいところを選び、開拓したことがわかる。一〇八三年、キリスト教徒が奪取、一五六一年、首都に。

スロバキア共和国　Slovak Republic

六世紀に定住していたスラブ人に由来する。語義は「スラブ民族の地」。「スラブ」とは、ゴート語で slov「口数の少ない、のろまな人々」。長くハンガリーの支配下にあったが、一九一八年、チェコと連邦制をとりチェコ・スロバキアに。一九九三年、分離独立。

[首都] ブラチスラバ　Bratislava　古代にはローマ軍が駐屯した。十世紀のボヘミア王ブラチスラウスの名にちなむ。一六世紀半ば〜一八世紀、オスマン・トルコ帝国の支配下にあったとき、代理首都として繁栄。

スロベニア共和国　Republic of Slovenia

自称はスロベンツィ Slovenci。六世紀に定住していたスラブ人に由来する。意味は「スラブ人の土地」。フランク王国、神聖ローマ帝国、ハンガリーなどの支配を経て、一九一八年、ユーゴスラビアの前身クロアート・スロベーン連合王国に参加。一九九一年、分離独立。

[首都] リュブリャナ　Ljubljana　前三四年、ローマがここにエモナという町をつくった。スラブ語でリュブリャナは「最愛の人」の意。

チェコ共和国　Czech Republic

自称はチェヒ。スラブ系民族チェコ人の名に由来する。六世紀、ボヘミア地方に住み着いた「最初の人」という意味。中世は神聖ローマ帝国の支配化にあって、ボヘミア王国として繁栄。ちなみにボヘミアは『勇士の町」を意味する。一九一八年、スロバキアとともに、チェコ・スロバキアとなったが、一九九三年、スロバキアが分離独立。

[首都] プラハ　Praha　チェコ語で「境界」「敷居」。伝説では、ある王女が森を見たとき、そこに未来の都の姿があらわれた。そこで家来に森をさぐらせたところ、ある男が小屋の敷居を作っていたので、プラハ「敷居」と名づけたという。古くからの都市。ボヘミア王国の中心地として「黄金のプラハ」と称されるほど繁栄した。

(チャネル諸島)　Channel Islands

英語のチャネル channel「海峡」。イギリス海峡南西部、サンマロ湾にある五つの島からなる。一一五四年、イギリス領となる。現在は、独自に国の運営をする保護領となり、連合王国には属さない。

デンマーク王国　Kingdom of Denmark

「デーン人との境界」の意。mark は「辺境、国境地方」を意味する。自国ではダンマルク Danmark とよぶ。デーン人はバイキングの一氏族で、九世紀はじめに建国され、一四世紀末には北欧全域を支配下においていた。一六世紀にはスウェーデン、一九世紀初めにはノルウェーが分離して、小国になる。第一次世界大戦では中立を維持したが、ナチス・ドイツに占領される。

[首都] コペンハーゲン　Copenhagen　デンマーク語ではケーベンハウン Kobenhavn。ケベン koben「商人」とハウン havn「港」で「商港」。一一六七年に要塞化されると交易がさかんになり、都市が拡大していった。一八九四年、自由港として解放され、中継貿易港と

して繁栄した。

ドイツ連邦共和国　Federal Republic of Germany

自称はドイッチュラントで、高地ドイツ語のdiutisk「民衆、同胞」と「国」を意味するLandからなる。自民族のことはドイッチェDeutscheとよぶ。英語のジャーマニーはゲルマン民族の名によるもので、意味は「異邦人、戦士」。フランス語ではアルマーニュAllemague。三〜四世紀にやってきたゲルマン民族のアレマン人に由来する。

八四三年の東フランク王国にはじまり、神聖ローマ帝国の支配を経て、一八一五年、ドイツ連邦が成立。一八七一年、ドイツ帝国に。一九一八年、ワイマール共和国となるが、第一次世界大戦で敗北。第二次世界大戦後、一九四九年、分断され、ドイツ連邦共和国（西ドイツ）とドイツ民主共和国（東ドイツ）に分かれたが、一九九〇年、国家再統一。

［首都］ベルリン　Berlin　沼沢地であったため、スラブ語のベルジーナberljina「池」に由来するといわれるが、ゲルマン系、ケルト系などさまざまな説があり、語源は明らかではない。一二世紀にブランデンブルク辺境伯アルブレヒトが征服。以降、国家の中心地、首都として繁栄。第二次世界大戦後、東西ベルリンに分断されるが、一九九〇年、統一ドイツの首都となる。

ノルウェー王国　Kingdom of Norway

自称はノルゲで、ノルウェーは英語読み。九世紀、バイキングの時代に国家を統一した。意味は古ノルマン語でノルレベクnorreweg「北航路」。南方から北上した放牧民族が名づけたといわれている。一三世紀、アイスランドを領有。一四世紀末、デンマーク、一九世紀にはスウェーデンの支配下におかれた。一九〇五年、独立。

［首都］オスロ　Oslo　フィヨルドによって形成された天然の良港。古ノルウェー語のAs「神」とlo「森」で「神聖な森」。バイキングの拠点として繁栄した。一六二四年、デンマークのクリスチャン四世によって焼き払われるが、クリスチャニアとして復興。一九二五年、スウェーデンとの連合を解消し、オスロの名が復活した。

バチカン市国　State of the City of Vatican

ローマ法王主権のカトリック国家。ローマ市内のバチカンの丘に位置する世界最小の独立国。国名はモンス・バチカヌス（バチカン丘）にちなむ。古代から礼拝の場であったことから、バチカンとは、一説にはエトラスク語で「神託、預言」を意味するともいわれる。十二使徒の一人ペテロを祀るサンピエトロ寺院が建立され、七五六年、フランク王国のピピンが領地を献上。一八七〇年、イタリアが領地を没収したが、一九二九年、独立を回復した。

［首都］なし

ハンガリー共和国　Republic of Hungary

自称はマジャーロルサグ。モンゴル人をさすペルシア語のムガール「強い人」が転訛したといわれる。ハンガリーの語源については、諸説あるが、この地に同化した「フン族」の名に由来する説が有力。「フン」は「人」Hungarvaia の略といわれている。一〇〇〇年にイシュトバーン一世が統一して、中部ヨーロッパの強大国となった。一五二六年、オスマン・トルコ、一七世紀末にはハプスブルク家の支配下に入り、一八六七年にはオーストリア＝ハンガリー帝国となる。第二次世界大戦ではドイツと同盟するが敗北。戦後は社会主義体制をとるが、一九五六年、ハンガリー動乱。一九八九年、共産党独裁が終了。

［首都］**ブダペスト　Budapest**　スラブ語でブダ buda「(硫黄鉱泉にある)小屋」とペスト pest「(石灰石を焼く)かまど」を合成した都市名。これは、一八七二年、ドナウ川西岸の下町ブダ、東岸の商業地ペストが橋で結ばれて合併したことによる。

フィンランド共和国　Republic of Finland

自称はフィンランド語でスオミ Suomi「沼沢地」。フィンランドは英語訳。fen「湖沼」と land で「湖沼の国」を意味する。ボルガ川流域を起源とするフィン人が紀元前後にバルト海南岸から定住しはじめた。一一五五年、スウェーデンの侵攻と同時にキリスト教が伝来。一八〇九年、ロシアに併合されるが、一九一七年、ロシア革命に際して独立。一九九二年、最古の歴史をもつ共産党が解散。

［首都］**ヘルシンキ　Helsinki**　この地の民族ヘルシング Helsing とスウェーデン語のフォルス fors「滝」で「ヘルシング族の滝」。一五五〇年、ハンター川河口に港湾都市として建設されたが、滝の名のとおり、流れが速すぎるので、一六四〇年、現在地に移る。

(フェロー諸島)　Faeroe Islands

北大西洋にあるデンマーク自治領。九世紀頃にノルウェー・バイキングが入植をはじめたこの地がノルウェー語でファレイ Farei 諸島とよばれていたことに由来する。意味は「ヒツジ」。土地が農地には向かず、牧羊がさかんだったことからそう名づけられたという。一三八〇年、デンマークの支配下に入ったが、一九四八年、自治権を獲得。

フランス共和国　French Republic

古代にはケルト人の先住地だったが、前二世紀頃にローマ人の侵攻があり、そのときからガリアとよばれた。ローマ帝国滅亡後は、ゲルマン民族の大移動によって侵入したフランク人 Frank がフランク王国を建国した。フランクは古ザクセン語で「投げ槍」を意味する。フランク人が投げ槍を主要な武器として使用していたからといわれている。
一七八九年、フランス革命で共和制を樹立。その後、帝政と共和制を繰り返し、現在は一九五八年、ドゴールによってはじめられた第五共和制。

[首都] パリ　Paris　紀元前、セーヌ川にあるシテ島に拠点をおいていたケルト系のパリシィ族の名前に由来する。シテ島のシテ cite は「市」。パリシィには「乱暴者、田舎者」という意味がある。六世紀に建国されたフランク王国の時代から、国の中心地、首都とされ、発展を続けてきた。

ブルガリア共和国　Republic of Bulgaria

七世紀に侵入したアジアの遊牧民で、トルコ系とスラブ系の混血民族ブルガール人の名にちなむ。意味は「ボルガ河流域からきた人」。「大河」を意味するボルガに地名の接尾辞-iaがつけられた。六八一年、ブルガリア王国建国。ビザンティン（東ローマ）、オスマン・トルコの支配を経て、一九〇八年、ブルガリア王国として独立。第二次世界大戦では、枢軸国側につく。一九四六年、王政を廃し、ブルガリア人民共和国となったが、一九九〇年、社会主義の行き詰まりから現在の国名に。

[首都] ソフィア　Sofia　六世紀に建立された聖ソフィア寺院にちなんで名づけられた。「ソフィア」はギリシア語で「知恵」。ギリシア時代にはトラキア人の居住地だったが、前二九年、ローマが侵攻してセルディカと名づけたこともある。

ベルギー王国　Kingdom of Belgium

ヨーロッパ先住民のケルト系ベルガエ人の名に由来する。語義はケルト語の bol「沼地」と gai「森林（低い湿地の森林）」、あるいはゴール語の belgoe「戦士」など、諸説ある。かつてはフランク王国の一部だった。フランス、オランダの支配を経て、一八三一年、王国として独立。古くからオランダ系フラマン人とフランス系ワロン人の間で、人種、言語の対立があり、一九三二年には言語法を制定して、言語地域を南北に分割した。そのため自称も、フラマン語では「ベルヒエ」、ワロン語では「ベルジック」。英語ではベルジャム。日本語のベルギーはフラマン語読みのベルヒエが訛ったものだ。

[首都] ブリュッセル　Bruxelles　フラマン語でブリュック broek「湿地」とサリ sali「定住地」からなり、「湿地の定住地」。EU（欧州連合）、NATO（北大西洋条約機構）の本部が置かれ、ヨーロッパの心臓部的な役割をになっている。小便小僧の像はここが起源。

ボスニア・ヘルツェゴビナ　Bosnia and Herzegovina

旧ユーゴスラビア共和国のひとつだった。北部のボスニア地方と南部のヘルツェゴビナ地方の地名からなる。ボスニアは北部を流れるボスナ川 Bosna「清い」の英語訳。ヘルツェゴビナは、一五世紀にこの地に統一された国家をヘルツェグ Herzog「公爵領」とよんだことに由来する。東ローマ帝国、セルビアの支配を経て、一二五〇年にはハンガリー王国、一四八二年にはオスマン・トルコの支配下に置かれた。一九〇八年、オーストリア＝ハンガリー帝国に併合される。一九四五年、旧ユーゴスラビアの一共和国となるが、一九九二年、独立。国内の民族、宗教による対立から、政情は今も不安定。

［首都］サラエボ　Sarajevo　一六世紀、オスマン・トルコの総督がボスナ川沿いに邸宅を建てたとき、この地をボスナ Bosna とサライ saray「邸宅」でボスナサライ「ボスナ河畔の邸宅」とよんだ。その後、サライにスラブ語の接尾辞-ev がつけられ、サライエフ Saraiev「邸宅の町」となったことに由来する。第一次世界大戦は、ここでオーストリア皇太子がセルビア人に暗殺されたことからはじまった。

ポーランド共和国　Republic of Poland

自称はポルスカ Polska。中世、高地ドイツ語のポーラニン polanin「ポーレ（平地）の人びと」に由来する。

一五世紀におこったポーランド王国は、一時、ボヘミア、リトアニアをも含めた東ヨーロッパを広範囲に支配していたが、次第に衰退し、一七九五年にはロシア、プロイセン、オーストリアに国土は分割、併合され、消滅してしまった。第一次世界大戦後、一九一八年には共和国として復活。しかし一九三九年、ナチスドイツとソ連の侵攻によって、再び国は消滅。第二次世界大戦後には社会主義政権の国となったが、一九八九年、東ヨーロッパでもっとも早く民主化へ転換。

［首都］ワルシャワ　Warszawa　語源には諸説ある。チェコの豪族、バルシャベツ家 Varshavets の領地だったことによるという説、ハンガリー語のワロツ war-osz「要塞都市」、あるいはここに住んでいた民族の名前にちなんだものではないかなど。ベルリンとモスクワを結ぶ中継点として重要な役割をになってきた。

ポルトガル共和国　Portuguese Republic

ローマ帝国、西ゴート王国、イスラム帝国の支配を経て、一一四三年、ポルトガル王国。その建国が、現在のオポルトを中心とした地域のポルタスガレ伯領 Portus Gale だったことに由来する。その名はラテン語の portus「港」と gale「穏やかな」で、「穏やかな港」。

一五世紀前半、大航海時代には、エンリケ王子のもとで海外に進出し、南米、アフリカ、東南アジアに多くの植民地をもった。バスコ・ダ・ガマ、マゼランなどの活躍でさかえた。しかしその後は衰退し、一九一〇年には共和制に。一九三三年、軍の独裁体制が確立。一九七四年、無血クーデターで民主化へ。日本に最初に渡来したヨーロッパ人で、カステラ、ボタン、タバコ、コップ、パン、テンプラなどはポルトガル語に由来する。

［首都］リスボン　Lisbon　自称はリズボア Lisboa。前一二世紀にここを植民都市としたフェニキア人がアリスイボ Alisibbo「良港」と名づけたことによる。アリス alis「良い」とイボ ibbo「港」。ローマ時代にはオリシポ Olisipo。

マケドニア　Republic of Macedonia

アレクサンドロス大王時代の古代マケドニア帝国の名を復活させたもの。マケドニアは古ギリシア語でマケドス macedos「高地の人」。ローマの支配を受けたのち、七世紀にはスラブ人が移住してきた。オスマン・トルコの支配を経て、一九一三年、ブルガリア、ギリシア、セルビアの三国に分割、併合される。一九四五年、旧ユーゴスラビアの連邦のひとつとなったが、一九九一年、クロアチア、セルビアとともに独立。

［首都］スコピエ　Skopje　ローマ時代からの歴史をもつ。エーゲ海に注ぐバルダル川沿岸にあり、古くから内陸への中継地だった。地名の意味は不明。

マルタ共和国　Republic of Malta

前二〇〇〇年頃、フェニキア人が地中海貿易の中継基地とするために入植した。フェニキア語のメリタ melita「避難所、港」が転訛したもの。ローマ帝国、イスラム帝国、オスマン・トルコ帝国の支配下に置かれる。一五三〇年には十字軍のヨハネ騎士団（のちのマルタ騎士団）が領有。一八一四年、イギリス領となったが、一九六四年、独立。

［首都］バレッタ　Valletta　オスマン・トルコの支配を脱した、一五六五年、対トルコ戦のための城塞を建設した騎士団長バレット Vallet の名にちなんで名づけられた。一九七九年まで、イギリス軍地中海艦隊基地が置かれていた。

（マン島）　Isle of Man

グレートブリテン島とアイルランドの間にある小さな島。イギリスの保護領ではあるが、UK（連合王国）には属さない。島の規模そのままに、先住民のケルト語で「小さい」という意味。現地ではモナ Mona 島。ノルマン人が征服して住んでいたが、一三世紀にスコットランドが併合。以後、ノルウェーなどの支配を経て、一八二八年、イギリス領に。

モナコ公国　Principality of Monaco

面積はバチカン市国に次いで、世界で二番目に小さい。古代にフェニキア人が入植。前四世紀頃にギリシア人がヘラクレス神殿を建立し、ヘルクリス・モネコス・ポルトス Herculis Monaeci Portus「ヘラクレスの隠者の港」とよんだ。のちにモネコス monoecus「一人だけのすみか」に省略されて、モナコとよばれるようになった。一二九七年以来、イタリア、ジェノバのグリマルディ大公家による支配がはじまり、現在にいたっている。ただし、正統な王位継承者（男子）が絶えたときにはフランスに併合されることになっている。観光とカジノと金融業がさかん。

［首都］モナコ　Monaco　国名に同じ。

ユーゴスラビア連邦共和国　Federal Republic of Yugoslavia

第一次世界大戦後の一九二九年、南スラブ諸民族の六つの共和国が集まり、統一国家となったときにつけられた国名で、jugo「南方」の slavija「スラブ人国家」。一九九一年にはスロベニア、クロアチア、マケドニア、九二年にはボスニア・ヘルツェゴビナと、連邦を構成していた国が次々に独立し、一九九二年、残ったセルビアとモンテネグロがあらたに連邦を結成し直した。少数民族の対立で国家は安定していない。かつては東ローマ帝国の支配下にあったが、一一六八年、セルビア王国が建国され、バルカン半島に勢力を拡大するが、一五世紀以降は衰退し、オスマン・トルコの支配下にあった。

［首都］ベオグラード　Beograd　セルビア語のベオ beo「白い」とグラード grad「城塞都市」で「白い城塞都市」。前四世紀にケルト人が建設した町がもとになっているといわれる。スラブ人がこの地にやってきたのは、ローマ帝国が衰退した七世紀頃。

ラトビア共和国　Republic of Latvia

一二世紀、この国をおこした先住民族のバルト系ラトビア人の名による。古ノルマン語の lav「低地」に由来するという説と、ドイツ語のレットランド Lettland（lette は砂）「砂の国」とする説がある。一八世紀にロシア領とされた。キリスト教の国だが、ロシア正教よりもプロテスタントが多い。ロシア革命後、一九二〇年には共和国として独立するものの、一九四〇年、ソ連に組み込まれた。一九九一年、独立。

［首都］リガ　Riga　町の西側にトビナ川が曲がりくねって流れてくるため、ラトビア語でリンゲ ringe「曲がりくねった」。

リトアニア共和国　Reoublic of Lithuania

自称はリエトゥバ Lietuva。リエトゥバは「海岸」、そこに地名接尾辞-iaがついて「海岸部の国」。またリトアニアは、かつて国土だったところを流れていたネマン川上流域の古称リエタ Lieta「流れる」から転訛したともいわれるので、「流域の地」との説もある。

一三世紀、ドイツ騎士団の侵入に対してリトアニア公国が建国された。中世にはポーランドを併合するほどの大国となったが、一七九五年、ロシア領となった。ロシア革命後、一九二〇年には共和国として独立するものの、一九四〇年、ソ連に組み込まれた。一九九一年、独立。

[首都] ビリニュス Vilnius 国内を流れるニヤリス川の別称ビリヤ川 Viliya の沿岸に建設された町の意。一三二三年、ゲジミナス大公が城塞を築いて以降、都市として発展した。

リヒテンシュタイン公国 Principality of Liechtenstein

一七一九年、神聖ローマ帝国の皇帝が、ハプスブルグ家の貴族リヒテンシュタイン公にこの領地を与えたのが国の起源。リヒテンシュタインは、ドイツ語で「輝ける城壁」。一八六六年、独立。一八六七年に永世中立国となった。外交、国防、郵便、通貨はスイスによる。主要な国家の財源は切手発行。

[首都] ファドゥーツ Vaduz ラテン語の vadus「谷、底」に由来する。ライン川沿岸の谷間の町だったため、そう名づけられた。

ルクセンブルク大公国 Grand Duchy of Luxembourg

自称はリュクサンブール。中世の高地ドイツ語 lutzel「小さい」と burg「城塞、城下町、城」で、「小さな城塞」。九六三年、アルデンヌ伯ジークフリートが領有、築城して、そう名づけた。一三五四年に公国となるが、フランス、オランダの支配下におかれた末、一八六七年に独立。

[首都] ルクセンブルク Luxembourg 国名に同じ。

ルーマニア Romania

自称はロムニア Romania。ローマ Roma「ローマ」と地名接尾辞-iaで、「ローマ人の国」。ローマ人が移住し、ローマの文化がもたらされた歴史にもとづく。古代ローマ時代にはダキアとよばれ、東方の辺境地にすぎなかった。一四世紀はじめ、ワラキア、モルダビア公国がおこるが、まもなくオスマン・トルコ帝国の支配下におかれてしまう。一八五九年、両国が統一されてルーマニア公国となり、一八七八年に独立。第二次世界大戦では枢軸側に加わったが敗戦。戦後は共産主義政権が成立。一九六五年、チャウシェセスク独裁政権下でルーマニア社会主義共和国となったが、一九八九年、反政府暴動がおこり、独裁体制は崩壊、民主化へ。

[首都] ブカレスト Bucharest　ルーマニア語でブクレシュチ Bucuresti。ブクレ bukure「歓喜の」と地名接尾辞-ski で「歓喜の町」。一四世紀、ワラキア王が居所を建設したときに名づけられた。一八六二年、ルーマニア公国の時代から首都とされた。

〈EU　Europian Union〉

ヨーロッパ（欧州）連合。一九九三年、EC（Europian Comunities）から改称。

【CIS諸国】

〈自然地名〉

ウラル山脈 Ural　トルコ語族（タタール語）では、ウラル「帯」。ちなみにウラル語族コミ人はイズ iz「石」とよんでいたが、ウラルは一八世紀以降の名称で、ロシア語ではカメニ kamen「石」とかポヤス pojas「山脈」とよばれていた。

ベルホヤンスク山脈 Verkhoyansk　「ヤナ川上流の土地」。ロシア語の verkho「上流の」と Yan「ヤナ川」と地名接尾辞-sk からなる。

中央シベリア高原 Shibir　モンゴル語で「沼沢、湿った平原」。

中央ロシア台地 Russian　国名ロシアを参照。

黒海 Black Sea　ペルシア人が南のペルシア湾に比べて暗いことから、「暗い海」「黒海」と名づけたと考えられる。

ベーリング海 Bering　ロシア皇帝ピョートル一世に派遣されたデンマーク人探検家ベーリングが、一七二八年に発見したことによる。

北極海 Arctic Ocean　ギリシア語でアルクティコス arktikos「北の」海に由来する。

アムール川 Amur　「川」。ツングース語のアマール amar「川」による。中国名ヘイロンチャン（黒竜江）は、満州語サハリャン「黒い」とウラ「江」が中国語化したもの。「黒い竜」は、巨大なチョウザメのことといわれている。

エニセイ川 Enisei　「大きい川」。エベンキ語で Enisei「大きな川」。

オビ川 Ob　「川」。ペルシア語 ab「川、水」による。

ボルガ川 Volga　「湿地の川」。スラブ語のブラガ vlaga「湿った」に由来する。またはフィンランド語のバルゲ valge「白く輝く」との説もある。

レナ川 Lena　「川」。先住民エベンキ族の言葉で、エリヨエネ eljoene「川」がロシア語化した。

アゼルバイジャン共和国　Azerbaijan Republic

トルコ系遊牧民アゼルバイジャン人の名にちなむ。前三二八年、アレクサンドロス大王の遠征時、この地を治めたペルシアの将軍アトロパテスに名をもとにアトロパテンAtropateneとつけた国名がアラビア語に転訛するなどしてこの名となった。

ペルシア、オスマン・トルコの支配を経て、一九世紀後半、ロシア帝国の支配下におかれたが、ロシア革命後、共和国を樹立。一九二二年にはソ連の結成に参加したが、一九九一年独立。国民の八割以上を占めるアゼルバイジャン人はトルコ系でイスラム教徒。バクー油田、最近のカスピ海油田の発見で繁栄に向かっている。

[首都] バクー　Baku　九世紀頃から、カスピ海の交易の拠点としてさかえた。ペルシア語のバドbad「風」とクーベkubhe「小径」で「風の通り道」。冬にはハズリという強い北風が、それ以外の季節にもカスピ海から強い風が吹くので、その名がつけられた。

アルメニア共和国　Republic of Armenia

自称はハイアスタント。アーリア系アルメニア人の名に由来。もともとアルメニア人はハイ族といい、伝説では、前一九世紀頃、カスピ海南沿岸に住んでいた。このなかから、英雄アルメネケArmenakeが一族を率いて独立し、アルメニア族を名乗ったといわれている。

前一八九年、アルメニア王国を建国。三〇一年以来キリスト教を国教とした歴史があり、住民の九割以上がアルメニア人でキリスト教徒（アルメニア正教）。ローマ、ペルシア、イスラム、モンゴル、オスマン・トルコの支配下で、分裂、併合が繰り返された。一九世紀前半にロシア帝国領となり、ロシア革命後、一九二〇年に共和国となり、一九二二年、ソ連の結成に参加した。一九九一年独立するが、ナゴルノカラバフ自治州の帰属をめぐってアゼルバイジャンと対立状態にある。

[首都] エレバン　Yerevan　前八世紀、ウラルトゥ王国の要塞エレブニが建設されたことに由来する。

ウクライナ　Ukraine

東欧、西スラブ地域の国からみて東の端にあるため、ウクライナ語のu（地名接頭語）とkrai「辺境」とna（地名接尾辞）で「辺境地帯」。

ヨーロッパでは、ロシアを例外にすれば、最大の領地をもつ。九世紀には東スラブで最初の国家、キエフ公国が建設された。モンゴル、リトアニア、ポーランド、ロシアの支配を経て、ロシア革命後、一九一九年に共和国となり、一九二二年、ソ連の結成に参加した。一九九一年、独立。鉄鉱石などの地下資源、肥沃な国土に恵まれている。国

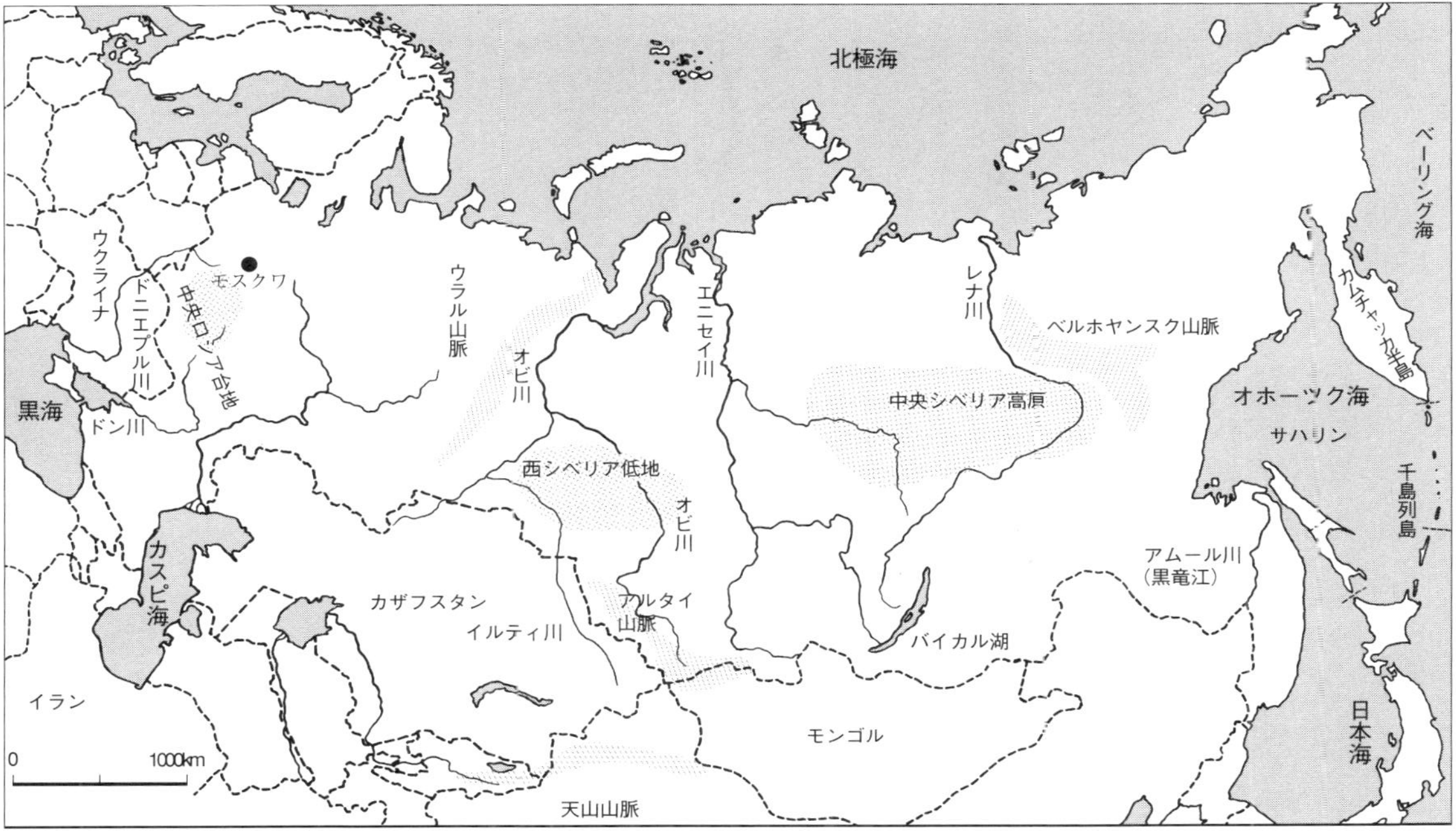
北極海
ベーリング海
カムチャツカ半島
オホーツク海
サハリン
千島列島
日本海
アムール川
(黒竜江)
ベルホヤンスク山脈
レナ川
中央シベリア高原
バイカル湖
モンゴル
エニセイ川
オビ川
西シベリア低地
オビ川
アルタイ
山脈
天山山脈
カザフスタン
イルティ川
ウラル山脈
モスクワ
中央ロシア台地
ウクライナ
ドニエプル川
ドン川
黒海
カスピ海
イラン
0
1000km

ベラルーシ
ボルガ川
ドニエプル川
カルパティア山脈
ウクライナ
モルドバ
ドン川
ルーマニア
アゾフ海
トランシルバニア山脈
ロシア
ドナウ川
クリム半島
ブルガリア
黒 海
グルジア
ボスポラス海峡
ギリシア
トルコ

ボルガ川
ロシア
ウクライナ
カザフスタン
ザイサン湖
中華人民共和国
ウラル川
バルハシ湖
アラル海
キジルクーム沙漠
グルジア
カスピ海
シルダリア川
アルメニア
アムダリヤ川
キルギス
天山山脈
タジキスタン
トルコ
カラクーム沙漠
ウズベキスタン
アゼルバイジャン
トルクメニスタン
パミール高原
パキスタン
イラク
イラン
カビル沙漠
アフガニスタン
インド

民にはキリスト教徒（ウクライナ正教）が多い。

［首都］キエフ　Kiev　六世紀、バイキングはビザンティウム（イスタンブール）と交易するための中継地として、ドニエプル川沿岸のこの地に町を建設した。バイキングの三人兄弟の長男、キィ Kiy の名に由来する。キエフ公国がこの地を中心に建設され、首都とされる。

ウズベキスタン共和国　Republic of Uzbekistan

トルコ系遊牧民ウズベク人 Uzbek とペルシア語の -stan「国」の合成語で、「ウズベク人の国」。ウズベクの語源は、一五世紀〜一六世紀のモンゴル帝国のひとつで、この地に定住したキプチャク汗国の君主ウズベクの名に由来する。

イスラム教徒のウズベク人が七割以上を占める。一九世紀前半にロシア帝国領となり、ロシア革命後、一九二四年に共和国となり、一九二二年、ソ連の結成に参加した。一九九一年、独立。

［首都］タシケント　Tashkent　トルコ系遊牧民の言葉でタシ tash「石」とケント kent「町」で「石の町」。前二世紀に建設された石造の城塞都市にちなんで名づけられた。シルクロードの隊商都市として繁栄した。

カザフスタン共和国　Republic of Kazakhstan

スラブ人とトルコ系遊牧民＝突厥の混血、カザフ人の名に由来。英語ではコサック Cossack という。トルコ語のカザク quzzaq「自由の民、放浪の民」とペルシア語のスタン -stan「国」で「放浪の民の国」。騎馬民族、遊牧民の国だったため、この名がある。現在はカザフ人、ロシア人が中心となっている。

七世紀に、西突厥に組み入れられ、その後、ウイグル、モンゴル、中国清王朝の支配下におかれた。一五世紀以降は遊牧民が国民だったこともあって、都市国家が築かれることはなかった。一八六〇年にロシア帝国領となる。ロシア革命後、一九三六年に共和国となり、ソ連の結成に参加したが、一九九一年、独立。

［首都］アスタナ　Astana　カザフ語で「首都」を意味する。古くはアクモラ、ロシア時代はツェリノグラード、その後また、アクモラに戻って、現在の地名になっている。ちなみにツェリノグラードはロシア語でツェリノ tselino「乙女の」とグラド -grad「町、都市」で「乙女の町」。アクモラはアク aq「白い」とモラ mola「塚」で、「白い塚」。

キルギス共和国　Kyrgys Republic

モンゴル人とトルコ系遊牧民の混血、キルギス人の名に由来。キルギス語の kir「草原」と giz「遊牧する」で、「草原で遊牧する人々」。現在でも、ヒツジやウシなどの牧畜がさかんだ。住民は半分強がキルギス人で、他はロシア人、ウズベク人など。六世紀に突厥の支配を経て、一三世紀にはモンゴル、一九世紀後半にロシア帝国領となる。ロシア革命後、一九三六年に共和国となり、ソ連の結成に参加したが、一九九一年、独立。

[首都] ビシュケク　Bishkek　一八二五年、ウズベク人のコーカンド汗国が、要塞として建設した町。ビシュケクはペルシア語で「太守」。一九二六年、ロシア革命後には、フルンゼ Frunze とよばれていたが、これは革命後の国内戦争で中央アジアを開放した、この地出身の軍人の名前。独立とともにもとの地名に戻した。

グルジア　Georgia

自称はサカルトベロ。南カフカス系のグルジア人の名、あるいは、クルド Kurd「クルド人」に地名接尾辞 -ia で、「クルド人の土地」との説がある。また言い伝えでは、三世紀にあらわれた家畜の守護聖人ゲオルギウス Georgeus の名がロシア語化したとの説もある。

古くから東西交易の要衝としてさかえ、ギリシア神話でも「岩に縛られるプロメテウス」「黄金の羊毛」の舞台となるほどだった。イスラム、セルジューク・トルコ、チムール、オスマン・トルコの支配を経て、一九世紀はじめにロシア帝国領となる。ロシア革命後、一九二一年に共和国となり、ソ連の結成に参加した。一九九一年、独立するが、「カフカスの火薬庫」といわれるように、少数民族問題などを抱えている。

[首都] トビリシ　Tbilisi　温泉地ということからトビリ tbili「暖かい」という言葉にちなんで名づけられた。紀元前、すでに町があり、四世紀に城塞都市が建設される。ソ連時代にも、カフカス地方の統治の拠点として発展した。

タジキスタン共和国　Republic of Tajikistan

イラン系タジク人の名に、ペルシア語の地名接尾辞 -stan「国」で、「タジク人の国」。タジクの意味はタジク語の「冠」といわれている。ソ連時代には「タジク」とよばれていた。

九世紀にアラブの侵攻をうけて、イスラム教の国になる。一三世紀にモンゴル、一九世紀後半にはロシア帝国領となる。ロシア革命後、一九三六年に共和国となり、ソ連の結成に参加した。一九九一年に独立したが、共産党とイスラム原理主義勢力の対立が激化し、内戦状態になるなど、不安定な政情が続く。綿紡績、綿織物、ヒツジやヤギの牧畜がさかん。

[首都] ドゥシャンベ　Dusanbe　一九二二年、ロシアによる計画都市として建設がはじまり、一九二四年、首

都に。

トルクメニスタン　Turkmenistan

トルコ系遊牧民トルクメン人の名とペルシア語の地名接尾辞-stan「国」で、「トルクメン人の国」。トルクメンは、トルコ語でturkmend「トルクメン人のような、トルコ人に似た」を意味する。五世紀にトルコ人のようになった。その後、モンゴルの支配を経て、一九世紀後半、ロシア帝国領となる。ロシア革命後、一九二四年に共和国となり、ソ連の結成に参加したが、一九九一年、独立。一九九五年、永世中立国となる。

七割以上がイスラム教徒の国で、イスラム諸国との関係が深い。綿花、コムギの栽培がさかん。

[首都]アシハバード　Ashkhabad　トルクメン語のウスハuskh「愛しい」とアバードabad「集落」で「愛しい町」。カスピ海沿岸と内陸を結ぶ交通の要衝。

ベラルーシ共和国　Republic of Belarus

ベラルーシ人の名による。スラブ語のbela「白い」とRus「ロシア」で「白いロシア人」。「白」は、一三世紀にモンゴルの支配を受けなかったロシア人を象徴する。

古くからロシアとの関係は密接で、軍事、経済で協力関係にあり、ロシア正教徒が多い。民族的にも問題がほとんどない安定した国。一八世紀末にポーランド領からロシア領となる。ロシア革命後、一九一九年に共和国となり、ソ連の結成に参加した。一九九一年、独立。ソ連時代には、英語では、White Russia「白ロシア」とよばれていた。

[首都]ミンスク　Minsk　十一世紀の地名メネスクに由来する。ロシア語のメニヤトmenyat「交易する」に地名接尾辞の-skをつけ、「交易都市」。ロシアとビザンティン（イスタンブール）を結ぶ要衝として発展。

モルドバ共和国　Republic of Moldova

ルーマニア東部を流れるモルドバ川Moldovaの名に由来する。スラブ語のmol「黒い」とdunav「川」で、「黒い川」。モルドバ人は民族としてはルーマニア人と同じように古代ローマに起源があり、言語もルーマニア語系に属する。

オスマン・トルコの支配を経て、一八一二年、ロシア領となる。ロシア革命の混乱期、一九一八年にはルーマニアに併合された。ルーマニアの衰退で、一九四〇年、ふたたびロシアに併合される。一九九一年に独立し、ルーマニアとの再統合に向かいかけたが、選挙の結果、国民が否決。

[首都]キシニョフ　Kishinev　温暖な気候から、chisi「越冬地」nau「新しい」で「新しい越冬地」。一九世紀のはじめには、ユダヤ人とロマ（ジプシー）が住民のほとんどを占めていたため、ロシアの放浪詩人プーシキン

はここを「ソドム」とよんだ。ロシア領の時代、ユダヤ人の虐殺がおこなわれている。

ロシア連邦　Russian Federation　スラブ地域に侵入したスウェーデン・バイキングの総称ルーシRus'にラテン語の地名接尾辞-iaがつけられたもの。「バイキングの国」という意味になる。ルーシそのものの語源は古ノルマン語のruotsi「オールを漕ぐ人」にあるといわれている。

九世紀にスウェーデン・バイキングがノブゴロド王国を建国したが、一二四〇年、モンゴルの侵攻を受ける。その後、一五世紀末までにモンゴルを駆逐し、一六世紀には専制国家となって広く領土の獲得に乗り出す。一九一七年、ロシア革命がおこってロマノフ朝を倒し、一九二二年、ソビエト社会主義共和国連邦が成立。一九九一年には、共産党の一党独裁体制が破綻し、連邦は崩壊、ロシア連邦となった。

ちなみに「ソビエト」とは「協議会」を意味する。

[首都] モスクワ　Moskva　一二世紀頃の呼称、ナモスコに由来する。前置詞naとMoskva「モスクワ川」で「モスクワ川のほとり」。「モスク」そのものには、「沼沢地の川」という意味がある。ちなみに施政の中心クレムリンは、帝政時代の宮殿であり、kreml'「城壁」を意味する。

【アジア】

〈自然地名〉

崑崙（クンルン）山脈 Kunlun　中国の伝説上の聖山にちなんだもの。中国の北西端にある未知の山、神秘の山ということから、「霊山」をイメージする名前がつけられたと考えられる。

ザグロス山脈 Zagros　「ザグロス神」。古代ペルシアの復活神の名からとられた。果物のザクロの名もここに由来する。

台湾山脈 Taiwan　「漢人」。土着のピイポオ族は台南市の一画アンピンに渡来してきた漢人をタイオワンとよび、漢人によって台南付近の地名とした。「タイワン」はオランダ人の発音による。

天山（テンシャン）山脈 Tianshang　「天に至る山」。中国語。

ヒマラヤ山脈 Himalaya　「雪のある所」。サンスクリット語のhima「雪」とalaya「居所」からなる。

ユイ山 Yushang　「玉の山」。冬の積雪時に、遠くから眺めると、玉のようにきらめいてみえることによる。日本占領時代の古称は新高山。

アナトリア高原 Anatoria　「東の地」。ギリシア語anatole「日の出＝東」と地名接尾辞-iaからなる。

チベット高原 Tibet　「高地ボド族」。モンゴル族がこの地に住む人びとをto「高い」Bod「ボド族」とよんだことによる。

デカン高原 Deccan　「南方の国」。サンスクリット語のdakushina「右手」とpatha「国」で「右手の国」、つまり東を向いたときの「南方の国」という意味。

パミール高原 Pamir　「山々の麓」。ペルシア語のpa「麓」とi mir「山々の」からなる。

マリアナ諸島 Mariana　スペイン王フェリペ四世の王妃マリア・アンナの称号、マリアナ・オブ・オーストリアMariana of Austriaにちなんだもの。

アラル海 Aral　「島」。キルギス語でaral「島」。

カスピ海 Caspian　「カスピ族」。湖の北岸に住んでいたカスピ族の名に由来する。

カビル沙漠 Kavir　アラビア語で「大きな」という意味である。

カラクーム沙漠 Karakum　「黒い砂」。トルコ語のkara「黒い」とkum「砂」からなる。

キジルクーム沙漠 Kyzylkum　「赤い砂」。トルコ語のkizil「赤い」とkum「砂」からなる。

ゴビ沙漠 Gobi　モンゴル語で「荒れ果てた土地」「草の生育が悪い土地」という意味。

タクラマカン沙漠 Takla Makan　「死の沙漠」。ウイグル語takkiri「死」とmakan「果てしなく広い地域」で、「一度迷い込むと出られない」。つまり、生きては帰れない場所を意味する。

ナフード沙漠 Nefud　アラビア語のnefud「砂」。

ルブー・アル＝ハリー沙漠 Rub al Khali　「無の地域」。アラビア語のrub「居住、地域」とal Khali「空虚、空白」からなる。

アムダリア川 Amu Darya　「アムルを流れる川」。古代都市Amul（モンゴル語のEmur、Amur「大きな川」に由来）とペルシア語darya「川」からなる。

インダス川 Indus　「川」。サンスクリット語のhindu「川」に由来。前三二五年、アレクサンドロス大王がこの地に侵攻したときに名づけた。

エヤワディ川 Ayeyarwady　「大きな川」。ヒンドゥー語でaira「川」とwati「川」からなる。

ガンジス川 Ganges　「川」。ヒンドゥー語ganga「川」の英語化したもの。ヒンドゥー教徒はGangage「聖なる大河」とよぶ。

シルダリア川 Syr Darya　「黄色の川」。チュルク語の

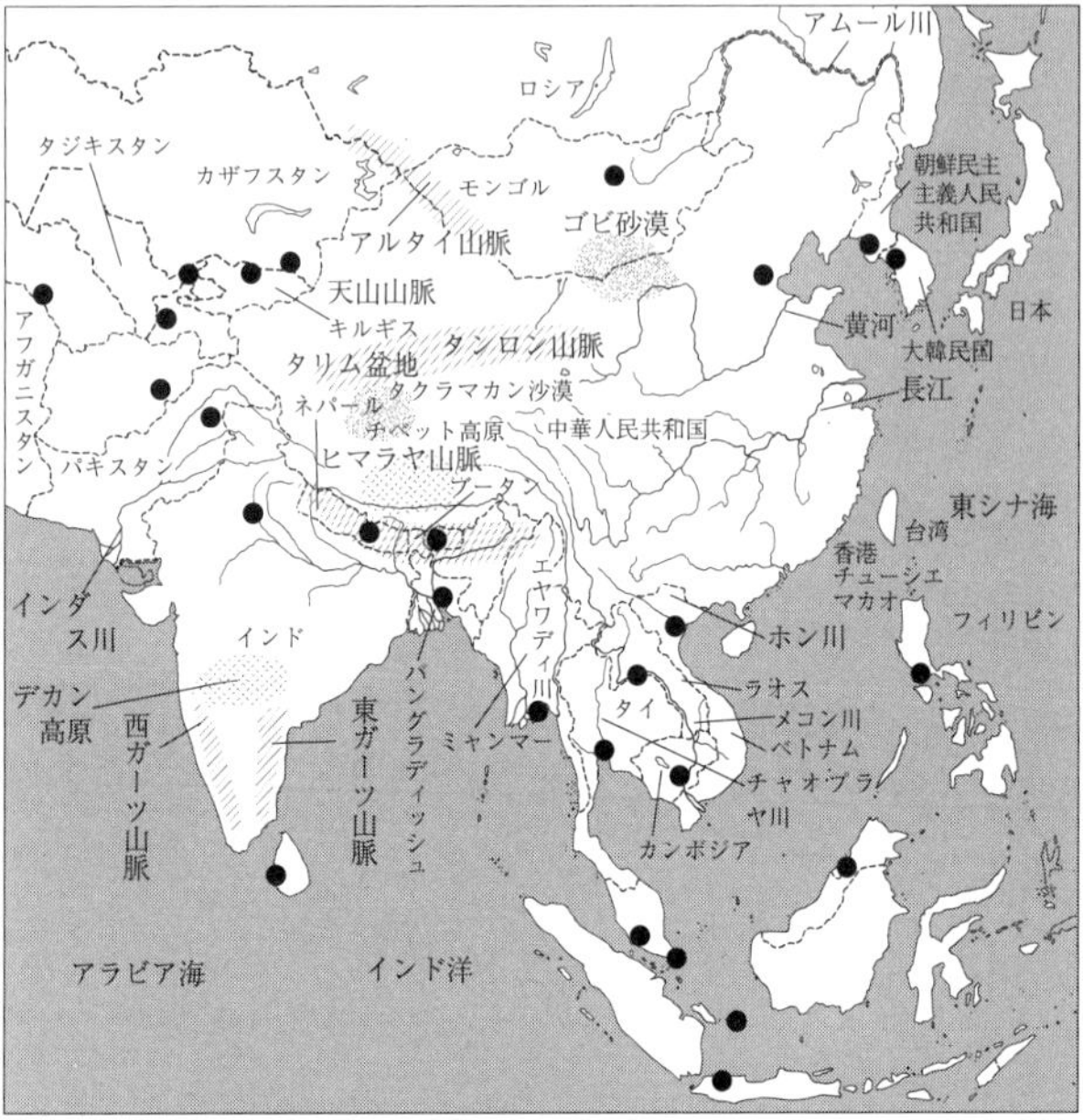
アムール川
ロシア
タジキスタン
カザフスタン
モンゴル
朝鮮民主主義人民共和国
ゴビ砂漠
アルタイ山脈
天山山脈
キルギス
黄河
日本
大韓民国
タンロン山脈
タリム盆地
アフガニスタン
タクラマカン沙漠
長江
ネパール
チベット高原
中華人民共和国
パキスタン
ヒマラヤ山脈
ブータン
東シナ海
台湾
インダス川
香港
チューシエ
マカオ
エヤワディ川
インド
ホン川
フィリピン
デカン高原
西ガーツ山脈
バングラディッシュ
ラオス
タイ
メコン川
ベトナム
東ガーツ山脈
ミャンマー
チャオプラヤ川
カンボジア
アラビア海
インド洋

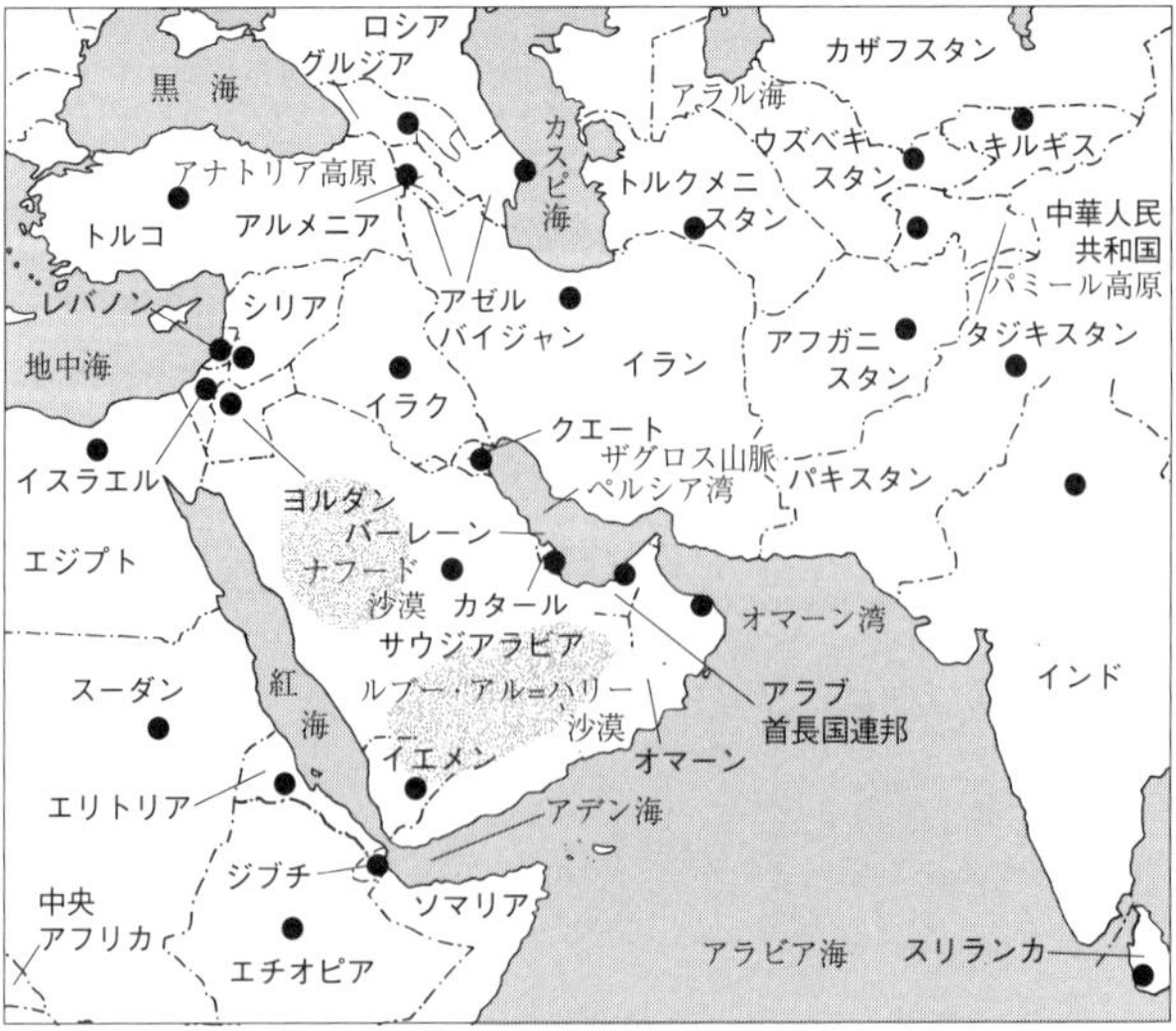
ロシア
グルジア
黒 海
カザフスタン
アラル海
カスピ海
ウズベキスタン
キルギス
アナトリア高原
トルクメニスタン
アルメニア
トルコ
中華人民共和国
パミール高原
アゼルバイジャン
シリア
レバノン
アフガニスタン
タジキスタン
地中海
イラン
イラク
クエート
ザグロス山脈
イスラエル
パキスタン
ペルシア湾
ヨルダン
バーレーン
エジプト
ナフード沙漠
カタール
オマーン湾
サウジアラビア
スーダン
紅海
インド
ルブ・アル＝ハリー沙漠
アラブ首長国連邦
イエメン
オマーン
エリトリア
アデン海
ジブチ
中央アフリカ
ソマリア
エチオピア
アラビア海
スリランカ

sari「黄色い」とペルシア語のdarya「川」からなる。
ティグリス川 Tigris　「矢のように流れがはやい川」。シュメール語のtig「矢」とru「流れる」でshu「勢いよく流れる」。アラビア語も、旧約聖書名も、ともに「矢」の川という。
チャオプラヤ川 Chao Phraya　chao「人びと」とphraya（官職の一つ）「公爵」からなる。チャクリ朝の創始者チャオ・プラヤ・チャクリ Chao Phraya Chakri「公爵チャクリ」の名に由来する。別称メナムはタイ語で「川」。
長江 Changkong　「江」の一文字でも通じる。「揚子江」は、この河の河口付近を指していたが、ヨーロッパ人が川全体の名として広めた。
チュー江 Tiu　「玉」。下流部にあるハイチュー（海珠）という三角州に由来する。海珠石は真珠という意味。
黄河 Huangke　「黄色い河」。水が黄色く濁っていることからそうよばれた。「河」といえば、黄河をさす。
ホン川 Hong　「紅い川」。Song「川」Hong「紅色」が正しい名。鉄分を含んで赤みを帯びている。
メコン川 Mekong　「大きな川」。ミャンマー名、ラオス名のメコンはタイ語のmenam「川」とkong「大きい」からなる。中国名ランツァンは、タイ語のランサン「一〇〇万頭の象」に由来する。タイ名マナムコンは「大きな川」、ベトナム名はクウロン「九頭の竜」。カンボジア名のトンレトムは「大きな運河」。
ユーフラテス川 Euphrates　「穏やかな流れ」。シュメール語ではプラヌム Puranum「大きな川」。ペルシア語のウフラツ Ufratu、ギリシア語のEuphratesからなる。アラビア名Al Furat。
バルハシ湖 Balkhash　カザフ語でバルカジュ balkhash「沼沢地、低地」。

アフガニスタン・イスラム国　Islamic State of Afghanistan
自称はパシュートン。古くからシルクロードの要衝としてさかえていた。一八八〇年、イギリスの保護領になったが、一九一九年、独立。アフガン「山の民」とペルシア語の地名接尾辞-stanで「山の民の国」。
［首都］カブール　Kabul　前四世紀からの都市。カブール川の名前に由来するとも、交易品のための「倉庫」を意味するともいわれる。
アラブ首長国連邦　Un ted Arab Emirates
一九世紀、商業目的のためにイギリスの保護領とされる。一九七一年、独立。アラブ arabは「沙漠の民、遊牧を行う人」の意。一般にアラブ人は居住世界をal-Rabといい、そこに住む同胞をal-Arabという。

［首都］アブダビ　Abu Dhabi　アラビア語でabu「父」とdhabi「レイヨウ（カモシカ）」で「レイヨウの父」という古名による。

イエメン共和国　Republic of Yemen

自称はヤマンyaman。これはアラビア語で「右側」を意味する。メッカのカーバ神殿に向かって右側、すなわち南の沙漠地方を古くはヤマンとよんでいたため。古くから紅海とインド洋を結ぶ要衝としてさかえ、「幸福な雨の多い豊穣のアラビア」とよばれ、シバ、ヒムヤルなどの古代王国が繁栄した。一九九〇年五月、南北に分かれていたイエメンが統合された。

［首都］サナア　San'a　標高二三六〇メートルの高地にある。意味はエチオピア語で「砦に守られた（場所）」。言い伝えでは、『旧約聖書』のノアの息子セムが建設したとされているが、実際には、六世紀、アラブの侵攻に備えてキリスト教徒が建設した。以後、ペルシア、イスラム、オスマン・トルコの支配下におかれる。

イスラエル　State of Israel

古代にはカナーンとよばれ、「旧約聖書」では神との契約の土地とされて、エジプトを出た人々が移り住んだとされている。イスラエル人の祖ヤコブが夢のなかで天使と戦い、yisra「戦う」とel「神」で、イスラエル「神の戦士」の称号を与えられたという「旧約聖書」の記述にもとづく。ちなみにヘブライとはユーフラテス川の「向こう側から来た人」を意味する。一三五年にローマが占領し、国がなくなってユダヤ人の放浪がはじまった。一九世紀、シオニズム（祖国復帰）運動が高まり、一九四八年には欧米の画策もあって、パレスチナ人の土地に建国。以後、アラブとの対立は終わりが見えてこない。

［首都］エルサレム　Jerusalem　ヘブライ語のイエルyeru「都市」とシャレイムshalayim「平和」で「平和の都市」。ユダヤ人にとっては、古代に神殿のあった聖都であり、キリスト教徒にとっては、イエス・キリストが殉教した聖地、イスラム教徒にとっては、預言者ムハンマド（マホメット）が昇天した聖地で、その帰属をめぐって古くから紛争が絶えない。独立後、テルアビブが首都とされていたが、いまはエルサレムを首都として主張している。（未承認）

イラク共和国　Republic of Iraq

古くからティグリス・ユーフラテスの下流域一帯がIraq Arabi「アラブ低地地方」とよばれていたことに由来する。古代メソポタミア文明の舞台として知られているが、メソポタミアとはギリシア語の meso「間」と potamos「河川」で、川の間を意味する。ササン朝ペルシア、イスラム帝国、オスマン・トルコ帝国の支配を経て、一九三二年、独立。

[首都] バグダッド　Baghdad　ペルシア語のバグ bagh「園」とダッド dad「神」で「神の園」。「旧約聖書」のエデンの園の舞台となった場所といわれている。前二十世紀頃までさかのぼることができる古い町だが、大きく繁栄したのは、七六二年、イスラム帝国アッバース朝の都が置かれてから。一三世紀にはモンゴル、一五世紀にはチムールによって破壊される。一九二一年、イギリス領のときに再建されたが、一九九一年の湾岸戦争で空爆を受けるなど、平和は訪れていない。

イラン・イスラム共和国　Islamic Republic of Iran

前五世紀のアケメネス朝ペルシアにはじまり、後三世紀にはササン朝ペルシア、イスラム、オスマン・トルコの支配下にあった。一五〇〇年にはイスラム教シーア派のサファービー朝がおこる。一九〇六年に立憲君主制になり、一九三五年、国名をペルシアからイランに変えた。イランは、インド・ヨーロッパ語族のアーリア人の名にちなんだサンスクリット語のアリアナ Aryana「高貴な人びと」が転訛したもの。ちなみにペルシアとは、「馬に乗る人」の意。

[首都] テヘラン　Tehran　アルボルズ山脈の麓、標高一一五〇メートルの高地に位置し、ペルシア語で「山麓の端」を意味する。一七八六年、シーア派カジャール朝の首都とされて以来、ペルシア、イランの中心地として繁栄した。

インド　India

自国ではバーラト（タ）。はじめてアーリア人が国家をおこしたときのバーラタ王の名に由来するといわれている。大叙事詩『マハー・バーラタ（偉大なるバーラタ王）』などにも伝えられている。インドは、インダス川のリンスクリット語名 sindhu「水、大河」に由来する。ペルシア語の Hindu を経て、アレクサンドロス大王の遠征でギリシア語 Indos となった。前一五〇〇年頃、アーリア人が南下。中央集権体制の国家が成立したのは、一五二六年、イスラム、ムガール帝国として。一八七七年、インド帝国としてイギリスの植民地になったが、一九四七年、独立。

[首都] ニューデリー　New Delhi　イギリス領時代の一九三一年、旧市のデリーに対して、計画都市として建設。デリーは、前一世紀の王ラジャ・ディル Raja Dillw が築いた都市だったため、彼の名にちなんでつけられた。

インドネシア共和国　Republic of Indonesia

自称はヌサンタラ Nusantara（ジャワ語で島々の帝国、

列島)。インドネシアは、ドイツの民族学者アドルフ・バスティアンによって、一八八三年以降地理概念の用語とされて以来、定着した。ギリシア語のIndos「インド」とnesos「島々」からなる。古くからインドの影響を受ける。一六〇二年、オランダの支配下に入ったが、第二次世界大戦では日本が占領。一九四五年、独立。一国としては世界最大のイスラム教徒を抱える。

[首都] ジャカルタ　Jakarta　一五二六年、イスラム教徒がこの地を占領したとき、サンスクリット語でジャイア・ケルタ Jaia kerta「勝利の都市」と名づけた。一六〇二年、オランダが東インド会社の拠点として領有。一九四二年、日本軍が占領して「ジャカルタ」とした。江戸時代には、ここからジャガタライモ(ジャガイモ)が日本にもたらされた。

オマーン　Sultannate of Oman

南イエメン・ハドラマウト州のオマーン渓谷から移住したオマーン人の名にちなんだもの。意味は古アラビア語で「滞在地」。古代からインド洋交易の要衝とされてきた。一九世紀末にイギリスの保護領になった。世界最貧国のひとつだったが、一九六四年、油田の発見で一転、豊かな国に。一九七〇年、カブース国王が即位し、開放政策をとる。

[首都] マスカット　Muscat　山がそのまま海に落ちる地形にできた天然の良港にある。マスカットとはその地形をあらわすアラビア語。

(カシミール)　Kashmir

伝説の王カシャパ Kashapa がこの地を開いたという。山間には湖があり、彼がこの湖とインダス川を結びつけると、水が溢れ出し、やがて干上がって広大な肥沃な大地があらわれた。そのため、この大地をサンスクリット語でカシャパミラ Kashapamira「カシャパの海」とした。カシミールはこのカシャパミラに由来する名。

織物が特産品で「カシミヤ」もこの地名による。

一五八六年、ムガール帝国の支配下に入り、一八四六年、イギリス領インドの一部となる。一九四七年のインド、パキスタンの独立に際しては、帰属が定まらずに内紛。現在もインド、パキスタン、中国の間で帰属問題が続いている。

カタール　State of Qatar

アラビア語で「点、部分」を意味する。一七六〇年代からイギリスが侵攻し、一九一六年、その保護下に入る。一九七一年、イギリスがペルシア湾から撤退したため、独立。国家収入のほとんどが石油。

[首都] ドーハ　Doha　アラビア語のドウハ dowha「大きな木」が訛った地名。「入り江の町」という説もある。真珠採取の拠点、交易地としてさかえた。石油輸出

の一大港湾都市。

大韓民国　Republic of Korea

古代朝鮮に存在した馬韓、辰韓、弁韓の「三韓」に由来する。韓には、「偉大な、君主」といった意味があるという。六七六年、新羅が統一王朝をおこし、一三九二年、李氏という朝鮮となる。一九一〇年、日本が併合。一九五〇年からの朝鮮戦争で三八度線を境に南北に分断されたが、二〇〇〇年五月、分断後はじめて南北首脳の会談が実現。シドニー・オリンピックでは、統一旗で入場。

[首都] ソウル　Seoul　韓国語で「都」を意味する言葉で、かつては特別な固有名詞ではなかった。三七一年、三国時代の百済の都として開かれた。一三九四年、李朝の王都となった。一九一〇年、日韓併合によって京城とされ、朝鮮総督府が置かれたが、第二次世界大戦後の一九四六年、ソウルに。中国では、いまも漢城とよぶ。

カンボジア王国　Kingdom of Cambodia

自称はカンプチャ。三世紀頃の国カンプジャの子孫であるという伝説にちなんだもの。建国したインドのバラモン僧カンプー、ジャはその子孫たちを意味するといわれている。六世紀にクメール人が真臘国を建国。八〇二年、アンコール朝のもとで繁栄した。タイ、ベトナムの支配を経て、一八六三年、フランスの保護領となったが、一九五三年、王国として独立。一九七〇年からの内紛で多くの犠牲者、難民を出した。一九九三年、立憲君主制国家として再発足。

[首都] プノンペン　Phnom Penh　その昔、川を流れてきた仏像を拾い上げ、丘の上に祀ったペンという女性の名にちなむ。丘はクメール語でプノンphnom、それにペンpenhでプノンペンPhnom Penh「ペンの丘」とよばれるようになった。一三七一年、クメール人が建設。首都、交易の要衝として栄えるが、一九七五年〜一九七八年のポル・ポト政権下では市民が虐殺され、無人化。一九八〇年代に復興された。

(朝鮮民主主義人民共和国)　Democratic People's Republic of Korea = North Korea

日本は二〇〇〇年現在、国として承認していない。古代中国人が、朝鮮半島北部を「朝光鮮麗（朝の光の美しい地）」としたことに由来する。一三九二年、李成桂の国家統一時に国名として採用された。一九一〇年、日本に併合された。一九四八年、ソ連、中国の支援で金日成が独立を宣言。

[首都] ピョンヤン（平壌）　Pyeongyang　ピョン「大野」とヤン「平地」で、大きな平野。紀元前からの古い都市であり、四二七年には高句麗の都として繁栄した。

キプロス共和国　Republic of Cyprus

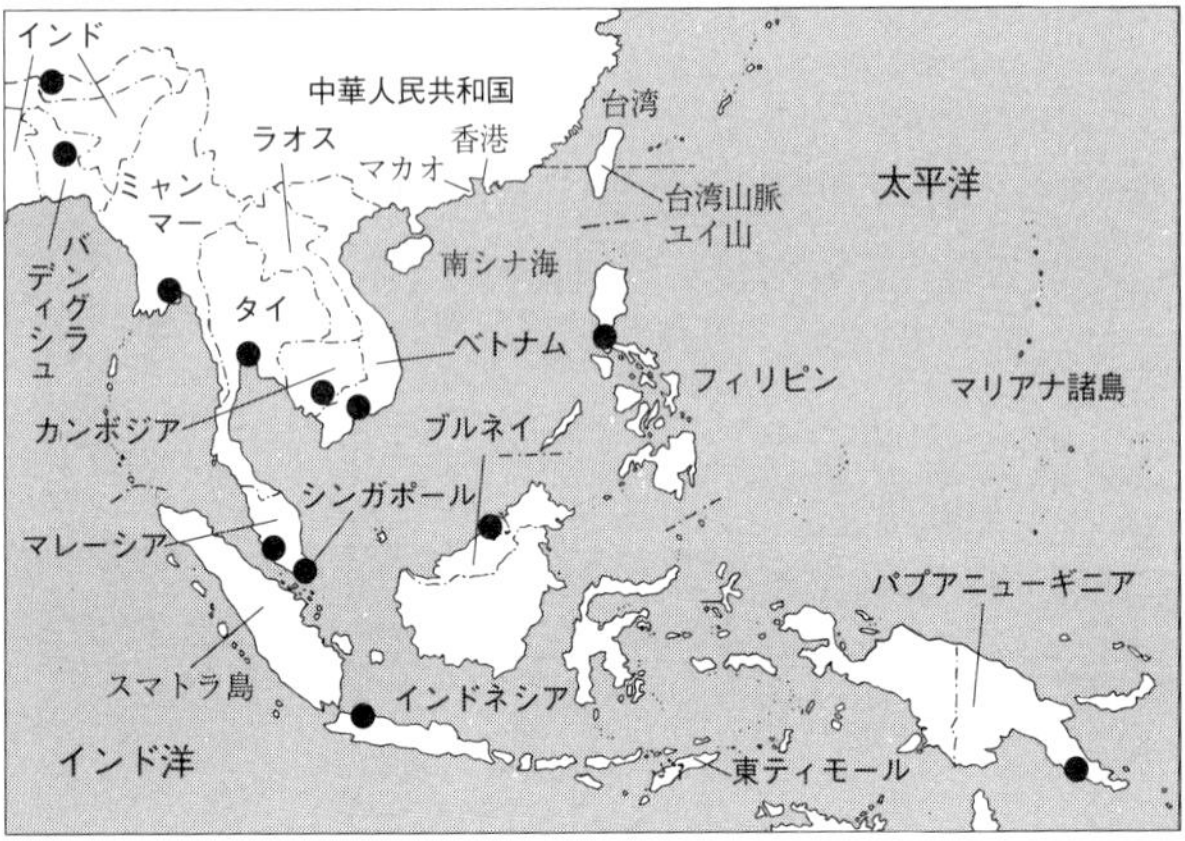

古代地中海世界では、銅の産地として栄えた。前一〇〇〇年頃にギリシア人、次いでフェニキア人が入植した。ギリシア語のキパリソス kyparissos「イトスギ」に由来する。その後、ローマ、ベネチア、オスマン・トルコの支配下におかれ、一八七八年からはイギリスが支配。一九六〇年に独立したが、トルコ系住民とギリシア系住民が対立。一九八三年、トルコ系住民がキプロス・トルコ共和国として独立を宣言したが、対立は継続中。

[首都] ニコシア Nicosia　紀元前一五世紀頃にギリシア人が建設した。古代ギリシアの勝利の女神ニケ Nike の名に地名接尾辞の -ia がつけられて、「ニケ神の都市」。

クウェート　State of Kuwait

一六世紀、交易の拠点としてポルトガル人が城塞を築いたことにはじまる。ペルシア語で kuit「小さな砦」。もとはサンスクリット語で kot「町、城塞」といわれていたという。一七五六年、オスマン・トルコ帝国の支配下で自治国となったが、一八九九年、ロシアの南下政策を警戒したイギリスがここを保護領として対抗。一九六一年、独立。

[首都] クウェート　Kuwait　国名に同じ。

サウジアラビア王国　Kingdom of Saudi Arabia

一七世紀にナジド地方で栄えたリヤドの豪族サウド家が

一九三二年に国家統一、サウド家の家名とアラビア（沙漠の民の国）を合わせて、サウジアラビア「サウド家のアラビア」。預言者ムハンマド（マホメット）の出現によって、イスラム帝国の聖域をもつ国となった。

［首都］リヤド　Riyadh　サウジアラビアの始祖アブド・アルアッジーズ・ブン・サウードの生地で、アラビア語で「庭園」を意味する。

シリア・アラブ共和国　Syrian Arab Republic

エジプト、アッシリアの支配を経て、前三一二年には、セレウコス朝シリアによって統一された。国名は、前七世紀頃にさかえたアッシリア Asshur「日の出、東方」の名による、といわれている。「アジア」と同語源。西アジアの北部におこった国ということから、スリア「北の国」を語源とするともいわれる。シリア沙漠はアラビア語では、バーディア「草地性の沙漠」とよばれ、そこに住む遊牧民は「バダウィ」、のちにこれが訛って「ベドウィン」という名称が生まれたという。オスマン・トルコ帝国の支配を受けたあと、一九二〇年、フランスの委任統治領となるが、一九四六年、独立。

［首都］ダマスカス　Damascus　前二五〇〇年以前からの世界最古の都市のひとつ。早くから農耕がおこなわれていたため、アラビア語で「灌漑された土地」。アッシリア、ローマ、ペルシアの支配下に入り、六六一年、イスラム、ウマイア朝の首都として繁栄した。

シンガポール共和国　Republic of Singapore

サンスクリット語のsingha「獅子、栄光」とpura「町、都、港」が語源。十世紀後半、スマトラのスリービジャヤ王国の勢力圏に属していた頃、サン・ニラ・ウタマ王子がライオンに似た変った動物をそこで見たというので、その吉兆のシンボルであるライオンを讃えて「獅子の町」と命名したという。ポルトガル、オランダ支配ののち、一八一九年、イギリス東インド会社が領有。一九四二年には、日本が軍事領有。一九六五年、独立。

［首都］なし

スリランカ民主社会主義共和国　Democratic Socialist Republic of Sri Lanka

前六世紀にインド北部からシンハラ人が侵入して支配。シンハラ語のsri「聖」とlanka「燦然と輝く」で「聖なる光り輝く島」。ランカは『ラーマーヤナ』のなかで記された伝説の島の名。前三世紀、インドのタミル人が侵入して王朝を開く。一五〇五年、ポルトガル、ついでオランダの支配下に入り、一八一五年、イギリス領となった。古い国名シンハラ・ドヴィーパは、アラビア語でサラン・ディープとなり、ポルトガル語でサイラン、英語でセイロンと転訛したという。一九七二年に古名が復活。

［首都］スリ・ジャヤワルダナプラ・コッテ　Sri Jayewardenepura Kotte　一四世紀、コッテ朝のときに都ジャヤワルダナプラ「勝利をもたらす町」が建設されたが、一六世紀には荒廃し、そののちコロンボに首都が置かれた。しかし再び一九八五年に新首都とされ、スリ Sri「神聖な」とコッテ Kotte「コッテ朝＝城郭都市」を加えて、「神聖なる勝利をもたらす城郭都市」となった。

タイ王国　Kingdom of Thailand

タイ族の名に由来する。タイの語源は不明だが、後世、この語は「自由」の意味で解釈されるようになり、「自由の国」と意味づけられている。旧称シャムはパーリ語で sayam「浅黒い」、またはサンスクリット語でサヤーム「黄金」を意味するという。一二五七年、スコタイ朝のもとで統一国家がおこされ、いくつかの王朝が続いた。一九世紀からは欧米の干渉を受けるが、東南アジアで唯一、植民地にはならなかった。一九三二年、立憲君主制に移行、一九三九年、シャムからタイへ改名。

［首都］バンコク　Bangkok　「タマゴノキが繁茂する水辺」を語源とするというが、これはあくまでも対外的な通称で、現地の行政上の公称はクルンテプ・マハーナコーン Krungthep Mahanakhon「神の都・偉大なる都」という。

しかし、これも略称で、正式には、Krungthep Mahanakhon Bovorn Ratanakosin Mahintharayutthaya Mahadilokphop Noparatana Ratchthani Burirom Udom Ratchanivetmahasathan Amorn Pimarn Avatarn sathit Sakkathattiya Visnukarm Prasit「神の都にして偉大なる都、インドラ神の作りたもうた崇高なる宝玉のエメラルド仏像が安置されている大いなる都、九つの宝玉の輝く悦楽の郷にしてインドラによって与えられビシュヌ神が顕現する旧跡」。一七八二年にこの町を建設したチャオプラヤ・チャクリ将軍（のちのラーマ一世）が奉ったありがたい文章の一節といわれる。しかしタイ人たちは、クルンテプですましている。

（東ティモール）　East Timor

ティモール島の東側にあるからだが、そもそも timor はマレー語で「東」を意味する。そのため「東の東」となってしまった。一五二〇年代以降、ポルトガルが支配。一九七五年、ポルトガルの撤退と同時に、東ティモール人民民主共和国が独立を宣言するが、これを認めないインドネシアと紛争が続いている。

（台湾）　Taiwan

中国の一省だが、実際には「中華民国」として独立した状態にある。明代までは琉球とよばれていたが、その後、一五世紀頃、台南地方に渡来した漢民族をマレー系先住民が、タイヤンあるいはターヤン「外来者」とよんだことに由来する。台湾はこの当て字。ポルトガル語ではFormosa「美わしの国」とよばれ、その名がヨーロッパに伝わった。一八九五年、日清戦争で日本が領有、第二次世界大戦後、中国に復帰した。しかし一九四九年、内戦に敗れた蔣介石が移住して台湾を統治して以来、中国大陸との緊張関係が続いている。

中華人民共和国　People's Republic of China

チュンホワレンミングンホワグオと発音する。略すときはチュンホア（中華）、またはチュングオ（中国）。古代文明発祥地の一つで、多くの王朝が興亡してきた。中華とは文字どおり「世界の中央に位置する華やかな国」という意。かつての中華思想に基づいた尊称で、孫文が中華民国を建国した一九一二年から正式に使われるようになった。一九四九年、中華人民共和国に。英語名Chinaは、前二二一〜二〇六年に中国をはじめて統一した秦の音読みChinに、接尾語の-aがついたもの。

［首都］北京　Beijing　「北の都」。春秋戦国時代、燕の都がおかれて以降、歴代王朝の都、要衝とされた。北京の名は、一四二〇年、明の永楽帝が都を南京からこの地に遷したときに「北京」とした。清代には京都となったが、一九四九年に中華人民共和国が建国されたとき、ふたたび「北京」と改められた。

トルコ共和国　Republic of Turkey

遊牧民チュルク族の名に由来する。「力強い人、軍団」の意。トルコはチュルクが英語で転訛したもので、英語のターキー（シチメンチョウ）の語源ともなった。

「文明の十字路」ともいわれ、紀元前からさまざまな国の影響を受ける。ヒッタイト、ギリシア、ローマ、セルジューク・トルコの支配を経て、一二九〇年からはオスマン・トルコ帝国の中心地として大きく繁栄。第一次世界大戦で敗北し、現在の領土となる。

［首都］アンカラ　Ankara　紀元前一八〇〇年から紀元前一二〇〇年頃にさかえたヒッタイト帝国の交易の要衝。ヒッタイト語のアンケルanker「宿泊地」あるいは、古くはアンキュラ「谷間の地」から転訛して「アンゴラ」とよばれていたという。服飾のアンゴラ・モヘアはこの地名に由来する。

日本　Japan

自称は「日本」。「日の元の国」を意味する。聖徳太子が中国の隋に対して「日出処天子」と称してから、慣用されるようになった。アルファベット表記のジャパンJapanは、「日の出の国」を福建語でジペンクオJih-pen-kuoとよび、唐代にはクオ「国」を省略してジーペンといったため。『東方見聞録』を著したマルコ・ポーロがこの言葉をZipanguと記したことにはじまる。

[首都] 東京　Tokyo　西の「京都」に対して、明治時代に東の「京」で「東京」となった。

ネパール王国　Kingdom of Nepal

一般には、サンスクリット語のnipa「ふもと、足」とalaya「住み処」が語源といわれる。カトマンズ盆地は古くからネパール谷とよばれていた。一七六九年にインドのグルカ族がここに王国を建設した。その後、軍人による専制政治がおこなわれていたが、一九五一年、王政が復活。

[首都] カトマンズ　Katmandu　古くからヒンドゥー教、仏教、ラマ教の聖地としてさかえる。一五九六年、王が一本の巨木を倒して建てた寺院ということから、サンスクリット語のカスタkashtha「一本の木」とマンダパmandapa「寺院」で、この寺院がカスタ・マンダップKasta mandapと名づけられた。首都はこの寺院の名に由来する。

パキスタン・イスラム共和国　Islamic Republic of Pakistan

インダス文明発祥の地。東西交易で繁栄。八世紀以降にイスラム化した。この地を構成する五つの地方の頭文字（パンジャブのP、アフガンのA、カシミールのK、シンドのS、バルチスタンのSTAN）を組み合わせた新造語、あるいはウルドゥー語のpak「清らかな」とペルシア語の地名接尾辞-stanでパキスタン（イスラム教徒のみの清らかな国）ともいわれる。一八五八年、イギリスの支配下に入ったが、一九四七年、独立。一九七一年、東パキスタンがバングラデシュとして分離独立。

[首都] イスラマバード　Islamabad　一九六九年に建設された計画都市。イスラムIslam「イスラム教」にペルシア語の地名接尾辞のabadがついて「イスラム教の都市」。

（パレスティナ自治区）Palestina

前一二世紀頃、エーゲ海北部から北アフリカを経て移住してきたペリシテ人の名にちなんで、「ペリシテ人の土地」。ペリシテとは古代ギリシア語で「俗人」。

バーレーン　State of Bahrain

アラビア語のbahr「海」とrein「二つの」で「二つの海」。塩水の海（アラビア湾）と地下にある真水の湧き出す海が存在するといわれてきた伝説による。ポルトガル、ペルシアの支配を経て、一八八〇年、イギリスの保護下に入ったが、一九七一年、イギリスのペルシア湾からの撤退で独立。

[首都] マナーマ　Manama　アラビア語で「休職所」。漁業、真珠の生産地だったが、石油の恩恵によって金融業の都市に変身。

バングラデシュ人民共和国　People's Republic of Bankladesh

一九七一年、パキスタンから分離独立。「ベンガル人の国」。ベンガルの意味は明らかではない。

[首都] ダッカ　Dacca　正式にはダカ Dhaka。この地方の豊穣の女神ダゲスクリー Dhageskhry の名に由来する。古くから交易地としてさかえ、一六〇八年以降はムガール帝国支配下で発展。一六六六年、イギリス東インド会社が商館を設置。一七六六年、イギリスが領有した。

フィリピン共和国　Republic of the Philippines

一五二一年、マゼランが訪れる。五四二年に上陸したスペイン人ビリャロボスが、当時のスペイン皇太子フェリペ二世を記念して、一帯の島々を Islas Filipinas「フェリペ二世の島々」と名づけた。フィリピンとは、現地生まれのスペイン人をさす言葉だった。一八九八年、独立するが、アメリカ、日本が領有。第二次世界大戦後に独立。アジアでただ一国のキリスト教カトリックの国。

[首都] マニラ　Manila　一五七一年、スペイン総督レガスピが、城郭都市としてイントラムロスを建設したことにはじまる。第二次世界大戦後、ケソンに首都がおかれるが、一九七六年、首都マニラに。タガログ語のマイ mai「ある」とニラ nila「藍の原料となる草」のマイニラが縮まったもの。

ブータン王国　Kingdom of Bhutan

自称はゾンガ語でドゥルッキュル「竜の国」。一二世紀末、ラマ教を開いたとき、冬空に雷鳴が響き、それを竜の声にたとえたことから。ブータンは、チベットの自称であるサンスクリット語 Bhod の unta「端」にあることからの他称。長くチベットの支配下にあったが、一九〇七年、統一王朝が成立。一九一〇年、イギリスの保護国になり、一九四七年、独立。

[首都] ティンプー　Thimphu　一五八一年、建設される。標高二二〇〇メートルの高地にあり、一九五〇年頃は、王宮のあったブナカの夏季だけの首都だったが、一九六一年の大洪水でブナカの宮殿が被災したことから、インドの援助を得て首都機能がこの地に移された。「王の居住地」を意味する。

ブルネイ・ダルサラーム　Brunei Darussalam

ブルネイの語源は、一五二一年、スペイン人が上陸したときに島の北部を支配していたブルネイ王 Brunei の名にちなんでつけられた。意味はマレー語の buah nyiur「ココナッツ」。ボルネオ島の名はブルネイが転訛したもの。ダルサラームは、アラビア語の darus「土地、村落」と-salam「平和」で、「平和な土地」の意。一八八八年、イギリスの保護国になったが、一九八四年、東南アジアの植民地としては最後に独立。

［首都］バンダルスリブガワン　Bandar Seri Bagawam　マラヤ語のバンダル bandar「港町」、スリ seri「神聖な（尊称）」、ブガワン Bagawam（ブガワン陛下）で、「神聖なるブガワン陛下の港町」。

ベトナム社会主義共和国　Socialist Republic of Viet Nam

中国語で越南「はるかに南の国」と表記したことに由来する。越は前五世紀頃、揚子江南域にあった古代国家で、楚に滅ぼされて南下し、その一部がベトナム人の祖となった。かつては南越（ナムベト）とよばれたこともあったが、一八世紀末に安南国のグエン・ホック・アイン帝が越南にしたといわれている。ちなみに「安南」とは、八世紀頃に中国の支配下におかれ、「これでもう南は安全だ」という意味で、アンナン「南は安し→安南」とよばれた。一九四五年に、ベトナム。

［首都］ハノイ　Hanoi　中国語で「河内」と書くように、都市がホン川とドゥオン川に囲まれた場所にあることによる。五四五年に建設された。一〇一〇年、都となって繁栄。一六三五年以降、トンキンとなったが、一八三一年、再びハノイに。

（香港特別行政区）　Hong Kong Special Administrative Region

かつて香港島南岸のアバディーンから香木を積み出していたため、といわれるが定かではない。広東語「ヒョンコン（香木を輸出した港?）」が英語で転訛したともいわれている。一八四二年、イギリスがアヘン戦争で香港島を、一八六〇年のアロー号事件で九龍を割譲させた。一八九八年、新界地区の九九年間租借が確定。一九九七年七月、中国に返還された。

（マカオ特別行政区）　Macao Special Administrative Region

ポルトガル領のときの国名で、中国名は澳門《アオメン》。航海の守護聖女といわれた阿媽《あま》を祀る阿媽閣廟があったことから、阿媽港（アマガオ）とよばれていた。このよび名が、ポルトガル語でマッコウ、マカウと転訛したという。一五五七年、ポルトガルが租借権を獲得し、一八八七年、ポルトガル領に。一九八七年、中国、ポルトガルで返還の共同宣言が発せられ、一九九九年一二月、中国に返還された。

マレーシア　Malaysia

サンスクリット語のmalaya「山地」に由来する。もとはインド南東部スマトラにあった地名だったが、一五世紀頃、その住民がマレー半島へ移動したとき、地名も移したという。マレー人の自称はBumiputra「土の息子」。一五世紀、マラッカ王朝が成立。ポルトガル、オランダの支配下におかれた後、一八二四年、イギリスが領有。一八九五年、イギリス領マラヤ連邦。一九五七年、独立。

[首都] クアラルンプール　Kuala Lumpur　一九世紀半ば、中国人が錫を採掘するために定住した。河が濁っていたことから、クアラkuala「合流点、河口」とルンプールlumpur「濁った」で「濁った合流点」。

ミャンマー連邦　Union of Myanmar

ビルマ語でミャンマーmyanma「強い人」。サンスクリット語のムランマmranma「強い」に由来する。旧称ビルマはヒンドゥー教の創造神ブラフマBrahma（仏教の梵天）といわれている。一〇四四年、パガン朝のもとで統一国家が誕生。一七三五年、アラウンパヤ朝が成立。一八八六年、イギリス領インドに併合されたが、一九四八年、独立。一九八九年に現在の名称にあらためた。

[首都] ヤンゴン　Yangon　前五八五年、仏教徒の聖地シュエダンゴン・パゴダの造営にともなって建設されたといわれる。一七五五年、ビルマ族最後の王朝マウランパヤ王がこの地に侵攻し、そう名づけた。ヤンゴンはyanggoung「戦いの終わり」を意味する。一八五二年、イギリスが占領して英語表記でラングーンRangoonとしたが、一九八九年、ビルマ語表記にもどされた。

モルディブ共和国　Republic of Maldives

現地の言葉でmala「小高い」とdiva（dive）「島」からなる。ポルトガル、オランダの支配を経て、一八八七年、セイロンの植民地としてイギリスの保護領となる。一九六五年、独立。環礁群からなる国で、標高最高地点が三・二メートルしかなく、地球温暖化によって水没の危機に直面している。

[首都] マレ　Male　国名のマラ「小高い」に由来する。一一一六年、イスラム教を受け入れてから「スルタンの島」とよばれ、モルディブの中心地となった。

モンゴル　Mongolia

一三世紀、チンギス・ハンがモンゴル帝国を樹立。モンゴルはmong「強い、勇敢な」、gul「人、異邦人」の意。インドに建国されたイスラム系のムガール帝国は「モンゴル」のアラビア語訛り。中国では音にしたがって「蒙古」

と表記し、これが日本でももちいられた。一七世紀、清朝の支配下におかれるが、一九二一年、ソ連の支援でモンゴル人民共和国として独立。一九九二年、行きづまった社会主義をすて、国名も変更。

［首都］ウランバートル　Ulan Bator　一九二三年の国の創立者スーヘ・バートラ Sukhe Batora の名がモンゴル語のバートル bator「英雄」に通じることからこの名となった。ウラン「赤い」の語をつけて「赤い英雄」。中国名はクーロン（庫倫）で、モンゴル語のフーレー khure「寺廟」に由来する。

ヨルダン・ハシミテ王国　Hashemite Kingdom of Jordan

古代エジプト、アッシリア、ペルシア、ローマ、イスラムの支配下にあった地域。死海にそそぐヨルダン川の地形から、ヘブライ語のヨルダン「流れ下る」に由来する。

一五一七年、オスマン・トルコの属領になり、一九二一年、イギリス領。一九四六年、トランス・ヨルダン（ヨルダン川をパレスティナの外に越えた土地）として独立。一九四九年、トランス・ヨルダンから「ヨルダン・ハシミテ王国」にあらためた。ハシミテとはムハンマド（マホメット）の曾祖父ハシムの子孫のことだ。

［首都］アンマン　Amman　「旧約聖書」でアンモン人が建設した都市アンモン Ammon に由来する。アンモンはギリシア語でアモス amos「砂」。この地の沙漠にはギリシアの最高神ゼウスの神殿があった。六三五年、イスラム化し、アンマンとよばれるようになった。

ラオス人民民主共和国　Lao People's Democratic Republic

タイ系ラオ族の名に由来する。古タイ語で lao「人」。キセルの竹の管である羅宇（ラウ）の語源でもある。「ランサン」、「ランチャン」という別名は、メコン川の通称であると同時に「百万の象」という意味もある。一三五三年、ランサン王国が国家を統一。ビルマ、シャムの支配を経て、一八九三年、フランス領となり、一九五三年、独立。

［首都］ビエンチャン　Vientiane　ラオ語のビエン vien「町」とチャン tiane「白檀」で「白檀の町」。香木として珍重される白檀の産地であることにちなんだもの。一六世紀、ランサン王国の都とされ、繁栄した。

レバノン共和国　Republic of Lebanon

地中海から見た山脈の雪の白さから、古代アラム語で laban「白い」。自称はアラビア語でルブナーン。古代フェニキア人の土地として繁栄。ローマ、イスラム、オスマン・トルコの支配を経て、一九二二年、シリアの一部としてフランスの委任統治領となる。一九四三年、独立。民族、宗教が複雑に入り組み、「モザイク国家」といわれる。内戦で国家が疲弊。

［首都］ベイルート　Beirut　前一五世紀頃、フェニキア人がベリュトス berytus「井戸」という名の港湾都市を建設したことに由来する。「中東のパリ」とよばれていたが、一九七五年以降の内戦で荒廃。

【アフリカ】

〈自然地名〉

アトラス山脈 Atlas　ギリシア神話の「巨人アトラス」。天空を支える巨人アトラス（アトラスは「担う」の意）がここに住むとギリシア人は考えた。地図を英語でアトラスとよぶようになったのは、一六世紀の地理学者が地図帳の見返しにこの巨人の絵をのせたことにはじまった。また、ベルベル語の adrar「山」がギリシア語で転訛したとも考えられる。

キリマンジャロ山 Kilimanjaro　「寒さの神の山」。スワヒリ語キリマ kilima「山」とンジャロ njaro「寒さの神」からなるとする説、スワヒリ語の kilima「山」と mngaro「輝く」で「きらめく山」という説もある。マサイ語ではンガジェンガ「神の家」。

ドラケンスバーグ山 Drakensberg　「龍の山」。オランダ語の draak「龍」と berg「山」からなる。

エチオピア高原 Ethiopia　「陽に灼けた人の国」。ギリシア語の aitos「陽に灼けた」ops「人、顔」と地名接尾辞-ia からなる。別称アビシニアは「混血の地」。

紅海 Red Sea　褐色の沙漠（＝赤）に囲まれているため。古代エジプト語で、「沙漠」と「赤」は同義語。

カラハリ沙漠 Kalahari　コイ族（ホッテントット）の言葉で kari kari「苦しみ」。

サハラ沙漠 Sahara　「沙漠」。アラビア語で「荒れた土地」の意。

ザイール川 Zaire　「大きな川」。バンツー語の nzadi「大きな川」がポルトガル語化したもの。

ナイル川 Nile　「川」。古代エジプト語のイル「川」に冠詞 na-がついたもの。

ニジェール川 Niger　「川」。遊牧民トゥアレグ族の言葉ンエジレン n egiren「川」がフランス語化したもの。

タンガニーカ湖 Targanyika　「湖」。バンツー語で tanganya「水の集まるところ」。

ビクトリア湖 Victoria　一八五八年、イギリス人探検家スピークが発見し、当時のビクトリア女王を記念して名づけた。

マラウイ湖 Malawi　「ゆらめく炎」。ニャンジャ語のマラビ maravi「ゆらめく炎、明るいモヤ」に由来する。また古称ニアサ湖はバンツー語で「大きな水たまり」「広い湖」を意味する。

アルジェリア民主人民共和国　Democratic People's Republic of Algeria

首都アルジェの名が先にあった。ローマ、イスラムの支配を経て、一五一八年、オスマン・トルコ帝国によって、入江の四つの島に港が建設されたことにちなんで名づけられた。アラビア語のアル・ジャゼール al-jazair「島々」が、フランスの支配下で「アルジェ」と略された。国名はアルジェに地名接尾辞-ia がつけられた。一八三四年、フランスに併合されたが、一九六二年、独立。

【首都】アルジェ　Alger　前九世紀、フェニキアの衛星都市カルタゴがイコシウムの名で建設。国名に同じ。

アンゴラ共和国　Republic of Angola

一六世紀までさかえていた黒人王国バンツー・ンゴラ BantuNgola「バンツー族の王」に由来する。一四八二年以降のポルトガル植民地時代に、ンゴラ「王」がポルトガル語のアンゴラに転訛した。奴隷貿易で繁栄。一九七五年、独立。

【首都】ルアンダ　Luanda　バンツー語で「網」「罠」。一五七五年、ポルトガル人がサンパウロ・デ・ルアンダ Sao Paulo de Luanda「ルアンダの聖パウロ」として建設し、奴隷の積出港とした。

（英領インド洋地域）　British Indian Territory

ウガンダ共和国　Republic of Uganda

一九世紀まで続いたブガンダ王国のブガンダ人の名に由来する。バンツー語では bu（国を意味する定冠詞）と ganda「境界」という意味があるといわれている。一八九四年、イギリス領となり、一九六二年、独立。

【首都】カンパラ　Kampala　バンツー語のカ「丘」とパラ「レイヨウ」で「レイヨウの丘」。ブガンダ王国の都としてさかえたが、一八九〇年、イギリスが要塞に。

エジプト・アラブ共和国　Arab Republic of Egypt

エジプト文明発祥の地。五〇〇〇年の歴史をもつ最長寿の国。エジプトは、古代エジプトの都メンフィスの古代名フゥト・カァ・プタハ「創造神プタハの聖域」がギリシア語でアイギュプトスとなり、ラテン語を経て現在の名となった。自国では、一般的にミスルとよぶ。ミスルはアラブが侵攻にあたって各地に建造した軍営都市のこと。ローマの属領、イスラム、オスマン・トルコ、イギリスの支配を経て、一九二二年、独立。

【首都】カイロ　Cairo　九六八年に建設される。アラ

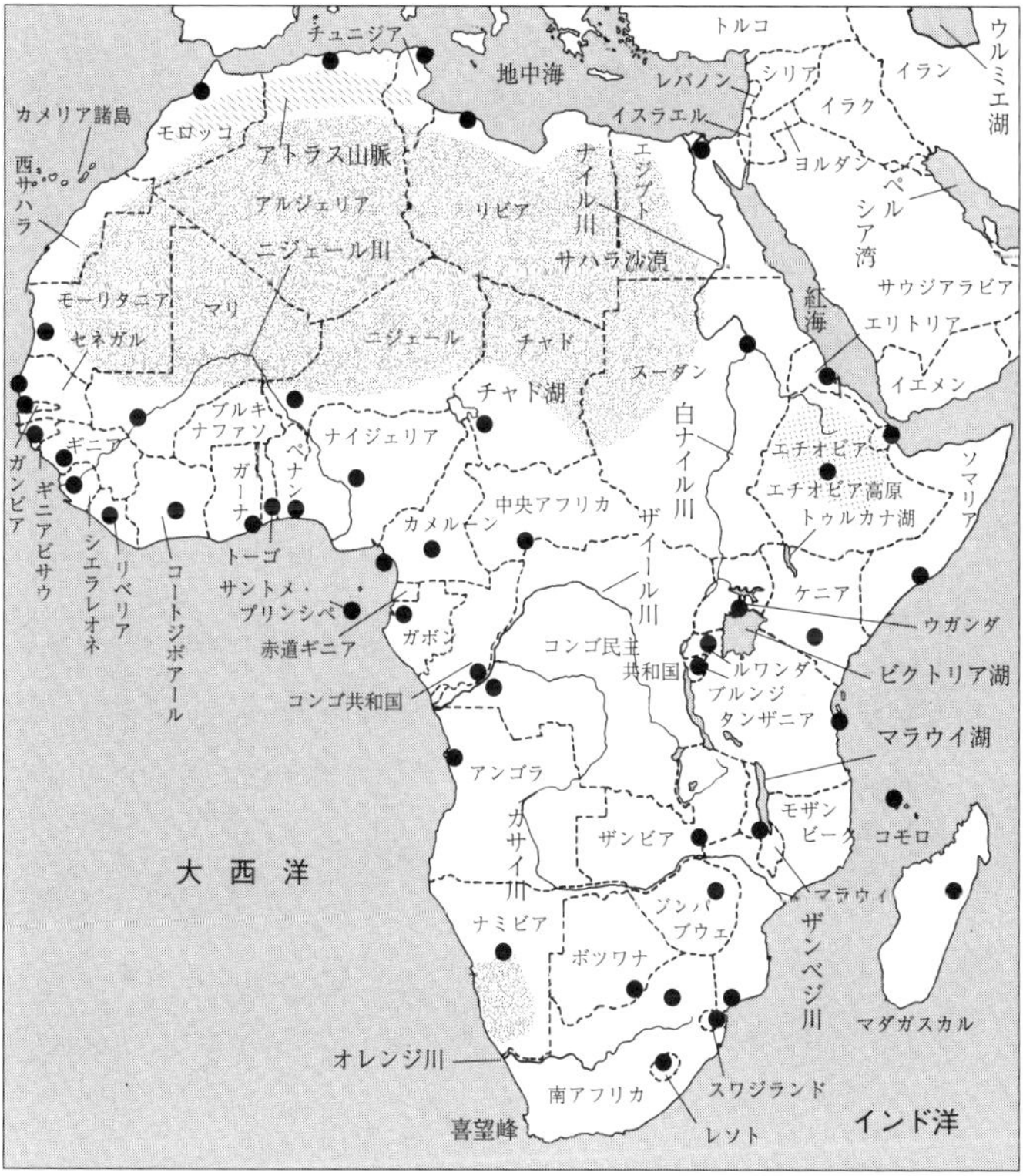
トルコ
ウルミエ湖
チュニジア
地中海
シリア
イラン
レバノン
イラク
カメリア諸島
モロッコ
イスラエル
エジプト
ヨルダン
西サハラ
アトラス山脈
ナイル川
ペルシア湾
アルジェリア
リビア
ニジェール川
サハラ沙漠
サウジアラビア
紅海
モーリタニア
マリ
エリトリア
セネガル
ニジェール
チャド
スーダン
イエメン
チャド湖
白ナイル川
ブルキナファソ
ナイジェリア
エチオピア
ギニア
ベナン
ソマリア
ガンビア
ギニアビサウ
ガーナ
エチオピア高原
中央アフリカ
トゥルカナ湖
シエラレオネ
リベリア
コートジボアール
カメルーン
ザイール川
トーゴ
ケニア
サントメ・プリンシペ
ウガンダ
赤道ギニア
ガボン
コンゴ民主共和国
ルワンダ
ビクトリア湖
ブルンジ
コンゴ共和国
タンザニア
マラウイ湖
アンゴラ
モザンビーク
コモロ
カサイ川
ザンビア
大西洋
マラウイ
ジンバブウェ
ザンベジ川
ナミビア
ボツワナ
マダガスカル
オレンジ川
スワジランド
南アフリカ
喜望峰
レソト
インド洋

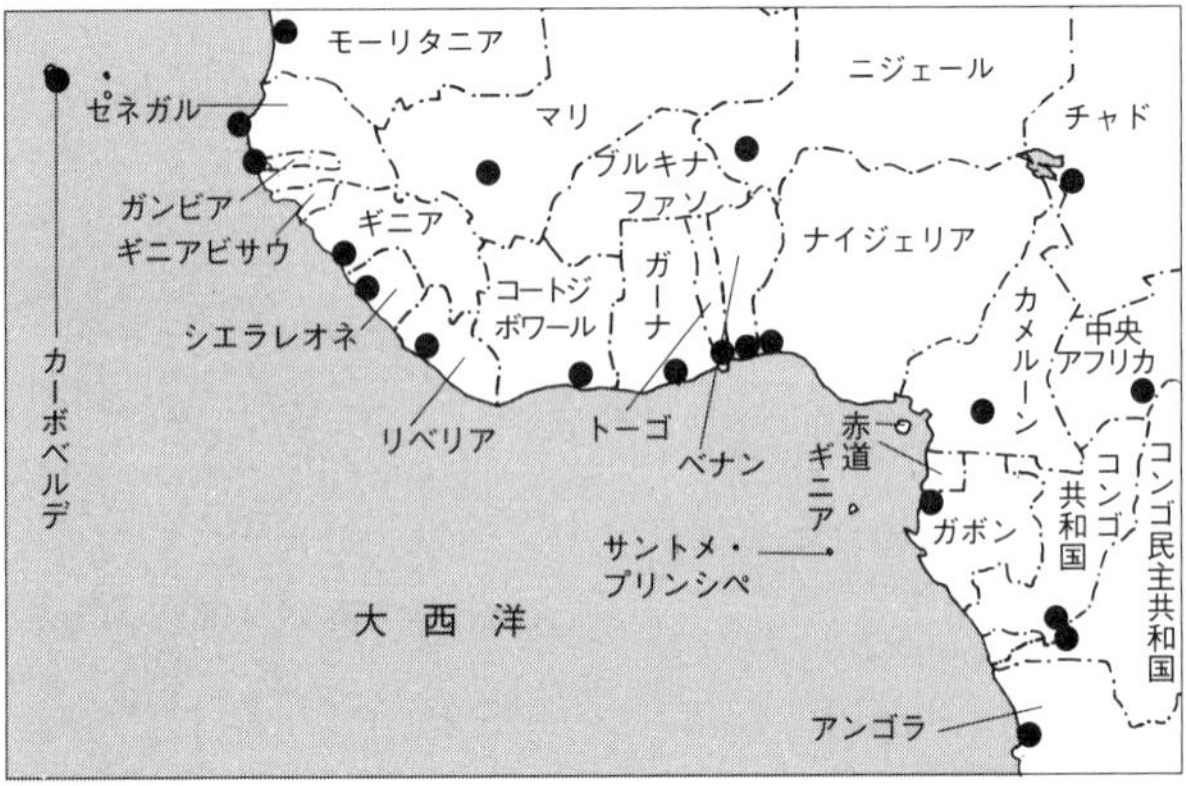
モーリタニア
ニジェール
マリ
チャド
セネガル
ブルキナファソ
ガンビア
ギニアビサウ
ギニア
ナイジェリア
コートジボワール
ガーナ
カメルーン
中央アフリカ
シエラレオネ
カーボベルデ
リベリア
トーゴ
ベナン
赤道ギニア
ガボン
コンゴ共和国
コンゴ民主共和国
サントメ・プリンシペ
大西洋
アンゴラ

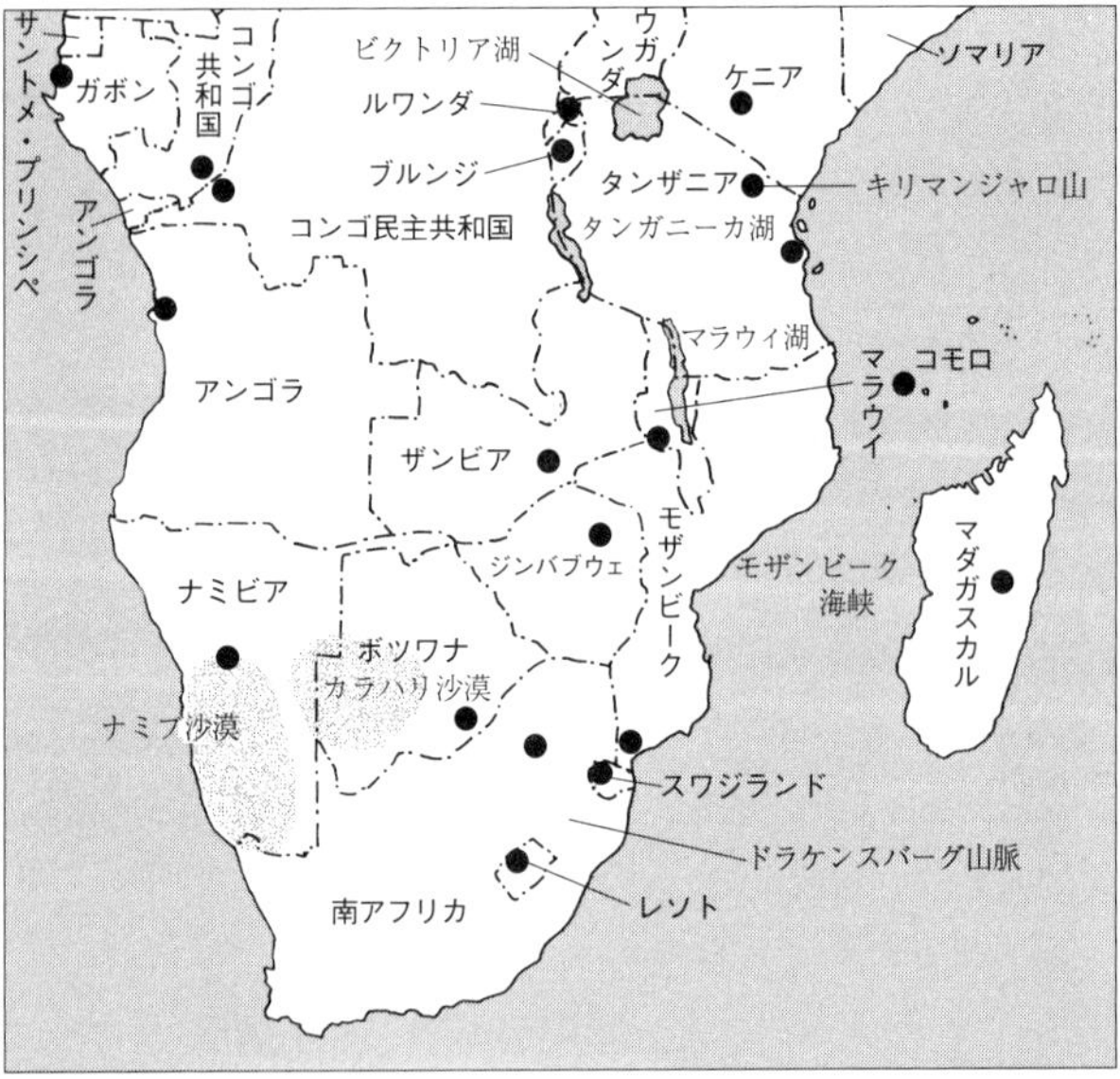
サントメ・プリンシペ
ガボン
コンゴ共和国
ビクトリア湖
ウガンダ
ケニア
ソマリア
ルワンダ
ブルンジ
タンザニア
キリマンジャロ山
アンゴラ
コンゴ民主共和国
タンガニーカ湖
マラウィ湖
マラウイ
コモロ
アンゴラ
ザンビア
モザンビーク
ジンバブウェ
モザンビーク海峡
ナミビア
マダガスカル
ボツワナ
カラハリ沙漠
ナミブ沙漠
スワジランド
ドラケンスバーグ山脈
レソト
南アフリカ

ビア語のアル・カーヒラ al-Qahira「勝利」に由来する。

エチオピア連邦民主共和国　Federal Democratic Republic of Ethiopia

ギリシア語の aitos「日に焼けた」と ops「顔」に地名接尾辞の-ia からなる。古代ギリシア人はサハラ沙漠以南を漠然とエチオピア（アイトスオポス）とよんでいた。

前十世紀には王国がおこり、一九四一年まで国名はアビシニアだった。この名は、アラビア語の habash「黒い」に地名接尾辞の-ia がつけられ、ポルトガル語化したもの。四世紀にエジプトのコプト教（異端とされたキリスト教）が伝わって以来、コプト教が信じられている。

[首都] アディスアベバ　Addis Ababa　一八八三年、メネリク二世がこの地に宮殿を建設し、公用語であるアムハラ語のアディス addis「新しい」とアベバ ababa「花」で、アディスアベバ「新しい花」と名づけた。

エリトリア　State of Eritrea

古代から紅海における交易の重要な拠点。紅海の語源となったギリシア語のエリュトレム erythraeum「赤い」に地名の接尾辞-ia がつき、「赤い土地」。一八八五年にイタリアが支配下におき、そう名づけた。一九五二年、国連決議によってエチオピアと連邦となるはずだったが、エチオピアが強制編入したため、分離独立運動がおこる。一九九三年、独立。

[首都] アスマラ　Asmara　ギリシア語のアス as「東」と mare「海」からなり、「東の海の町」。一八八九年、イタリアが植民地経営の拠点とした。

ガーナ共和国　Republic of Ghana

四〜一三世紀、西アフリカのスーダン地方にさかえたガーナ王国の名による。ガーナは王の尊称というが定かではない。一四七一年、ポルトガル人が訪れて以来、一八世紀まで奴隷貿易の拠点とされた。一九〇一年、イギリス領になり、「ゴールド・コースト（黄金海岸）」と名づけられた。

[首都] アクラ　Accra　一六世紀、アカン族が東から来たガー族のことをンクラン nkran「黒アリの群」とよんだことに由来する。

カーボベルデ共和国　Republic of Cape Verde

大西洋にある一五の島からなる。アフリカ西端、現在のセネガルにあるベルデ岬の名をとったもので、ポルトガル語の cabo「岬」と verde「緑」で、カーボベルデ。一四五六年、ポルトガル人の発見時にそう名づけられた。一四九五年からポルトガル領だったが、一九七五年に独立した。

[首都] プライア　Praia　一四六〇年、ポルトガル人が発見し、プライア「浜」と名づけた。

ガボン共和国　Gabonese Republic

ポルトガル語のガボン gabao「水夫用外套」に由来する。先住民の服装が水夫の外套に似ていたことからといわれる。一四八五年、ポルトガル人ディエゴ・カンが訪れる。以後、一九世紀まで奴隷貿易の拠点となる。一八四二年、フランスが支配。一九六〇年、独立。

［首都］リーブルビル　Libreville　一八四九年、フランスが奴隷解放の拠点とし、彼らに生活の場を与えるために建設した都市。フランス語でリーブル libre「自由な」とビル ville「都市」で「自由の都市」。

カメルーン共和国　Republic of Cameroon

ポルトガル語のリオ・ドス・カメーロス Rio dos Camerões「エビの川」に由来する。ポルトガル人が立ち寄ったウーリ川河口にエビが大量に生息していたからといわれる。一五世紀末にポルトガル人が訪れ、一八八四年、沿岸部がドイツ領となるが、一九一九年、イギリスとフランスが分割統治。一九六〇年、フランス領が独立。一九六一年、イギリス領を統合して連邦制を施行。

［首都］ヤウンデ　Yaounde　一八八八年、ドイツ領時代に建設され、フランス委任統治領時代に首都とされた。現地の言葉エフォンド語で「落花生」。

ガンビア共和国　Republic of The Gambia

土着の言葉でガンビ gambi「川」、または「土手」に由来するといわれる。一五世紀半ばに訪れたポルトガル人がこの言葉を固有名詞と間違って名づけてしまった。一八世紀まで奴隷貿易の拠点だった。一八四三年、イギリスの植民地となるが、一九六五年、独立。落花生や皮革類を運ぶ拠点。

［首都］バンジュール　Banjul　現地のマンディンガ語で「油ヤシの茂る地」。一八一六年、禁止された奴隷貿易を監視するために町を建設したイギリス人、バサーストにちなんで、かつてはバサーストとよばれていた。

ギニア共和国　Republic of Guinea

一五世紀半ば、ポルトガル人がはじめて訪れるが、以来、一八世紀までヨーロッパ人の進出がなかった。元来は西アフリカ沿岸部の総称で、ベルベル語の akaln「黒い（人）」と Iguinawen「土地」の短縮形アグナウ Agunau が Guinea に転訛したという説、黒人王国ギネア Ghinea に由来するとの説がある。一八九〇年、フランス領になり、一九五八年、独立。

［首都］コナクリ　Conakry　現地の言葉で「対岸」。フランス人がこの村の名前を聞いたところ、そこがたまたま島だったので、現地人が「コナクリ（対岸）」と答えたのがそのまま地名になった。一八九〇年からのフラ

ンス支配で、商港として繁栄。

ギニアビサウ共和国　Republic of Guinea-Bissau

ギニアの語源は「ギニア」を参照。ビサウは、ポルトガルの航海王エンリケが一四一五年に北アフリカのムーア人の拠点セウタ攻略に成功して獲得した。中世、ポルトガル中北部にあった最高格の公領ビゼウにちなんで名づけられた。一四四六年、ポルトガル人が訪れて以降、一八世紀まで奴隷貿易の中継地として利用される。一八七九年、ポルトガル領となり、一九七四年、独立。

[首都] ビサウ　Bissau　国名に同じ。一六八七年、ポルトガルが奴隷貿易のために港を建設した。

ケニア共和国　Republic of Kenya

七世紀には、アラブ人がインド洋貿易のためにここを訪れ、町をつくっていた。カンバ族の言葉でkiinya「縞模様」を語源とするケニア山の名に由来する。山を遠望すると、雪と岩石で縞模様に見えるためという。一六世紀にはポルトガル人が進出。一八九五年、イギリスの保護領となったが、一九六三年、独立。

[首都] ナイロビ　Nairobi　一八九九年、イギリス人が鉄道敷設の拠点として建設した。マサイ語で「冷たい水」。

コートジボワール共和国　Republic of Cote d'Ivoire

フランス語のcôte「海岸」とde「〜の」とivoire「象牙」で、「象牙海岸」(英語名はIvory Coast)。一五〜一八世紀にこの地で象牙の取引がおこなわれていたことによる。一四七五年、ポルトガル人フェルナン・ゴメスが名づけた。一八九三年、フランス領となり、一九六〇年、独立。

[首都] ヤムスクロ　Yamoussoukro　初代大統領ウウェ・ボワニ大統領の伯母が住んでいたので、ヤムスクロ「伯母の村」とよばれ、それがそのまま地名になった。

コモロ・イスラム連邦共和国　Federal Islamic Republic of the Comoros

インド洋、モザンビーク海峡の北部にある島国、海洋国。古代ギリシアで伝説の地とされたオレ・セレナイエ Ore selenaie「月の山」を、後世発見したと思ったアラブ人が、ジェベル djebel「山」とエル・コムル el komr「月」で「月の山」とした。国名はそのコムル「月」に由来する。一八八六年、フランスが領有。一九七五年、独立。一九七八年、コモロ共和国から現在の国名に変更。

[首都] モロニ　Moroni　コモロ諸島西部のンジャジジャ島の西岸にある町。意味は不明。漁港だったが、独立によって首都となった。

コンゴ共和国　Republic of the Congo

一四八二年、ポルトガル人のディオゴ・カンが訪れる。

一五世紀にさかえたバンツー系バコンゴ族のコンゴ王国の名に由来。コンゴとはバンツー語で「山（国）」。一六世紀〜一八世紀にかけては奴隷貿易の拠点とされていた。一八八五年、フランスの植民地となる。フランス共同体内の自治国を経て、一九六〇年に独立。一九七〇年、社会主義国家となり、コンゴ人民共和国に。一九九一年、社会主義の行き詰まりで、現在の国名に戻す。

［首都］ブラザビル　Brazzaville　一八八三年、フランスの探検家ピエール・ブラザ Pierre Brazza が内陸探検の拠点とした場所。彼の名にちなんで、「ブラザの町」と名づけられた。ビル ville はフランス語で「町」。

コンゴ民主共和国　Democratic Republic of the Congo

一四九八年、ポルトガル人のディオゴ・カンが訪れる。旧名ザイールはザイール川の名に由来し、バンツー語でンザディ nzadi「大河」。一八八五年にベルギー領、一九六〇年に独立。一九九七年、現在の国名になる。

［首都］キンシャサ　Kinshasa　バンツー語で「果樹の生い茂る村」。一八八七年、ベルギー国王レオポルド二世が探検家スタンレーに命じて建設させた町で、一九六六年の独立以前はレオポルドビル Loepoldville「レオポルドの町」とよばれていた。

サントメ・プリンシペ民主共和国　Democratic Republic of Sao Tome and Principe

サントメ、プリンシペの主要二島の名からなる。

サントメ島は、ポルトガル人エスコバルが一四七一年の聖トマスの日（七月三日）に発見したため。プリンシペ島は「王子」を意味し、航海王エンリケに捧げたもの。どちらもポルトガル語。一五二二年、ポルトガルが領有して以降は奴隷貿易の中継地となる。一九七五年、独立。

［首都］サントメ　Sao Tome　国名と同じ。

ザンビア共和国　Republic of Zambia

ザンベジ川の名に由来。バンツー語で zambezu「巨大な水路」を意味する。一七九八年、ポルトガル人ラセンダが訪れる。一八八九年、南アフリカのセシル・ローズの進出でイギリス南アフリカ会社の支配下に。一九一一年、ローズの名前にちなんだ北ローデシア（南はジンバブウェ）となったが、一九六四年、独立。

［首都］ルサカ　Lusaka　一九〇五年、鉄道の敷設にともなって建設された。族長ルサーカス Lusaakas の名にちなんでそう名づけられた。

シエラレオネ共和国　Republic of Sierra Leone

一四六一年、ポルトガル人が訪れる。一六世紀〜一八世紀にかけて、奴隷貿易の拠点とされた。この国の半島の形がライオンの背に似ているということから、ポルトガル語でセラ serra「背」、da「〜の」、リオア lioa「ライオン」。これが地図ではSierra Leone「ライオンの山」とされた。一八〇八年、イギリス領となり、一九六一年、独立。

[首都] フリータウン Freetown 一七八七年、アフリカや西インド諸島で解放された奴隷のために、イギリスが建設した。そのまま「自由の町」を意味する。

ジブチ共和国 Republic of Djibouti

イッサ語のdji et bout「ダウ船の停泊地」がアラビア語で転訛したといわれる。ダウ船とは、大きな三角の帆をもつ帆船で、アラブ人がインド洋を航海するときにもちいていた。一九世紀にフランスが建設し、一八九六年、フランス領ソマリ海岸とする。一九六七年、アファル・イッサと改称。一九七七年、ジブチとして独立。

[首都] ジブチ Djibouti 国名と同じ。一九一七年、エチオピアのアディス・アベバとの間に鉄道が開通し、貿易港として発展。

ジンバブウェ共和国 Republic of Zimbabwe

黒人によるジンバブウェ遺跡の名にちなむ。ショナ語で「石の家」。一八五五年、イギリスの探検家リビングストンが訪れる。旧名のローデシアは、一八八九年、イギリス人セシル・ローズがイギリス南アフリカ会社を創設し、ここを支配下においてつけた個人名。一九一一年、ローデシアは北（ザンビア）と南（ジンバブウェ）に分裂。一九二三年、イギリスの自治領となり、一九五三年、ローデシア・ニアザランドに。一九六五年、ローデシア共和国として独立宣言をし、白人政権を樹立したが、国際的非難を浴びるとともに、武装闘争もおこり、一九八〇年、アフリカ人の主権国家として独立。

[首都] ハラーレ Harare 一八九〇年にイギリスの南アフリカ会社がソールズベリとして建設。一九八二年、独立当時の族長ハラーレの名にちなんで名づけた。

スーダン共和国 Republic of the Sudan

スーダンとは、アラビア語で「黒い人」を意味する。アラブ人はかつてサハラ以南のアフリカ全体をスーダンとよんでいた。長く古代エジプトの支配下にあったが、前七世紀にはエジプト王となり、広大な領土を獲得。しかし、アッシリアに敗れて、エジプトから撤退。七世紀にアラブの侵攻を受けてイスラム化。一八二一年、エジプトの属領となったが、一九五六年、独立。

[首都] ハルツーム Khartoum 一八二一年、侵攻したエジプト軍が設けた軍営地が起源。白ナイルと青ナイルの間にある細長い地形をアラビア語でアル＝ハルトゥーム al-Khurtum「ゾウの鼻」とよんだことによる。世界でもっとも暑い都市のひとつ。

スワジランド王国　Kingdom of Swaziland
「スワジ人の国」の意。語源は、一九世紀前半にこの地を統治していた族長ムスワティ Mswati の名にちなんだものという。一八一五年、スワジ王国が建国。一九〇七年、イギリスの保護領となり、一九六八年、独立。
[首都] ムババーネ　Mbabane　二十世紀はじめに建設。一九世紀の王ムバンゼニ Mbandzeni の名にちなむ。

赤道ギニア共和国　Republic of Equatorial Guinea
ギニア湾にある主島のビオコ島が赤道付近に位置することから、そう名づけられた。一四七二年、ポルトガル人のフェルナンド・ポーがビオコ島を訪れる。一四九四年、ポルトガル領となり、一七七八年、スペインに割譲される。一九六八年、独立。
[首都] マラボ　Malabo　一八二七年、イギリスがスペインから租借し、禁止された奴隷貿易を取り締まる拠点として建設した。一八四三年、スペイン領に復帰し、サンタイサベルに。カカオ、コーヒー、バナナなど、アフリカの産物の積出港として繁栄した。独立後、当時のブビ族の族長の名にちなんで、マラボと名づけられた。

セイシェル共和国　Republic of Seychelles
インド洋の多数の島からなる国。一五〇五年、ポルトガル人が上陸。一七五六年、フランスの財務長官モロー・ドゥ・セシェル子爵の命を受けたコルネイユ・モルフェが、香料植物採取のため上陸し、依頼主の所有地としてそう名づけた。一八一四年、イギリスに割譲され、一九七六年、独立。
[首都] ビクトリア　Victoria　セイシェル諸島最大のマエ島の港。イギリスのビクトリア女王の名にちなむ。

セネガル共和国　Republic of Senegal
セネガル川の名に由来する。意味はベルベル語でサンハジャ sanhadja「川」、またはウォロフ語でスヌガル sunugal「我らのカヌー」といわれている。一四四四年、ポルトガル人が訪れ、一六世紀～一八世紀には奴隷貿易の拠点だった。一八五四年、フランスが領有。一九六〇年、独立。
[首都] ダカール　Dakar　一八五七年、フランスが城塞を築き、それがもとになって町ができた。「水の少ない土地」を意味する。

(セントヘレナ島)　St. Helena ex, dep.
南大西洋にあるイギリス領の火山島。一五〇二年、ポルトガル人J・ノバ＝カステリャが発見した日が、ローマ皇帝コンスタンティヌスの母ヘレナの誕生日だったため。一六三三年、オランダに領有権が移る。一六五九年、イギリス東インド会社の管轄下に入り、一八三四年、イギリスの植民地になる。一八一五年にナポレオンが流された島として有名。

ソマリア民主共和国　Somali Democratic Republic

「ソマリ人の国」という意味。語義はヌビア語のソマリsomali「黒い」に由来するといわれている。沿岸部は、古くからペルシアやアラブのインド洋交易の舞台としてさかえていた。イスラム教の小国があったが、インド洋の動きを見張ることのできる要衝にあることから、一九世紀には列強諸国が争奪戦を繰り広げた。一八八七年、北部がイギリス領、一九〇八年、南部がイタリア領に。一九六〇年、南北が同時に独立し、単一国家となった。しかし氏族間の権力紛争がおこり、国内は混乱。国連軍の仲介も効果がなく、犠牲者まで出たために、一九九五年に全面撤退。北部はソマリランド共和国として一方的に独立を宣言するなど、混乱が続いている。

［首都］モガディシオ　Mogadiscio　七世紀に訪れたペルシア人が名づけたといわれているが、意味は咬みタバコの一種、チャッがあったというのでマガッチャッ「チャッのみつかった土地」とよんだという説、族長が治めていたから「シャー（支配者）のおわす土地」とよんだとの説がある。一四九八年、インド航路発見の帰途、バスコ・ダ・ガマも立ち寄る。

タンザニア連合共和国　United Republic of Tanzania

タンガニーカ湖Tanganika「水が集まる」、インド洋の島ザンジバルZanzibar「黒い海岸」、そしてかつてのアフリカ東海岸の総称であったアザニアAzania「別天地」の合成語。古くからアラブのインド洋交易の舞台としてさかえる。一八九一年、タンガニーカがドイツ領に、ザンジバルがイギリス領に。一九六四年、両国が合併、タンザニアとなる。

［首都］ダルエスサラーム　Dar es Salaam　一八六二年、ザンジバルのスルタン（君主）が建設した。アラビア語のダルdar「家」「場所」とサラームsalaam「平和」で「平和の場所」。

チャド共和国　Republic of Chad

アフリカ中北部の内陸の国。南西部のチャド湖の名に由来する。チャドの意味はそのまま「湖」。黒人による小さな王国が興亡し、ヨーロッパの影響は大きくなかった。一九〇〇年、フランスの保護領に。一九六〇年、独立。リビアが触手を伸ばしたが、一九九四年、撤退。

［首都］ンジャメナ　N'djamena　古くから交易の要衝だった場所で、アラビア語で「木陰のある土地」。隊商の休息地だった歴史が名前にあらわれている。フランスはここを軍事拠点とした。とくに第二次世界大戦中は北

アフリカ戦線への要衝となった。

中央アフリカ共和国　Central African Republic

アフリカ大陸の中央部に位置する内陸の国。一八九四年、フランスがウバンギシャリの名で植民地とした。一九六〇年の独立時に、中央アフリカとして独立。

[首都] バンギ　Bangui　ザイール川の支流のひとつウバンギ川の中流沿岸にある。「急流」を意味するウバンギ川の名にちなむ。

チュニジア共和国　Republic of Tunisia

首都チュニスの名に由来。フェニキアの女神タニトフ Tanitkh が、アラビア語読みではトゥノス、フランス語でチュニスと転訛したという。フェニキア人が地中海貿易の中継地としてカルタゴを建設し、大いにさかえた。ローマ、ビザンティン、イスラム、オスマン・トルコの支配を経て、一八八三年、フランスの保護領となる。一九五六年、独立。

[首都] チュニス　Tunis　前二〜三世紀、フェニキア人が交易の要衝カルタゴを守るために要塞を建設したことに起源がある。タニトフ女神 Tanitkh を守護神として祀ったことから、地名もこの女神の名前に由来する。その後も港湾都市として繁栄する。

トーゴ共和国　Republic of Togo

南部のトーゴ湖の名にちなんだものだが、語源はわかっていない。一五世紀末にポルトガル人が訪れる。一八八四年、ドイツ領トーゴランドに。イギリス領ゴールド・コーストに編入されるが、一九六〇年、独立。

[首都] ロメ　Lomé　Alome「アローの木のある場所」で商取引がおこなわれ、町が発達していったため、いつのまにかロメと縮まり、首都名となった。内陸の物資を積み出す港として発展。

ナイジェリア連邦共和国　Federal Republic of Nigeria

国土を流れるニジェール川の名に由来する。ナイジェリアはニジェールの英語の発音と地名接尾辞の-ia。トゥアレグ語のンジェレオ n'egiren「川、大河」に由来するとの説がある。ちなみにニジェール川は、マンデ語でジョリバ「語り部の川」、ソンガイ語でイサベリ「大きな川」との説もある。一五世紀末にポルトガル人が訪れる。一六世紀〜一八世紀にかけては奴隷貿易の一大拠点とされ、沿岸部は「奴隷海岸」とまでよばれた。一八六一年、イギリスが進出、領有へ。一九六〇年、独立。

[首都] アブジャ　Abuja　ハウサ族の長アブ・ジャにちなんだ名の村だったが、一九七六年、民族分布のバランスが考慮されて新首都に。

ナミビア共和国　Republic of Namibia

南部のナミブ沙漠namibに由来する。ナマ族の言葉で「障壁」、またコイサン語で「人のいない土地、何もない土地」といわれる。一四八五年、ポルトガル人ディオゴ・カンが訪れる。一八八四年、ドイツが「南西アフリカ」の地名で保護領とするが、一九四九年、南アフリカに編入され、闘争が激化。一九九〇年、独立。

[首都] ウィンドフック　Windhoek　古くから人の営みがあった場所ということからか、ナマ族の言葉で「煙のあがる場所」。一八七〇年、キリスト教の伝道所がおかれてから、都市化がはじまった。

ニジェール共和国　Republic of Niger

内陸の国。ニジェール川（川、大河の意）の名に由来する。トゥアレグ語ではンジェレオ。黒人の小さな民族集団の町だったが、一九二二年、フランスが領有。一九六〇年、独立。

[首都] ニアメ　Niamey　一六世紀、サハラ砂漠の隊商路の南の起点。ニジェール川の水運の要衝として町が建設された。「ニアの木のある河岸」を意味する。フランスはここを軍事基地とした。

(西サハラ)　Western Sahara

サハラとは、アラビア語で「荒れた土地」「沙漠」。一八八四年、沿岸部がスペイン領となり、一九三四年、スペイン領西アフリカに。一九七五年、スペインが領有権を放棄したとき、モロッコとモーリタニアが分割し、自国に併合。しかし独立解放を求めて内紛がおこる。一九七九年、モーリタニアが領有権を放棄し、モロッコが権利を主張する。

ブルキナファソ　Burkina Faso

内陸の国でヨーロッパとの接触は少なかった。モシ語でブルキナburkina「清廉な、誇り高い」とファソfaso「国」を意味する。旧称はオートボルタ「ボルタ川上流域」。一五世紀〜一九世紀、モシ族の国家が繁栄していた。一九〇四年、フランス領西アフリカに。一九六〇年、オートボルタの名で独立したが、一九八四年、軍事クーデターがおこり、ブルキナファソに変更。

[首都] ワガドゥーグー　Ouagadougou　モシ王国の時代から交易の要衝としてさかえていた町。ドゥーグーdougouは「村」で、「ワゴ族の村」。ワゴ族の「ワゴ」には「行商人」という意味がある。

ブルンジ共和国　Republic of Burundi

バンツー語でbu「国」とRundi「ルンディ族」で、「ルンディ族の国」という意味。ルンディとは「ふくらはぎの人々」。一八八五年、ドイツが東アフリカ領として統治。第一次世界大戦後はベルギーが委任統治。一九六二年、独立するが、ルワンダとともにツチ族とフツ族の抗争が続き、国内は疲弊。

[首都] ブジュンブラ　Bujumbura　「不毛の土地に行く」という意味。町の歴史は、一八九九年、ドイツ軍が駐屯地としたことにはじまる。

ベナン共和国　Republic of Benin

一五世紀、ポルトガル人が訪れる。国名はその頃にさかえたベナン王国の名にちなんだもので、ベナンとは「ビニ人の国」の意。旧称ダオメーは「ダン王の家の中」。一六二五年、フォン人がダオメー王国を建国。一八九二年、フランス領となったが、一九六〇年、ダオメー共和国として独立。一九七五年、ベナン人民共和国、一九八九年、現在の国名になる。

[首都] ポルトノボ　Porto Novo　一八世紀半ば、ポルトガル人がここを港町にする際、ナイジェリアにあるラゴスの港よりも新しいというので、ノボ novo「新しい」とポルト porto「港」で「新しい港」と名づけた。奴隷貿易の拠点のひとつだった。フランス領時代に港湾都市として発展。

ボツワナ共和国　Republic of Botswana

南部の内陸国。「ツワナ人の国」という意味。バンツー語の bo（族名につく接頭辞）と Tswana「互いに離れる、切り離されている人」で、ツワナ人がバンツー系から離れていったという歴史を示しているといわれている。一八八五年、イギリス領ベチュワランドとなり、一九六六年、独立。

[首都] ハボローネ　Gaborone　一九世紀のバマレテ族の族長ハボローネの名に由来する。一九六三年、首都とするために建設された。

（マイヨット島）　Mayotte

一五二七年、ポルトガル人が訪れる。一八四三年、フランス領に。マイヨットは、現地の地名マホレのフランス語名。意味は不明。一九七五年、コモロが独立するにあたって、カトリック教徒が多く、親仏派であったためにフランス領としてとどまることを決めた。国連はコモロに主権を認めており、未解決のまま今日にいたる。

マダガスカル共和国　Republic of Madagascar

インド洋にある島国（世界で四番目に大きな島）。ソマリアのモガディシュを聞き違いしたマルコ・ポーロが『東方見聞録』のなかでマダガスカルと記載し、それをさらにポルトガル人が場所を勘違いして名づけた。一八八五年、フランス領になったが、一九六〇年、独立。住民のほとんどが、マレー・インドネシア系で、アフリカというよりもアジアの雰囲気がある。意味は、マレー語の mala「山」と gasy「人々」で「山の人々」。

[首都] アンタナナリボ　Antananarivo　一七世紀初めにメリナ族のアンドリアンジャが建設した。村は繁栄し、現地の言葉の接頭辞an、タナナtanana「村々」、アリボarivo「千」で「千の村」。一九七五年、現在の都市名になった。

マラウイ共和国　Republic of Malawi

一四～一八世紀にさかえた黒人王国マラビMaraviの名を復活させた。ニャンジャ語で「ゆらめく炎、明るいモヤ」を意味し、マラウイ湖に立ち上る陽炎を形容したものといわれる。一八九一年、イギリス領時代の旧称ニアサランドは、バンツー語のニアサ湖Niasssa「大きい水たまり、広い湖」という意味。

[首都] リロングウェ　Lilongwe　意味は不明。一九〇四年、イギリス領時代に建設される。

マリ共和国　Republic of Mari

十一～十六世紀にさかえた黒人によるマリ帝国の名にちなんだもの。マリには、「王の居所、生きている王」という意味があるという。旧称のスーダンは、アラブ人がサハラ沙漠以南すべてをスーダン「黒人の土地」とよんでいたため。一八九二年、フランスが領有。一九六〇年、マリとして独立。

[首都] バマコ　Bamako「ワニのいる湿地」という意味。一八八三年、フランスが軍事基地を建設したことにはじまる。

南アフリカ共和国　Republic of South Africa

アフリカ最南部という地理的な位置からそうよばれた。一四八八年、ポルトガルのバルトロメウ・ディアスが喜望峰にいたる。一六五二年、オランダの東インド会社がケープ植民地を建設。一八一四年にはイギリス領になると、ボーア人は北東奥地に移動し、一八五二年にトランスバール共和国、一八五四年にオレンジ自由国を建設。しかし、ここでダイヤと金が発見されたので、イギリスとの間に戦争がおこり、最終的にここもイギリス領となった。一九三四年に独立。第二次世界大戦後は白人至上主義のアパルトヘイト（人種隔離政策）などが国際問題となり、一九六一年、イギリス連邦から脱退。一九九一年、アパルトヘイト廃止。一九九四年、黒人大統領マンデラによる政権が発足した。

[首都] プレトリア　Pretoria　一八六〇年、対英戦争時のオランダ系移民ボーア人の軍司令官アンドリス・プレトリウスAndris Pretoriusの名とラテン語の地名接尾辞-iaが合わさって「プレトリウスの都市」。プレトリウスの息子が初代大統領となったときに名づけた。統治のための計画都市。

モザンビーク共和国　Republic of Mozambique

古くからあった港町モザンビークの名が国名となった。バンツー語のmasam「集まった」とbuco「船」で「碇泊港」。一四〜一五世紀には、金交易のためにアラブ人の船でにぎわっていたという。一四九八年、ポルトガルのバスコ・ダ・ガマが訪れ、一六二九年、ポルトガル領に。一九七五年、独立。

[首都] マプート Maputo バンツー系マプタ族の名に由来する。一五四四年にポルトガル人ロレンソ・マルケスが建設した。植民地時代はロレンソマルケスとよばれ、ここから奴隷と象牙が積み出されていった。

モーリシャス共和国 Republic of Mauritius

一五〇七年、ポルトガル人が訪れる。一五九八年、オランダ人が入植。当時の皇太子マウリッツMauritzにちなんで、ラテン語でマウリティウス島と名づけた。フランスの領有を経て、一八一四年、イギリス領となってからはモーリシャスと英語表記されるようになった。一七世紀に絶滅した伝説の鳥ドードーがいたことで知られる。一九六八年、独立。

[首都] ポートルイス Port Louis 一七一五年、フランス人船長デュフレーヌ・ダルセルが、ポートport「港」とルイ一四世のLouisにちなんで、「ルイ王の港」と名づけた。

モーリタニア・イスラム共和国 Islamic Republic of Mauritania

ギリシア語でマウロスmauros「皮膚の黒い人」とよばれたムーア人の呼称から派生した国名。一五世紀にポルトガル人が訪れて以来、貿易の中継地としてさかえた。スペイン、イギリスの領有を経て、一九〇三年、フランス領に。一九六〇年、独立。イスラム系民族とアフリカ系民族の接点で、緊張が続いている。

[首都] ヌアクショット Nouakchott アラビア語で「風の吹きつける町」。フランス軍が駐屯地としたことにはじまり、都市へと発展した。

モロッコ王国 Kingdom of Morocco

古くはフェニキア、ローマの支配下にあった。八世紀にアラブが侵攻。かつてのムラービド王朝（スペイン語でアルモラビデ）の都マラケシュの名に由来する。マラケシュとは、イスラム教の聖地メッカから最西部にある土地を意味するアラビア語al maghreb「西の地」とaksa「遠く離れた」を縮めたもの。一九一二年、フランス領になり、一九五六年、独立。西サハラ併合問題をかかえている。

[首都] ラバト Rabat 一一五〇年、イスラム、ムワッヒド朝のスルタンがスペイン侵攻の拠点として建設した都市で、アラビア語でリバト・エル=ファスRibat el-

Fathと名づけられた。リバトribat「砦」「陣営」とエル=ファスel-Fath「征服」「勝利」で、「征服の陣営」。ラバトはその短縮形で、「砦」「陣営」。

社会主義人民リビア・アラブ共和国　Social People's Libyan Arab Jamahiriya

リビアはギリシア神話に登場するポセイドンの妻リュビア女神のことで、ギリシアからみて「海（地中海）の向こう」という意味。古代ギリシア時代には、アフリカ地中海沿岸地域、サハラ沙漠以北の陸地の名称。「アフリカ大陸」の名称が一般的になると、「リビア」がイタリアの属州の名称として復活した。カルタゴ（フェニキア）、ローマ、イスラム、オスマン・トルコの支配を経て、一九一二年、イタリアの植民地に。一九五一年、独立。

[首都] トリポリ　Tripoli　前七世紀にフェニキア人が建設した都市で、トリtri「三」とpolis「都市」で、「三つの都市」を意味する。カルタゴの植民地時代、ここで三つの都市の代表が合議したことにちなんで名づけられた。

リベリア共和国　Republic of Liberia

アメリカの解放奴隷が帰還入植した国で、liberty「自由」に由来する。ラテン語のリベルliber「自由」と、地名接尾辞-iaからなる。一四六二年、ポルトガル人のペロ・デ・シントラが訪れる。ポルトガル時代には香辛料のコショウの交易がおこなわれ、胡椒海岸、または穀物海岸とよばれていた。一九四七年、最古の黒人国家として独立。

[首都] モンロビア　Monrovia　一八二二年、アメリカ合衆国の移民協会が、奴隷解放のために建設した都市で、当時の第五代大統領、ジェームズ・モンロー James Monroeの名をラテン語化して地名とした。

ルワンダ共和国　Republic of Rwanda

バンツー語のr（土地を意味する定冠詞）とwanda「人々」からなる。もとはルワンダ・ウルンディといい、ベルギーの国連信託統治領。一八八〇年、ドイツが領有。一九六二年、独立。

[首都] キガリ　Kigali　第二次世界大戦後、ベルギーからの独立運動を指導したキガリ五世Kigaliの名にちなんで名づけられた。

レソト王国　Kingdom of Lesotho

南アフリカ共和国に囲まれた珍しい立国条件にある国。「ソト人の国」。バンツー語のle（国を意味する定冠詞）とSotho「ソト人」からなる。一八世紀、北からのソトがサン（ブッシュマン）を追放して定住。一八六八年、イギリスが領有し、「バストランド」（広大な土地）とよばれていた。一九六六年、独立。

[首都] マセル　**Maseru**　一八六九年、イギリスの保護領の時代に建設された。当時の土地の権力者モシェシェ一世 Mosheshe の名にちなむ。

(レユニオン)　**Reunion**
一五一三年、ポルトガル人ペドロ・マスカレナスが訪れ、彼の名をとってマスカレンと名づけられた。のち、バナパルト島、ブルボン島などと名前が変わり、一八四八年、現在の名前になった。現在の名はフランス語で「合併」「連合」を意味する。

【オセアニア】

〈自然地名〉

エグモント山脈 Egmont　一六世紀、オランダ独立運動の指導者エグモント伯の名にちなんだもの。

クック山脈 Cook「クック船長」。クックの死後、五二年たってから(一八五一年)、彼を讃えてつけられた。

グレートディバイディング山脈 Great Dividing Range「大分水嶺」。はっきりとした稜線をあらわしたもの。

大鑽井盆地　**Great Artesian Basin**「大きい掘り抜き井戸の盆地」。「大きな」、artesian「掘り抜き井戸」、basin「盆地」からなる。

ウェッデル海 Weddell　一八二三年に、ここを発見したイギリス人ジェイムズ・ウェッデル James Weddell の名にちなんだもの。

ロス海 Ross　一八四一年、イギリス人ジェイムズ・ロス James Ross が発見したことを記念したもの。

ダーリング川 Darling　一八二八年、イギリス人スチュアートが発見し、当時のニューサウスウェールズ総督ラルフ・ダーリング R. Darling の名をつけた。

マーレー川 Murray　一九世紀初期の植民地担当大臣ジョージ・マーレー George Murray の名に由来する。

(ウェーク島)　**Wake Island**
一七九六年、イギリス漁船の船長ウェーク Wake が発見したことから名づけられた。

オーストラリア　**Australia**
古代ギリシア人やローマ人が漠然とインドの南にあると信じていた未知の大陸テラ・アウストラリス・インコグニータの名にちなんでつけられた。ラテン語の terra「大陸」、australis「南」、incognita「未知」で、「知られざる南の大陸」に由来する。一八〇一年に地図を製作していた英国人マティウ・フリンダースがこの名をイギリス海軍省に提案した。

[首都] キャンベラ　**Canberra**　先住民アボリジニの

言葉で「集会所」。一九世紀はじめ、ここが開拓されてキャンベラ牧場が営まれていた。二〇世紀はじめに首都を設定するにあたってシドニーとメルボルンの間で決着がつかず、たまたま中間にあったキャンベラを首都とする妥協案が浮上、一九〇九年、それが正式なものとなった。

（北マリアナ諸島） Northen Mariana Island
一五二一年にマゼランが来航、一五六五年にスペイン領となる。ドイツ、日本などの支配下に入ったのち、第二次世界大戦後に米国信託統治領、一九八六年に正式に米国自治領として発足。国名は、一六六八年、先住民の教化事業に貢献したスペインのフェリペ四世の妃マリア・アンナを讃えて名づけられた。

キリバス共和国 Republic of Kiribati
英国海軍大佐トーマス・ギルバート Thomas Gilbert の名が現地で転訛した。各島が赤道、日付変更線にまたがって散在している珍しい環境にある。
［首都］タラワ Tarawa　現地の名称そのままで、意味は不明。

（グアム） Guam
「聖フアン（ヨハネ）島」と命名されたフアンが、のちに現地語で転訛したといわれるが明らかではない。

（クック諸島） Cook Island
一七七三年、イギリス人の航海者ジェームズ・クックに発見されたことによる。

（クリスマス島） Christmas Island
一七七七年、クックがクリスマスの日に発見したことにちなんで名づけられた。

（ココス諸島） Cocos (Keeling) Islands
島に茂るココヤシの木にちなんだ名という。

サモア独立国 Independent State of Samoa
ポリネシア語の sa（場所を示す接頭辞）と Moa「モア」からなる。モアは創造神タンガロアの息子または、その化身の鳥。つまり「モア神の地（聖地）」をあらわしている。
［首都］アピア Apia　アピアン環礁 Apaiang Atoll の名に由来。環礁 atoll はモルジブ語。一八五〇年にイギリスによるキリスト教会建設がはじまり、捕鯨、交易の要衝としてさかえた。一八九〇年には、冒険小説『宝島』の著者スティーブンソンが移住した。

（米領サモア） American Samoa
「サモア独立国」を参照。

（ジョンストン島） Johnston Island
一八〇七年、この島を発見したイギリスの探検家ジョン

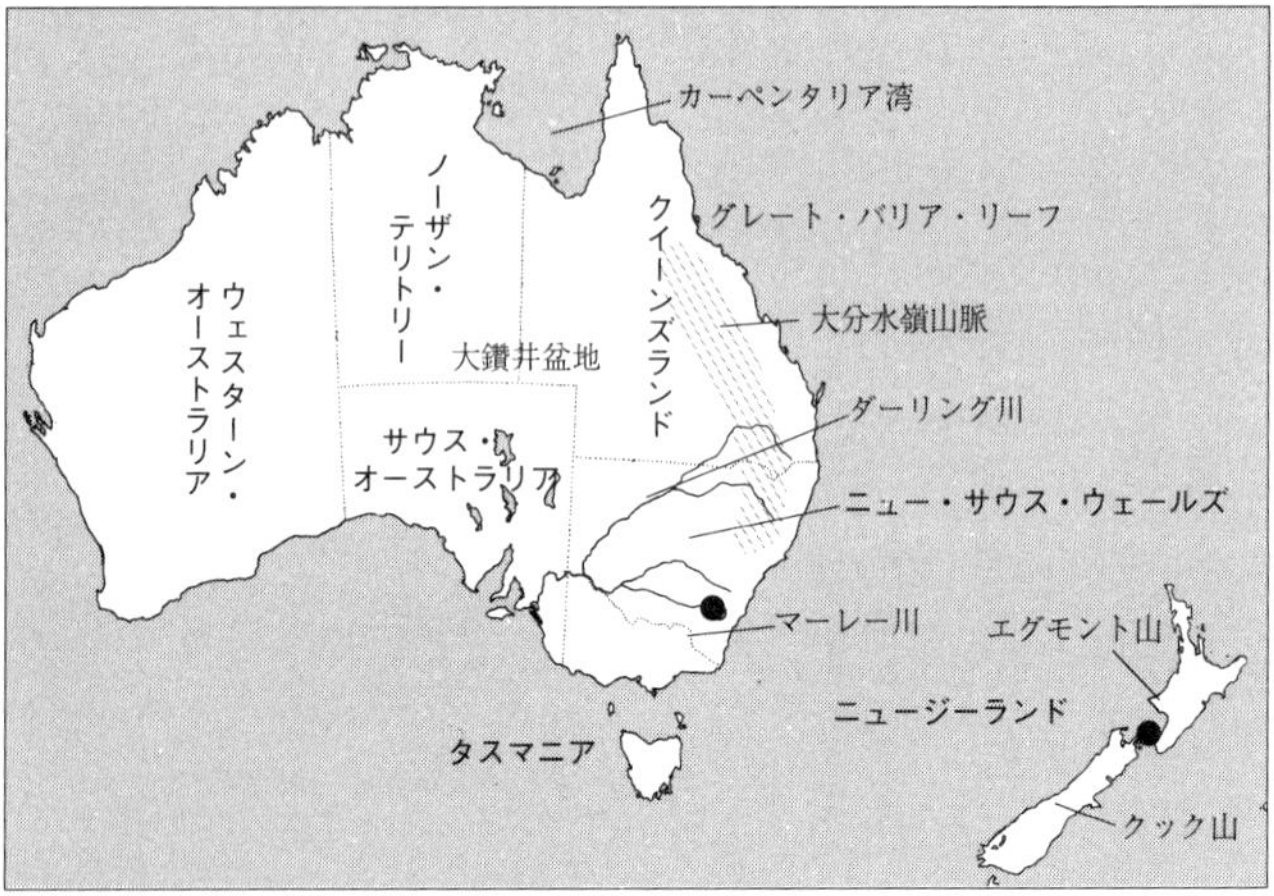

カーペンタリア湾
ノーザン・テリトリー
クイーンズランド
グレート・バリア・リーフ
ウェスターン・オーストラリア
大分水嶺山脈
大鑽井盆地
ダーリング川
サウス・オーストラリア
ニュー・サウス・ウェールズ
マーレー川
エグモント山
ニュージーランド
タスマニア
クック山

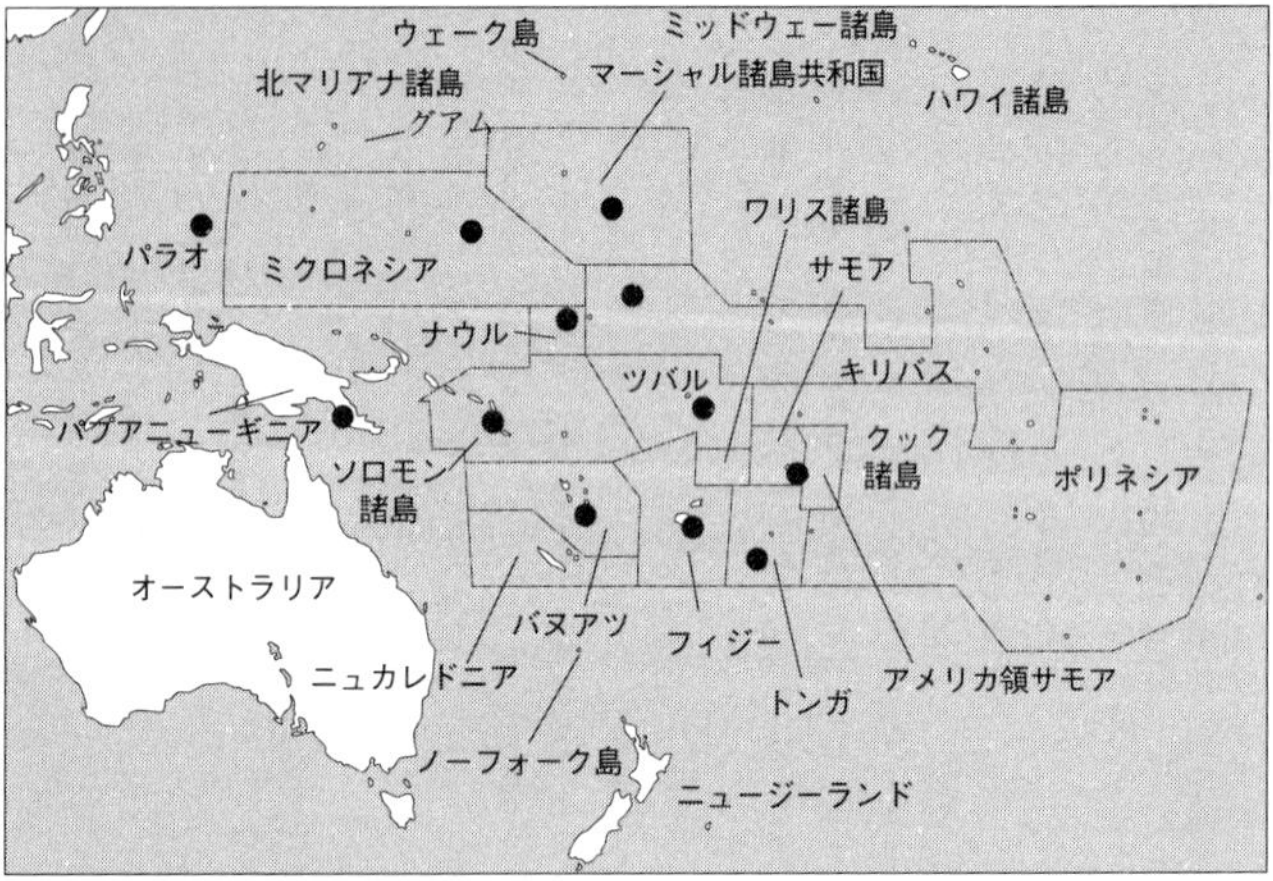

ウェーク島
ミッドウェー諸島
北マリアナ諸島
マーシャル諸島共和国
ハワイ諸島
グアム
ワリス諸島
パラオ
ミクロネシア
サモア
ナウル
ツバル
キリバス
パプアニューギニア
クック諸島
ソロモン諸島
ポリネシア
オーストラリア
バヌアツ
フィジー
ニュカレドニア
トンガ
アメリカ領サモア
ノーフォーク島
ニュージーランド

ストンJohnstonの名にちなむ。

ソロモン諸島　Solomom Islands

一五六八年にここを発見したスペイン人探検家メンダーニャが、探検の拠点である南米ペルーに帰還後、黄金伝説で有名なソロモン王の地を発見したと吹聴したため、この名となってしまった。

［首都］ホニアラ　Honiara　現地の言葉でnaho-ni-ara「南東の風が吹く場所」。

ツバル　Tuvalu

ポリネシア語のtu「立つ」とvalu「八」で「八つの島々」（実際には九島）。

［首都］フナフティ　Funafuti　フナフティ環礁の東にある島。環礁が、泉が連なっているように見えることから「連なった泉」を意味するという。

（トケラウ諸島）　Tokelau

サモア語で「最後の積み荷」という意味があるとされるが、定かではない。

トンガ王国　Kingdom of Tonga

ポリネシア語でtonga「風下側」を意味する。サモアの「風下」、「南側」に位置することから、そう名づけられた。探検家クックがフレンドリー諸島Friendly「友好的な」と名づけた島々のひとつ。

［首都］ヌクアロファ　Nuku'alofa　ポリネシア語で「愛の岬」。

ナウル共和国　Republic of Nauru

世界最小の共和国。ポリネシア語で「滝のようなスコール」を意味するというが明らかではない。

［首都］ヤレン　Yaren　意味は不明。

（ニウエ）　Niue

正式にはポリネシア語でニウエ・フェカイniue fekai「一生懸命に」という意味。

（ニューカレドニア）　New Caledonia

一七四四年、ここを訪れたクックが、故郷スコットランドの古代ローマ時代の名称カレドニアにちなんで名づけた。カレドニアはケルト語で「森」を意味する。

ニュージーランド　New Zealand

オランダ南西部ゼーランド地方の名にちなんだもの。ゼーランドzeelandとは、オランダ語でzee「海」とland「土地」で、「新しい海の地」（英語化したときにzeeがzeaになった）。地元のマオリ族はアオテアロア（ao「雲」tea「白」roa「長い」）、「白く長い雲がたなびく土地」とよんでいた。

［首都］ウェリントン　Wellington　一八四〇年、イギリスのニュージーランド会社が植民地集落として開いた。

都市名は、その創立関係者アーサー・ウェリントンの名にちなむ。ウェリントン公はワーテルローの戦いでナポレオンを敗り、首相経験者でもあった。

（ノーフォーク島）　Norfolk Island

一七七四年、イギリスの探検家クックが発見。イングランド東部のノーフォーク州の名前をそのままつけた。

バヌアツ共和国　Republic of Vanuatu

メラネシア系の言葉vanu「土地」とaku「我々」で「我が国」という意味。旧称ニューヘブリデスは、一七七四年にここを訪れたクックが故郷スコットランドのヘブリデス諸島「言葉のわからない人々の島」にちなんでつけた名だった。

［首都］ポートビラ　Port Vila　英語のポートport「港」とポルトガル語のビラvila「町」で「港町」。

パプアニューギニア　Papua New Guinea

パプアはパプア人の名に由来。マレー・ポリネシア語でパプワpapuwahは「縮れ毛」を意味する。ニューギニアはパプア人がアフリカのギニア地方の人びとに似ているというので、スペイン人のレテスが、nueva「新しい」Guinea「ギニア」と名づけたことによる。

［首都］ポートモレスビー　Port Moresby　一八七三年、ここに上陸したイギリス軍艦長ジョン・モレスビーJohn Moresbyが、彼の父祖の名モレスビーとポートport「港」を合わせて、「モレスビーの港」とした。

パラオ共和国　Republic of Palau

マレー語のプラウpulau「島」に由来するといわれている。この語が現地の言葉に転訛して、自称はベラウ。

［首都］コロール　Koror　意味は不明。

（ピトケアン島）　Pitcairn

一七六七年、イギリスのスワン号の乗組員ジョン・ピトケアンが発見したので、そう名づけられた。しかし、同年に英国人カートレットが初めて上陸。一七九〇年に英国の帆船「バウンティ号」の反乱首謀者たちが潜伏し、一八〇八年にその最後の乗組員ジョン・アダムズとタヒチ人女性・子供たち二三名が一八年ぶりに発見されたことで一躍有名になった。住民はすべて「バウンティ号」の子孫である。

フィジー諸島共和国　Republic of the Fiji Islands

首都のあるビチレブ島Viti Leveのビチviti「太陽が昇る、東方」が英語化した名とされる。タヒチの「ヒチ」と同義。

［首都］スバ　Suva　フィジー語でトムバ・コ・スバ「珊瑚礁に囲まれた内海」の短縮形。「礁湖」を意味する。南太平洋の交易の要衝で、「南太平洋の十字路」とよば

れるほどさかえている。

（フランス領ポリネシア）　French Polynesia

ギリシア語のポリ poly「数多くの」とネソス nesos「島々」に、地名接尾辞の -ia がついて、小さな島々からなる状態をそのまま地名とした。

マーシャル諸島共和国　Republic of the Marshall Islands

一七八八年、イギリス東インド会社のジョン・マーシャル船長が、付近の海域を探査したことに由来する。

［首都］マジュロ　Majuro　意味は不明。

ミクロネシア連邦　Federated States of Micronesia

ギリシア語のミクロ mikro「極小」とネソス nesos「島々」に地名接尾辞 -ia がつけられたもの。

［首都］パリキール　Palikir　意味は不明。ポナペ島の北西部にある町で、一九八九年、この地に首都が移された。一九三〇年代に日本人が入植したとき、現地の音に「春木村」の字をあてた。

（ミッドウェー諸島）　Midway Islands

フィリピンとアメリカ合衆国のほぼ中間にあることからミッドウェー midway「中途」と名づけられた。

（ワリス・フテュナ諸島）　Wallis and Futuna Islands

フテュナ島には、一六一六年、オランダ人ルメールが訪れ、フテュナ「未来」（フューチャー）を島の名に託した。ワリス島は、一七六七年に訪れたイギリス人航海士サミュエル・ウォリス Samuel Wallis の名にちなんで名づけられたものだ。

ル
ルアンダ　276
ルイジアナ　178,223
ルーイビル　179
ルクセンブルク［大公国］　250
ルサカ　282
ルブアルハリー沙漠　208,259
ルーマニア　67,250
ルワンダ　291

レ
レイキャビク　237
レソト　193,291
レナ川　251
レニングラード　77
レバノン共和国　274
レバント地方　37
レマン湖　44
レユニオン　292

ロ
ロシア　62
ロシア連邦　258
ロス海　292
ロゾー　228
ローデシア　190,283
ロッテルダム　140
ロード・アイランド　223
ロッキー山脈　217
ローヌ川　237
ローマ　239
ロメ　286
ロプノール（ロプ湖）　127
ローラン（楼蘭）　127
ローレンシア台地　217
ロワール（ロアール）川　237
ロンドン　47,241
ロンバルディア　53

ワ
ワイオミング　223
ワガドゥーグー　287
ワシントン市　171
ワシントン州　223
ワシントンD.C.　219
稚内　108
ワリス・フテュナ諸島　297
ワルシャワ　247
往十里（ワンシムリ）　113

ン
ンジャメナ　285

マ
マイヨット島　288
マカオ特別行政区　272
マケドニア　248
マグリブ　155
マサチューセッツ　222
マーシャル諸島共和国　297
マジュロ　297
マジョルカ島　15
マスカット　264
マゼラン海峡　202
マセル　292
マダガスカル［共和国］　193
マディラ諸島　86
マドリード　159,242
マナグア　228
マナーマ　271
マニラ　271
マプート　290
マホレ島→マヨット島
マラウイ共和国　289
マラウイ湖　275
マラガ　15
マラケシュ　155
マラッカ海峡　137
マラトン　19
マラボ　284
マリ　289
マリアナ諸島　259
マルセイユ　26
マルタ共和国　248
マルタ島　14
マル・ダルチェ　99
マルチニーク島　230
マルマラ海　24
マレ　273
マーレー川　292
マレーシア　138,273
マレー半島　138,273
満州　126
マン島　48,248

ミ
ミクロネシア　102
ミクロネシア連邦　297
ミシガン　222
ミシシッピ［州、川］　201,217,222
ミズーリ［州、川］　222
ミスル（マスル）　153
ミッドウェー諸島　297
南アフリカ共和国　289
ミネソタ　222
ミャンマー　273
妙香山（ミョンヒャンサン）　119
ミレトス　22
ミンスク　257

ム
ムガール　132
ムババーネ　284

メ
メキシコ合衆国　230
メキシコシティ　230
メコン川　200,261
メソポタミア　198
メッカ　149
メディナ　151
メナム川　200
メラネシア　102
メリーランド　222
メルボルン　104
メーン　223
メンフィス［エジプト］　154
メンフィス［米］　183

モ
モガディシオ　285
モザンビーク［共和国］　289
モスクワ　73,258
モスクワ川　258
モスコー［米］　182
モナコ［公国］　26,249
モーリシャス共和国　290
モーリタニア　187
モーリタニア・イスラム共和国　290
モルドバ［国、川］　66,257
モルディブ共和国　273
モロッコ［王国］　155,290
モロニ　281
モンゴル［国、高原］　273
モンセラット　230
モンタナ　223
モンテネグロ　64
モンテビデオ　232
モン・ブラン　211
モンロビア　88,291

ヤ
ヤウンデ　280
ヤクーツク　76
ヤムスクロ　281
ヤルタ　25
ヤンゴン　273
揚子江（ヤンツーチアン）　199

ユ
ユイ山　258
ユーゴスラビア　70,249
ユーコン川　217
ユジノ・サハリンスク（豊原）　75
ユタ　223
ユダ王国　144
ユーフラテス川　198,261
ユーラシア　36

ヨ
揚子江→ヤンツーチアン
ヨーク　57
ヨルダン川　205,274
ヨルダン・ハシミテ王国　274
ヨーロッパ　36

ラ
ライン川　46,200,237
ラオス　136,274
ラグビー　56
ラサ　127
ラトビア共和国　249
ラパス　235
ラバト　156,290
ラプラタ川　99,232

リ
リオ・グランデ川　217
リオ・デジャネイロ　98
リガ　249
リスボン　16,248
リトアニア共和国　249
リビア　27
リヒテンシュタイン公国　250
リーブルビル　88,280
リベリア［共和国］　88,291
リマ　235
リムーザン地方　49
リロングウェ　289
リヤド　208,267
リュブリャナ　243

バレンツ海　237
ハワイ　101,222
ハンガリー　62,245
バンギ　286
バングラデシュ 163,271
バンコク　268
バンジュール　280
バンダルスリブガワン　272
バンダルホメイニ　140
ハンプシャー［英］　196
ハンブルグ　140
板門店（パンムンジョム）　118

ヒ
ビエンチャン　274
東ティモール　268
ビクトリア　284
ビクトリア湖　275
ビサウ　281
ビザンティウム（イスタンブール）　24
ビシュケク　82,256
ビスケー湾　207
ピーターズバーグ　178
ピトケアン島　296
ビブロス　16
ヒマラヤ山脈　211,258
ビャトカ　82
ピョンヤン（平壌）　114,265
ビリニュス　250
ビルマ　136
ピレネー山脈　237

フ
ファドゥーツ　250
フィジー諸島共和国　296
フィラデルフィア［米］　171
フィリピン共和国　271
フィンランド共和国　245
フェス　156
フェニキア　12
ブエノスアイレス　100,232
プエルトリコ　96,230
フェロー諸島　245
フォークランド諸島　234
ブカレスト　251
釜山（プサン）　120
ブジュンブラ　288
ブダペスト　245
ブータン［王国］　271
フナフティ　295
プノンペン　265
フホホト（フフホト）　127
プライア　279
ブラザビル　282
ブラショブ　82
ブラジル　98
ブラジル高原　232
ブラジル連邦共和国　234
ブラジリア　234
ブラチスラバ　243
ブラーツク　76
プラハ　243
フランクフォート　196
フランクフルト［ドイツ］　55,140
フランス　55,245
フランドル地方　55
ブリスベーン　105
フリータウン　88,283
ブリッジタウン　229
ブリュッセル　246
ブルガリア［共和国］　246
ブルキナファソ　287
ブルゴーニュ地方　53
ブルネイ・ダルサラーム国　271
古平　108
ブルンジ［共和国］　287
フルーンゼ　82
ブレジネフ　82
プレトリア　289
フローニンゲン　140
フロリダ　95,222
フローレンス　182

ヘ
北京（ペイジン）　124,269
ベイルート　12,275
黒竜江（ヘイロンチアン）→アムール川
ベオグラード　76,249
ペキン（北京）→ペイジン
百済（クダラ→ペクチュ）　116
白頭山（ペクトウシャン）　119
ペシャワール　140
ベズビオ山　237
ベツレヘム［イスラエル］　148
ベトナム　137,272
ベナン共和国　288
ペニン山脈　237
ベネズエラ・ボリバル共和国　234
ヘブリデス諸島　101
ベラルーシ　75,82,257
ベリーズ　230
ベーリング海　251
ベーリング海峡　74,173
ペルー　235
ベルガマ　21
ベルギー　246
ヘルシンキ　245
ペルシア　160
ペルセポリス　161
ベルホヤンスク山脈　251
ベルモパン　230
ベルリン　244
ベルン　242
ペンシルバニア　222

ホ
ポー川　237
ポクロフスク　82
ボスニア・ヘルツェゴビナ　246
ボスポラス海峡　24
北極海　251
ポーツマス［米］　181
ボツワナ共和国　288
ポートオブスペイン　228
ポートビラ　296
ポトマック川　171
ポートモレスビー　296
ポートルイス　290
ホニアラ　295
ボヘミア王国　243
ポーランド　71,247
ポリネシア　102
ポリネシア［仏領］　297
ボリビア共和国　235
ボルガ川　251
ボルゴグラード　76,80,
ポルトガル［共和国］　247
ポルトノボ　288
ポルトープランス　229
ポロナイスク（敷香）　110
ホワン（黄）山　122
黄海（ホワンハイ）　204
黄河（ホワンホ）　199,261
香港特別行政区　272
ホン川　261
ホンジュラス共和国　230
ポンペイ　91

ト
ドイツ連邦共和国　244
東京［日本］　125
ドゥシャンベ　82,256
敦煌（トゥンホワン）　128
トケラウ諸島　295
トーゴ［共和国］　286
ドナウ川　200
ドニエツク　82
ドニエプル川　200
ドーハ　264
ドーバー海峡　46
トバゴ島　228
トビリシ　34
トベリ　80
トマリ　110
ドミニカ［共和国］　227
ドラケンスバーグ山　275
トラビシ　259
トランシルバニア　66
トランシルバニア山脈　235
トリニダード・トバゴ共和国　228
トリニダード島　228
トラファルガー岬　158
トリポリ　12,291
トルクメニスタン　82,162,257
トルクメン共和国　82
トルコ　269
トレス海峡　103
トロイ［トルコ］　21
トロイ［米］　183
トンガ王国　295
ドン川　200
敦煌（トンコウ）→トゥンホワン
東京（トンジン）［中国］　125
トンチン（東京）湾　126

ナ
ナイジェリア［連邦共和国］　286
ナイル川　199,275
ナイロビ　281
ナウル共和国　295
ナザレ　147
ナッソー　229
ナノード沙漠　208
ナベレジヌイ・チェルヌイ　82
ナポリ　20
ナミビア共和国　286
南京（ナンキン）　124

ニ
ニアサランド　289
ニアメ　287
ニウエ　295
ニカラグア共和国　228
ニジェール［共和国、川］　200,275,287
ニコシア　266
西サハラ　287
ニジニノブゴロド　79,82
ニース　26
ニューカレドニア　101,295
ニューシャージー　221
ニュージーランド　104,295
ニューデリー　263
ニューハンプシャー　221
ニューヘブリデス諸島［バヌアツ］　101
ニューヘブン［米］　181
ニューメキシコ　221
ニューヨーク　221
ニューロンドン　181

ヌ
ヌアクショット　290
ヌクアロファ　295

ネ
ネゲブ沙漠　208
ネバダ　221
ネパール王国　270
ネブラスカ　222

ノ
ノース・カロライナ　222
ノース・ダコタ　222
ノックスビル　180
ノッティンガム　140
ノーフォーク島　296
ノブゴロド［公国］　61
ノボクズネツク　82
登別　108
ノルウェー［王国］　58,244
ノルマンディー　61

ハ
バイエルン（ババリア）地方　211
ハイチ共和国　228
パキスタン　270
バクー　252
バグダッド　263
白ロシア　75
バージニア州　177,222
バージン諸島　229
バス　31
バスク地方　207
バスコンガダス　207
バセテール　227
パタゴニア　202
バチカン市国　244
バーデン［オーストリア］　33
バーデン・バーデン　33
パナマ共和国　229
バヌアツ共和国　296
ハノイ　272
ハバナ　225
バハマ国　229
ハバロフスク　76
バビロニア　146
バビロン　146
パプアニューギニア　296
ハボローネ　288
バマコ　289
ハマダ　210
パミール高原　214,259
バミューダ諸島　229
バーミンガム　140
パームスプリング　34
バーモント　222
パラオ共和国　296
パラグアイ［共和国、川］　234
パラノフ島　174
パラマリボ　233
ハラーレ　283
パリ　46,246
バルカン半島　37
パリキール　297
バルセロナ　15
ハルツーム　283
バルト海　39
バルナ　82
バルバドス　229
ハルビン　126
パルマ・デ・マユルカ　15
バレアレス島　15
バレッタ　248
パレスティナ　270
パレルモ　14
バーレーン国　270

ジンバブウェ［共和国］ 283
シンビルスク 82

ス
綏遠（スイエン） 127
スイス連邦 241
スウェーデン［王国］ 58, 242
スカンディナビア山脈 235
スカンディナビア半島 49
スコピエ 248
スターリナバード 82,
スターリニリ 82,
スターリノ 82,
スターリン 82,
スターリングラード 82,
スターリン山 82,214
スーダン 188,283
スーダン共和国 283
ストックホルム 60,242
スバ 296
スパ 34
スパータンバーグ 183
スパルタ 18
スバールバル諸島・ヤンマイエン島 242
スペイン 242
スベルドロフスク 82
スボボドヌイ 82
スマトラ 135
スリナム川 233
スリナム共和国 233
スリランカ民主社会主義共和国 267
スロバキア 70,242
スロベニア 70,243
スワジランド［王国］ 193,284

セ
セイシェル［共和国］ 284
セイロン 267
赤道ギニア共和国 284
セーヌ川 46,200
セネガル［共和国］ 284
セルビア 70
セントクリストファー・ネイビス 227
セントジョンズ 224
セントジョージズ 226
セントビンセントおよびグレナディーン諸島 227
セントヘレナ島 284
セントルシア 227
セントローレンス川 217

ソ
ソウル 111,265
ソシエテ諸島［仏領］ 102
ソフィア 246
ソマリア 188
ソマリア民主共和国 285
ソロモン諸島 294

タ
タイ 135,268
大韓民国 265
大西洋 40
太平洋 203
台湾 268
台湾山脈 258
ダカール 284
タークス・カイコス諸島 227
タクラマカン沙漠 128, 209,259
タジキスタン［共和国］ 82,164,256
タジク共和国 82
タシケント 255
タシュクルガン 128
タスマニア 104
ダーダネルス海峡 23
ダッカ 271
タッシリ・ナジェール 210
タヒチ 102
ダブリン 238
ダマスカス 267
タラワ 293
ターリク山（ジェベル・アル・ターリク） 241
タリム盆地 209
タリン 239
大連（ターリエン） 126
ダーリング川 292
ダルエスサラーム 285
タンガニーカ 275
湯崗子（タンガンスー） 34
タンザニア連合共和国 285
タンジール 15
ダンベリー 181

チ
チェコ共和国 243
千島列島 110
チチカカ湖 232
地中海 17,237
チベット 127
チベット高原 213
チャオプラヤ川 261
チャド［共和国］ 285
長江（チャンチアン） 199,261
中央アフリカ共和国 286
中央シベリア高原 251
中央ロシア台地 251
チュー江 261
中華人民共和国 269
チュニジア［共和国］ 286
チュニス 286
長江→チャンチアン
朝鮮 111
朝鮮半島 116
朝鮮民主主義人民共和国 265
チョゴリ山 212
チョモランマ 212
チリ［共和国］ 233
吉林（チーリン）省 126

ツ
ツァーリッツア川 79
ツァーリツィン 79
対馬島 121
ツバル 295
ツヒンバリ 82
ツルファン（トルファン）盆地 128

テ
ティグリス川 198,261
ティラナ 238
ティンプー 271
デカン高原 259
テキサス州 221
テグシガルパ 230
テージョ川 237
テネシー州 221
テヘラン 263
テムズ川 200
デラウェア 221
テンシャン（天山）山脈 258
デンマーク［王国］ 39, 58,243

クイビシェフカ　82
帰化（クイホア）　127
クウェート［国］　266
百済（クダラ→ペクチュ）
クック山　101
クック山脈　292
クック諸島　101,293
国後　110
錦江（クムガン）　116
金剛山（クムガンサン）　118
熊州（クムジュ）　116
クラスノダール　82
グラナダ　159
クリスマス島　101,293
クリル島　110
クリム（クミリア）　25
グリーンランド　225
グルジア　256
グレートディバイディング山脈　292
グレートブリテン　240
グレナダ　226
クレムリン　258
クロアチア共和国　241
グロートン［米］　181
崑崙（クンルン）山脈　128,258

ケ
ケアロー　182
京城（ケイジョウ）　114
K2　212
ケイマン諸島　226
ケニア［共和国］　281
ケーニヒスベルク　80,82
元　130
ゲーンズビル　180
ケンタッキー［州］　220

コ
黄河→ホワンホ
紅海　203,275
黄海→ホワンハイ
高句麗　117
黒龍江→ヘイロンチアン
ココス諸島　293
ゴサインタン　213
コスタリカ共和国　226
ゴドウィン・オースチン山　212
コートジボワール［共和国］　87,281
ゴトランド島　52
黒海　204,251
コナクリ　280
コニャック　46
コネティカット［州、川］　220
ゴビ沙漠　209,259
コペンハーゲン　243
コモロ・イスラム連邦共和国　281
コモロ諸島　191
高麗（コーライ、コマ）　117
ゴーリキー　79
コリント　19
ゴルゴダの丘　148
コルス（コルシカ）島　14
コロラド　221
コロール　296
コロンビア［州、川］　168
コロンビア共和国　233
コロンビア地区　171
コロンビア特別区　172
コーンウォール半島　48
コンゴ　191
コンゴ共和国　281
コンゴ民主共和国　282
公州（コンジュ）　116
コンスタンティノープル（イスタンブール）　24
コンロン→クンルン山脈

サ
済州島　121
サイダー　12
ザイール川　200,275
サウサンプトン　56
サウス・カロライナ州　221
サウス・ダコタ　221
サウジアラビア［王国］　153,266
サガルマータ　212
ザクセン　54
ザグレブ　241
ザグロス山脈　258
ザゴルスク　82
サナア　262
サハラ　86,209,275
サハリン（樺太）　75
サヘル　210
サマラ　82
サモア　293
サラエボ　247
サルディニア島　15
サンクト・ペテルグルグ　77,82
サンサルバドル　225
サンタフェデボゴタ　233
サンティアゴ　234
サンドウィッチ諸島　101
サントドミンゴ　228
サントメ　282
サントメ・プリンシペ民主共和国　282
ザンビア共和国　282
サン・ファン　96
サンホセ　226
ザンベジ川　201,282
サンマリノ共和国　241
サンピエール島・ミクロン島　226

シ
西安（シーアン）　125
シエラレオネ　87,283
シエラ・ネバダ　216
シェルブール　196
シオン［山］　145
死海　205
シカゴ市　176
色丹　110
西京（シージン）　125
シチリア　14
シドニー　104
シナイ半島　208
ジブチ［共和国］　283
ジブラルタル［国］　241
ジブラルタル海峡　28,158
シベリア　73
社会主義人民リビア・アラブ共和国　291
ジャカルタ　135,196,264
ジャクソンビル　179
ジャマイカ　226
ジャーマニー　244
シャム　268
ジャワ　135
陝西（シャンシー）
ジョージア［州］　221
ジョージタウン　233
ジョンストン島　293
新羅（シラギ）　116
シリア　267
シリア沙漠　267
シルダリア川　259
シンガポール　138,267
新疆ウィグル自治区　128
ジンバブウェ　188

ウダイプル　196
ウラジオストック　74
ウラジカフカス　82
ウラル山脈　251
ウランバートル　274
ウリヤノフスク　82
ウルグアイ東方共和国　232
ウルグアイ川　232
乙支路（ウルチロ）　114

エ
エカテリノダール　79,82
エカテリンブルグ　79,82
エクアドル共和国　232
エクス・エン・プロバンス（エクセン・プロバンス）　33
エグモント山脈　292
エジプト　154
エジプト・アラブ共和国　276
エジンバラ　196
エストニア［共和国］　39,239
エチオピア　27,188
エチオピア高原　275
エチオピア連邦民主共和国　279
エデン　142
択捉（エトロフ）　110
エニセイ川　251
エブロ川　200
江別　108
エベレスト　212
エリトリア国　279
エルグ　210
エルサルバドル　225
エルサレム　145,150,183,262
エルベ川　200,237
エレバン　252
エンゲルス　82

オ
オクラホマ州　174,220
オーステンデ　40
オーストラリア　102,292
オーストリア［共和国］　39,239
オスロ　61,244
オセアニア　102
オーデンセ　60
オタワ［首都、川］　225
オックスフォード　196
オデッサ　25
オハイオ［州、川］　220
オビ川　251
オホーツク　76
オマーン国　264
オムスク　76
オランダ［王国］　240
オリエント　38
オリノコ川　232
オリンピア（オリュンポス）　18
オルジョニキゼ　82
オレゴン州　220

カ
ガイアナ協同共和国　233
ガイザー　34
カイラワーン　156
カイロ　154,276
カザフ共和国　82
カザフスタン［共和国］　82,255
カサブランカ　84
カシミール［地方］　264
ガスコーニュ地方　207
ガスコーニュ湾　207
カストリーズ　227
カスピ海　259
カーセージ　183
カタール国　264
カトマンズ　270
ガーナ［共和国］　279
カナーン　142
カナダ　222
カビル沙漠　259
カフカス（コーカサス）山脈　25
カブール［国、川］　261
カーボベルデ共和国　279
ガボン共和国　280
カメルーン共和国　280
カラカス　235
カラクーム沙漠　259
カラコルム山脈　212
カラハリ沙漠　275
樺太（サハリン）　75
カリーニン　82
カリーニングラード　82
カリフォルニア［州］　96,220
カリブ海　92
ガリラヤ　148
カルカッタ　90
カルタゴ　14
カルダス・ダ・ライニャ　34
カルタヘナ　14
カルパティア山脈　44,235
カールマルクスシュタット　82
カレドニア　101
ガロンヌ川　44,237
カンザス［州］　220
漢城（カンジョウ）　113
ガンジス川　199,259
カンチェンジュンガ　212
カンヌ　26
カンパラ　276
ガンビア共和国　280
カンボジア　137,265
漢陽（カンヨウ）　113

キ
ギアナ［フランス領］　233
キエフ［公国］　62,255
キガリ　291
キシニョフ　257
キジルクーム沙漠　259
北マリアナ諸島　293
キト　233
ギニア共和国　280
ギニアビサウ共和国　281
キプロス　12,265
喜望峰　90
ギャンツェ　127
キャンベラ　105,292
キューバ共和国　225
慶州（キョンジュ）　117
ギリシア　17
ギリシア共和国　240
キリバス共和国　293
キリマンジャロ山　275
キルギス共和国　255
ギレスン　25
キーロフ　82
キングスタウン　227
キングストン　196,227
キンシャサ　282

ク
グアテマラ共和国　225
グアテマラシティ　225
グアドループ島　225
グアム　293
クアラルンプール　273
帰綏（クイスイ）　127
クイビシェフ　82

索引（五十音順）

ここでは、地名の由来、意味について触れている箇所をあげている。すべての地名の頁を記しているわけではない。

ア
アイオア　219
アイスランド共和国　237
アイゼンヒュッテンシュタット　140
アイダホ州　219
アイルランド　40,238
アガラス　90
アーカンソー　219
アクイテルメ　34
アクラ　279
アジア 35
アシハバード　140,257
アスタナ　255
アストラハン　140
アスマラ　279
アスンシオン　234
アゼルバイジャン共和国　252
アセンズ　183
アゾレス諸島　86
アタカマ沙漠　232
アッシリア　145,267
アディスアベバ　279
アテネ（アテナイ）　18,240
アデレード　105
アトラス山脈　40,275
アドリア海　237
アナハイム　140
アナトリア　22
アナトリア高原　259
アパラチア山脈　217
アピア　293
アフガニスタン　140,162,261
アブダビ　262
アフリカ　27
アブジャ　286
アペニン山脈　235
アーヘン　33
アマゾン川　201,232
アムステルダム　240
アムダリア川　259
アムール川（黒竜江）　75
アメリカ　94
アメリカ合衆国　166,217
アラスカ　172,219
アラバマ州　220
アラビア　208
アラブ首長国連邦　261
アラル海　259
アリカンテ　159
アリゾナ州　220
アリューシャン列島　172
アルカサル　159
アル＝カーヒラ　154
アルジェ　276
アルジェリア［民主人民共和国］　276
アルゼンチン［共和国］　99,232
アルティプラノ高原　232
アルデンヌ高原　46
アルバ　224
アルバニア　65,238
アルハンブラ　159
アルプス山脈　44,211,235
アル＝フスタート　153
アル・マトイ　196
アルメニア共和国　252
アレクサンダー群島　174
アレクサンドリア（カンダハール）　29
アンカラ　46,269
アンギラ　224
アンゴラ［共和国］　276
アンタナナリボ　289
アンダルシア地方　53
アンティグア・バーブーダ　224
アンティル［オランダ領］　224
アンティル諸島　42
アンティン山脈　128
アンデス山脈　230
アンドラ公国　239
アンドララビラ　239
アンドロポフ　82
アンマン　274

イ
イエメン［共和国］　262
イギリス　239
イジェフスク　82
イスマイル・サマディ山　82,214
イズミール　22
イスタンブール　24
イスラマバード　140,164,270
イスラエル　143
イスラエル国　262
イタリア共和国　239
イベリア半島　200
イムジン江　120
イラク［共和国］　262
イラン　161,263
イリノイ［州］　176,220
イルクーツク　76,196
岩内　108
イワノボ　196
イングランド　55
インダス川　134,199,259,263
インディアナ　220
インド　134,263
インドシナ　135
インドネシア［共和国］　135,263

ウ
ウイグル　63
ウィスコンシン　220
ウィリアムズバーグ　140
ウィーン　240
ウィントフック　287
ウェーク島　292
ウェスト・バージニア　220
ウェッデル海　292
ウェリントン　295
ウェールズ　48
ウォーターバリー　140
ウガンダ［共和国］　276
ウクライナ　75,252
ウスチノフ　82
ウズベキスタン［共和国］　82,255
ウズベク共和国　82

主な参考文献

『最新世界の国ハンドブック』辻原康夫編　三省堂　一九九八年
『世界の地名ハンドブック』辻原康夫著　三省堂　一九九五年
『世界の地名　雑学辞典』辻原康夫著　日本実業出版社　一九九九年
『世界地理の雑学辞典』辻原康夫著　日本実業出版社　一九九六年
『新版　世界地名語源辞典』蟻川明男著　古今書院　一九九三年
『世界地名歴史辞典』蟻川明男著　古今書院　一九九九年
『外国地名由来辞典』本保正紀著　能登印刷出版部　一九九五年
『世界の地名・その由来（アジア編）』和泉光雄編著　講談社出版サービスセンター　一九九七年
『世界地名ルーツ辞典』牧英夫編著　創拓社　一九八九年
『英語地名の語源』C.M.マシューズ著　出口保夫訳　北星堂書店　一九九二年
『アメリカ地名語源辞典』木村正史編著　東京堂出版　一九九四年
『精選中国地名辞典』塩　英哲編訳　凌雲出版　一九八三年
『ソウル都市物語』川村湊　平凡社新書　二〇〇〇年
『ソウル』姜在彦　文藝春秋　一九九二年

21世紀研究会(にじゅういっせいきけんきゅうかい)

「戦争と革命の世紀」といわれた20世紀は終わり、通信技術の発達による国際化、ボーダーレスの時代がやってきた。しかし、はたして日本人は、地球規模の視野をもって21世紀を生きることができるのか。その答えを模索するために、歴史学、文化人類学、考古学、宗教学、生活文化史学の研究者たち9人が集まって国際文化研究の会を設立した。この研究会の第1回目の成果は『民族の世界地図』(文春新書)となった。

文春新書

147

地名《ちめい》の世界地図《せかいちず》

平成12年12月20日　第1刷発行
平成13年3月5日　第7刷発行

編著者　21世紀研究会
発行者　東　眞史
発行所　株式会社　文藝春秋

〒102-8008　東京都千代田区紀尾井町3-23
電話 (03)3265-1211 (代表)

印刷所　大日本印刷
製本所　大口製本

定価はカバーに表示してあります。
万一、落丁・乱丁の場合は送料小社負担でお取替え致します。

ISBN4-16-660147-4

◆日本の歴史

皇位継承　高橋紘・所功　001
史実を歩く　吉村昭　003
黄門さまと犬公方　山室恭子　010
名字と日本人　武光誠　011
渋沢家三代　佐野眞一　015
ハル・ノートを書いた男　須藤眞志　028
象徴天皇の発見　今谷明　032
古墳とヤマト政権　白石太一郎　036
江戸の都市計画　童門冬二　038
三遊亭圓朝の明治　矢野誠一　053
海江田信義の幕末維新　東郷尚武　079
昭和史の論点　坂本多加雄・秦郁彦・半藤一利・保阪正康　092
二十世紀日本の戦争　阿川弘之・猪瀬直樹・中西輝政・秦郁彦・福田和也　112
消された政治家　菅原道真　平田耿二　115
ベ平連と脱走米兵　阿奈井文彦　126
江戸のお白州　山本博文　127
手紙のなかの日本人　半藤一利　138
伝書鳩　黒岩比佐子　142

◆アジアの国と歴史

韓国人の歴史観　黒田勝弘　022
中国の軍事力　平松茂雄　025
蔣介石　保阪正康　040
「三国志」の迷宮　山口久和　046
権力とは何か　安能務　071
中国人の歴史観　劉傑　077
韓国併合への道　呉善花　086
アメリカ人の中国観　井尻秀憲　097

◆世界の国と歴史

二十世紀をどう見るか　野田宣雄　007
物語　イギリス人　小林章夫　012
戦争学　松村劭　019
決断するイギリス　黒岩徹　026
NATO　佐瀬昌盛　056
変わる日ロ関係　安全保障問題研究会編　062
ローマ人への20の質問　塩野七生　082
首脳外交　嶌信彦　083
揺れるユダヤ人国家　立山良司　087
物語　古代エジプト人　松本弥　093
スーツの神話　中野香織　096
民族の世界地図　21世紀研究会編　102
サウジアラビア現代史　岡倉徹志　107
新・戦争学　松村劭　117
テロリズムとは何か　佐渡龍己　124
ドリトル先生の英国　南條竹則　130
地名の世界地図　21世紀研究会編　147

◆政治の世界

政官攻防史　金子仁洋　027
日本国憲法を考える　西　修　035
連立政権　草野　厚　068
代議士のつくられ方　朴　喆煕　088
日本の司法文化　佐々木知了　089
農林族　中村靖彦　146

◆経済と企業

マネー敗戦　吉川元忠　002
ヘッジファンド　浜田和幸　021
西洋の着想 東洋の着想　今北純一　037
企業危機管理 実戦論　田中辰巳　043
金融再編　加野　忠　045
21世紀維新　大前研一　065
金融行政の敗因　西村吉正　067
執行役員　吉田春樹　084
プロパテント・ウォーズ　上山明博　103
日米中三国史　星野芳郎　104
文化の経済学　荒井一博　109
インターネット取引は安全か　五味俊夫　114
金融工学、こんなに面白い　野口悠紀雄　123
自動車 合従連衡の世界　佐藤正明　125
ネットバブル　有森　隆　133
投資信託を買う前に　伊藤雄一郎　137

◆考えるヒント

孤独について　中島義道　005
種田山頭火の死生　渡辺利夫　008
生き方の美学　中野孝次　018
性的唯幻論序説　岸田　秀　049
誰か「戦前」を知らないか　山本夏彦　064
愛国心の探求　篠沢秀夫　072
カルトか宗教か　竹下節子　073
あえて英語公用語論　船橋洋一　122
百年分を一時間で　山本夏彦　128

(2000. 12)

◆コンピュータと情報
プライバシー・クライシス　斎藤貴男　023
西暦2000年問題の現場から　濱田亜津子　057
暗号と情報社会　辻井重男　078
電脳社会の日本語　加藤弘一　094
「社会調査」のウソ　谷岡一郎　110
新聞があぶない　本郷美則　144

◆サイエンス
ファースト・コンタクト　金子隆一　004
科学鑑定　石山昱夫　013
肖像画の中の科学者　小山慶太　030
日本の宇宙開発　中野不二男　050
ネアンデルタールと現代人　河合信和　055
天文学者の虫眼鏡　池内　了　060
法医解剖　勾坂　馨　100
ES細胞　大朏博善　105

ヒトはなぜ、夢を見るのか　北浜邦夫　120
私のエネルギー論　池内　了　141

◆アートの世界
脳内イメージと映像　吉田直哉　006
アメリカ絵画の本質　佐々木健二郎　020
丸山眞男 音楽の対話　中野　雄　024
エルヴィス・プレスリー　東　理夫　029
近代絵画の暗号　若林直樹　031
美のジャポニスム　三井秀樹　039
ブロードウェイ・ミュージカル　井上一馬　044
聖母マリア伝承　中丸　明　061
クラシックCDの名盤　宇野功芳・中野　雄・福島章恭　069
ジャズCDの名盤　悠　雅彦・稲岡邦弥・福島哲雄　116
クラシックCDの名盤 演奏家篇　宇野功芳・中野　雄・福島章恭　132
能の女たち　杉本苑子　139

◆教える・育てる
幼児教育と脳　澤口俊之　054
非行を叱る　野代仁子　059
塾の力　小宮山博仁　080
不登校の解法　団　士郎　085

◆スポーツの世界
ゴルフ 五番目の愉しみ　大塚和徳　034
オートバイ・ライフ　斎藤　純　048
サラブレッド・ビジネス　江面弘也　091
スポーツ・エージェント　梅田香子　098

(2000. 12)

文春新書２月の新刊

林 望
パソコン徹底指南
難解なマニュアル片手に悪戦苦闘など必要ナシ！ 苦労話も織りまぜてリンボウ先生が懇切指導。必ずヤル気が湧いてくる指南書です
153

21世紀研究会 編
人名の世界地図
カラヤンはアルメニア人、バーンスタインはユダヤ人だとなぜ分かるのか？ それぞれの文化、民族を背負った名前の不思議をご紹介
154

岡田英弘
歴史とはなにか
応神以前の天皇は実在しない、中世なんて時代区分は不要、19世紀まで「中国人」はいなかったなど、〝目から鱗〟の歴史の見方・捉え方
155

石澤靖治
大統領とメディア
メディアは大統領を作るから政治はメディアを利用しようと必死になる。そこに生まれる静かで激しい闘いを豊富な情報をもとに描く
156

中嶋繁雄
物語 大江戸牢屋敷
地獄の沙汰も金次第―江戸の牢屋敷は一種の暗黒世界だったが、実は悲惨さと共にユーモアもあった。牢奉行が見た涙と笑いの塀の中
157

文藝春秋刊